工商管理理论与实践前沿丛书

移动互联网企业价值评估与价值创造

王招治 / 著

VALUE EVALUATION AND CREATION OF
MOBILE INTERNET ENTERPRISE

本书出版受2017年度福建省高校杰出青年科研人才项目（项目编号CPYJ17059）资助。

经济管理出版社
ECONOMY & MANAGEMENT PUBLISHING HOUSE

图书在版编目（CIP）数据

移动互联网企业价值评估与价值创造/王招治著 . —北京：经济管理出版社，2020.1
ISBN 978-7-5096-7009-5

Ⅰ.①移…　Ⅱ.①王…　Ⅲ.①网络公司—企业管理—研究—中国　Ⅳ.①F279.244.4

中国版本图书馆 CIP 数据核字（2020）第 014643 号

组稿编辑：王光艳
责任编辑：任爱清
责任印制：黄章平
责任校对：赵天宇

出版发行：经济管理出版社
　　　　　（北京市海淀区北蜂窝 8 号中雅大厦 A 座 11 层　100038）
网　　址：www.E-mp.com.cn
电　　话：（010）51915602
印　　刷：三河市延风印装有限公司
经　　销：新华书店
开　　本：720mm×1000mm/16
印　　张：16.5
字　　数：309 千字
版　　次：2020 年 5 月第 1 版　2020 年 5 月第 1 次印刷
书　　号：ISBN 978-7-5096-7009-5
定　　价：69.00 元

·版权所有　翻印必究·

凡购本社图书，如有印装错误，由本社读者服务部负责调换。
联系地址：北京阜外月坛北小街 2 号
电话：（010）68022974　　邮编：100836

序

　　伴随着 5G、大数据、云计算、人工智能等新兴信息技术的持续发力、移动终端设备和设施的持续更新，我国移动互联网的发展呈现了星火燎原、如火如荼之势。在过去的 2018 年，我国移动互联网基础设施不断完善，全球运营商纷纷加速向 5G 升级迭代，我国也已正式进入 5G 商用元年。移动互联网流量消费持续高涨，数据显示，2019 年第一季度中国移动互联网月度活跃用户规模触顶，达 11.4 亿。随着移动互联网用户数量的高速增长，根植在其上的互联网生态经济也得到高速发展，共享经济、数字支付、跨界电商等各种各样的新兴业态不断地孕育并发展壮大，新兴企业不断触"网"发展，传统企业也在积极发力，促进自身的移动互联网化。在这一过程中，资本力量开始不断入驻移动互联网企业，从而推动移动互联网企业更迅猛发展，大批移动互联网企业的 VC、PE 融资、并购、IPO 等投融资互动日益频繁。

　　在投融资过程中，移动互联网企业不可避免地要涉及价值评估。新兴的移动互联网企业在资产结构、商业模式、盈利模式、发展模式等几个方面呈现了与传统企业不同的特点，使得其存在成长难估计、产品难定义、价值难区分、规模经济难判断、价值导向难衡量、软性指标难估量的评估难点。传统的、广泛使用的价值评估方法无法全面、准确地衡量移动互联网企业的真实价值，难以被用于移动互联网企业当中，迫切需要在现有研究方法的基础上，寻找一种系统的、全面的、动态的衡量移动互联网企业价值的新型评估方法，本书便是在此紧迫性下应运而生。本书试图在此前学者们所建构的具有普遍意义的企业价值评估模型体系的研究分析基础上，从移动互联网企业呈现的新特点出发，基于价值创造视角，同时考虑财务、内部流程、客户、学习与成长四个维度，搭建移动互联网企业价值创造的整体概念框架，进而构建综合性的价值评估新模型，为移动互联网企业价值管理提供决策的依据，从而实现移动互联网企业价值最大化，推进我国互联网经济的发展。此外，在价值评估基础上，本书进一步从企业自身资源和能力出发、分析移动互联网企业价值创造的内在机理，着重分析资本运营能力、技术创新能力、商业模式创新等因素对价值创造的影响，研究促进发展我国移动互联网企业价值创造的战略路径，以实现我国移动互联网企业的价值管理。

本书分六章，第一章是开篇导论，主要对本书的研究背景、研究目的、方法、内容、结构安排进行阐述。第二章是基础理论部分，主要对移动互联网企业价值评估与创造的相关概念、原理，现有研究基础等进行阐述。第三章和第四章是本书的核心部分，也是本书的核心点和创新点。主要围绕移动互联网企业自身的价值评估难点，从价值创造的理论视角出发，从系统的、考虑非财务因素影响的综合方法来进行移动互联网企业价值评估，在传统价值评估方法之一——主流的贴现现金流量法基础上，引入平衡计分卡理论，考虑非财务因素对企业价值的影响，构建改进的折现现金流量评估模型。在模型的实证检验部分，本书在第四章选取 A 股上市的 20 家典型移动互联网概念的上市公司进行企业价值评估的实证研究。第五章从价值创造的内在机理出发，探究移动互联网企业价值创造的驱动因素，重点分析资本运作能力与移动互联网企业的价值创造、创新能力与移动互联网企业价值创造。第六章则从企业价值评估与价值创造两者的内在逻辑推演出发，结合我国目前移动互联网企业的发展现状，分析移动互联网企业价值创造的驱动因素，并从政府层面和企业层面分别提出移动互联网企业价值创造的战略路径。

本书是本人 2017 年福建省高校杰出青年科研人才培育计划项目成果之一，从 2018 年 3 月开始构思，历时 3 年而成。在这个过程中，几经易稿，反复修改，虽然谈不上呕心沥血、宵衣旰食，但从构思、文献资料与数据的搜集整理、全书结构编排到实证案例调研分析等，基本凭借一己之力完成，也着实花费了一番功夫。当然，在这一过程中，我的同事、部分学生助理（陈竹、肖静雅、王宇琦等同学）也给予了一定的帮助，在此对她们表示诚挚的谢意。特别地，我要感谢我的同事薛见寒老师，她帮忙完成了书稿第五章——移动互联网企业价值创造原理及驱动因素的书写，非常感谢她对本书的巨大贡献！另外，我要感谢王光艳编辑等经济管理出版社的相关工作人员，是你们使得本书最终得以出版。最后，非常感谢我的家人，是你们在背后默默地承担了很多家事，使得我能心无旁骛地做研究。

此外，本书在写作过程中参考了大量的文献资料，均一一列在书末参考文献中，在此向这些文献的作者表示感谢。

由于时间仓促，加之本人理论水平和实践经验有限，书中难免有疏漏和不足之处，恳请广大读者批评指正。

目 录

第一章 导论 ··· 1

　第一节 研究背景及选题意义 ··· 1
　　一、研究背景 ··· 1
　　二、选题意义 ··· 4
　第二节 相关概念的界定 ··· 5
　　一、移动互联网企业 ··· 5
　　二、企业价值 ··· 7
　　三、价值评估 ··· 8
　　四、价值创造 ··· 10
　第三节 研究内容与结构安排 ·· 11
　　一、研究内容 ··· 11
　　二、结构安排 ··· 12
　　三、技术路线 ··· 14
　第四节 研究方法 ·· 15
　　一、理论准备阶段 ·· 16
　　二、重点研究阶段 ·· 16
　第五节 本书创新点、重点和难点 ·································· 18
　　一、本书创新点 ·· 18
　　二、研究的重点和难点 ·· 18

第二章 企业价值评估理论分析 ·· 20

　第一节 企业价值评估的原理分析 ·································· 20

一、企业价值的内涵 ………………………………………… 21
　　二、企业价值评估假设 ……………………………………… 25
　　三、企业价值评估的理论渊源 ……………………………… 27
　第二节　企业价值评估研究综述 ………………………………… 37
　　一、国外研究综述 …………………………………………… 37
　　二、国内研究综述 …………………………………………… 39
　第三节　企业价值评估方法对比研究 …………………………… 43
　　一、绝对值评估法 …………………………………………… 44
　　二、相对值评估法 …………………………………………… 46
　　三、实物期权评估法 ………………………………………… 52
　　四、收益现值评估法 ………………………………………… 56
　　五、评估方法对比探析 ……………………………………… 63

第三章　移动互联网企业价值评估新模型的构建 …………… 65

　第一节　移动互联网企业的特点 ………………………………… 65
　　一、在资产结构方面 ………………………………………… 65
　　二、在商业模式方面 ………………………………………… 67
　　三、在盈利模式方面 ………………………………………… 67
　第二节　移动互联网企业价值特点 ……………………………… 69
　　一、移动互联网企业的价值链分析 ………………………… 69
　　二、移动互联网企业价值来源 ……………………………… 70
　　三、移动互联网企业的价值评估难点 ……………………… 73
　第三节　移动互联网企业价值评估研究现状 …………………… 76
　　一、互联网企业价值评估研究现状 ………………………… 76
　　二、移动互联网企业价值评估研究现状 …………………… 83
　第四节　现有价值评估方法特点及其局限性分析 ……………… 87
　　一、市场法 …………………………………………………… 87
　　二、收益法 …………………………………………………… 88
　　三、实物期权法 ……………………………………………… 90
　　四、客户价值评估法 ………………………………………… 90
　　五、生命周期法 ……………………………………………… 90
　　六、组合评估法 ……………………………………………… 91

第五节　移动互联网企业价值评估新模型的构建 ……………… 92
　　　　一、评估思路与模型设计 ……………………………………… 92
　　　　二、企业现有价值的测算 ……………………………………… 93
　　　　三、构建移动互联网企业综合评价指标体系 ………………… 96
　　　　四、指标处理 …………………………………………………… 103
　　　　五、层次分析法下的指标权重确定 …………………………… 103
　　　　六、综合调整系数的确定 ……………………………………… 106
　　　　七、移动互联网企业评估价值的计算 ………………………… 107

第四章　移动互联网企业价值评估实证研究 ……………………… 108
　　第一节　样本选择及数据获取 …………………………………… 108
　　第二节　企业折现价值的计算 …………………………………… 109
　　　　一、实体现金流量的预测 ……………………………………… 110
　　　　二、折现率的计算 ……………………………………………… 116
　　　　三、企业折现价值的计算 ……………………………………… 120
　　第三节　企业综合调整系数的计算 ……………………………… 121
　　　　一、建立层次结构模型 ………………………………………… 121
　　　　二、构造判断矩阵并计算权重 ………………………………… 121
　　　　三、一致性检验 ………………………………………………… 127
　　　　四、指标打分以及综合调整系数 α 值的计算 ………………… 127
　　　　五、企业价值评估结果 ………………………………………… 130
　　第四节　实证结果分析 …………………………………………… 131

第五章　移动互联网企业价值创造原理及驱动因素 ……………… 134
　　第一节　移动互联网企业价值创造的原理 ……………………… 134
　　　　一、企业价值创造 ……………………………………………… 134
　　　　二、价值创造能力 ……………………………………………… 135
　　　　三、企业价值评估与价值创造之间的关系 …………………… 137
　　第二节　移动互联网企业价值创造的驱动因素 ………………… 138
　　　　一、资本运营 …………………………………………………… 138
　　　　二、创新能力 …………………………………………………… 138
　　第三节　资本运营与移动互联网企业价值创造 ………………… 139

一、资本运营、生产经营及其与企业价值创造 …………………… 140
　　二、移动互联网企业资本运营方式 …………………………………… 145
　　三、资本运营对移动互联网企业价值创造的意义 …………………… 146
第四节　创新能力与移动互联网企业价值创造 ……………………………… 151
　　一、创新能力 …………………………………………………………… 151
　　二、商业模式创新与移动互联网企业价值创造 ……………………… 152
　　三、技术创新与移动互联网企业价值创造 …………………………… 158

第六章　移动互联网企业价值创造的路径探析 ……………………………… 168
　第一节　移动互联网行业发展现状 ……………………………………… 168
　　一、在技术层面 ………………………………………………………… 168
　　二、在用户规模方面 …………………………………………………… 169
　　三、在手机终端方面 …………………………………………………… 170
　　四、在移动应用方面 …………………………………………………… 171
　第二节　移动互联网行业未来发展趋势 ………………………………… 173
　　一、移动互联网加速经济社会数字化转型，助推数字经济 ………… 174
　　二、移动互联网改造传统产业，加速大规模垂直化 ………………… 175
　　三、移动互联网向万物互联、智能互联跨越 ………………………… 176
　　四、移动互联网推动智能硬件产业的形成，带来消费热潮 ………… 179
　　五、移动互联网促进经济全球一体化 ………………………………… 179
　第三节　移动互联网企业价值创造路径分析 …………………………… 180
　第四节　政府层面 ………………………………………………………… 182
　　一、完善政策法规，打造良好政策环境 ……………………………… 182
　　二、建设基础设施，提供良好硬件条件 ……………………………… 183
　　三、转变政府职能，营造良好产业环境 ……………………………… 184
　第五节　企业层面 ………………………………………………………… 186
　　一、转变经营理念，加强价值管理 …………………………………… 186
　　二、把握用户需求，稳定用户及流量 ………………………………… 187
　　三、创新商业模式，助推企业发展 …………………………………… 188
　　四、拓展融资新渠道，优化资本结构 ………………………………… 189
　　五、加大研发投入，实现技术创新 …………………………………… 190

参考文献 ………………………………………………………………………… 192

附录 ·· 202

　　附录一　样本企业部分财务数据 ·· 202
　　附录二　部分样本企业原始财务数据 ·· 207
　　附录三　价值评估重要性与完善性确定相关表格 ······································ 243
　　附录四　层次分析法下各指标重要性比较 ··· 249

第一章
导论

第一节 研究背景及选题意义

一、研究背景

移动互联网,既强调移动,又强调互联网,是两者的融合体,主张将互联网的技术、平台、商业模式和应用与移动通信技术相结合。从广义上来讲,凡是通过手机、笔记本等移动终端设备以协议的方式接入互联网,便可以称为移动互联网;而从狭义上来讲,移动互联网仅指通过手机终端设备以无线通信的方式访问WAP网站。随着5G技术、大数据、云计算、人工智能等新兴信息技术的持续发力以及移动终端设备和设施的持续更新,移动互联网在各个细分市场的规模持续增加,共享经济、数字支付、跨界电商等各种各样的新兴业态不断地孕育并发展壮大,该行业已经成为目前世界上发展最快、市场潜力最大、前景最诱人的行业之一。数据显示,自2013年移动互联网元年开始,移动互联网的市场规模呈现稳步增长的态势,如图1-1所示。2018年,整个移动互联网市场规模达到8.24万亿元①,预计到2023年,规模将达到18.9万亿元。

未来移动互联网将在教育、医疗、娱乐、交通等各个垂直领域打造"独角

---

① 资料来源:中商产业研究院。

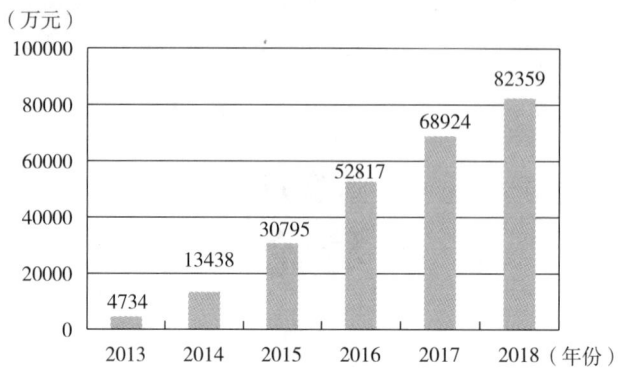

图1-1 移动互联网市场规模

兽"企业,推动形成大规模的垂直化新业态;将成为拉动国民经济的重要引擎,助推我国的数字经济,为加速改革开放形成新动能、打造新经济增长点;将深耕海外、造福世界,推动全球经济一体化、多元化;将进一步推动万物互联、智能互联,各项垂直行业的应用包括车联网、移动医疗、工业互联网等将迎来大面积的爆发,社会组织方式越来越向定制化、分散化和服务化转型……总而言之,发展互联网经济符合我国"供给侧+结构性+改革"的产业结构调整政策,符合数字强国的国家战略,移动互联网产业可以推动社会生产力水平的整体跃升,增强经济持续增长动力,提高人民的生活质量与生活水平。

与此同时,随着移动互联网行业的迅速发展,资本力量开始入驻移动互联网企业,进而推动移动互联网企业的迅速崛起,大批移动互联网企业VC、PE、IPO、并购等投融资活动越来越频繁。在风险投资(Venture Capital,VC)、私募股权投资(Private Equity,PE)等投融资活动方面,投中研究院日前发布的《2018中国互联网行业市场数据述说》数据显示,自2015年以来,互联网融资活动日趋回归理性。2018年互联网融资总体规模量为936.17亿美元,相比2017年提升了14.62%,融资数量为1085起。其中,移动互联网行业的投融资规模和案例相比于往年均有明显提升。不仅如此,移动互联网投融资领域也有所变化,社交娱乐类成为近年来的吸金大户。如2015年,腾讯向旧金山手游开发商Pocket Gems投资6000万美元,2017年又追加9000万美元,从而持有其38%的股份。2017年,快手则得到腾讯和华兴资本3.5亿美元的融资。在上市方面,截至2018年12月,我国境内外互联网上市企业总共有120家,分别为沪深上市46家、美国上市48家、中国香港上市26家,总数相比2017年增长了17.6%,总体市值达到了人民币7.89万亿元①。而在这120家中,移动互联网概念企业有42家,移动互联网企业2018年正经历第四次上市潮,以垂直领域的巨头为主导,以小米、拼多多、爱奇艺等最具有典型性。在并购方面,昔日的竞争对手成了今日的合作伙伴,例如,2015年2月,"滴滴"打车与"快的"打车进行了战略性合并,成为国内最大的打车互联网平台;2015年4月,"赶集网"上市未成,"58同城"抛出橄榄枝从而成就了"58赶集",并在随后的资本运作中完成两者的合并重组,组成了国内O2O分类信息网的巨无霸;2016年6月,腾讯以86亿美元收购芬兰手游开发商Supercell 84.3%的股权,创全球游戏史上最大规模收购纪录。同年12月,腾讯全资收购了泰国最大的门户网站Sanook Online。2017年移动互联网并购市场宣布交易106起,交易规模约24亿美元。2017年2月,今日头条全资收购美国移动短视频创作者社区Flipagram。诚然,移动互联网企业要想扩大自身的规模,就不可避免地需要寻求融资、挂牌或上市、定增和并购重组等一系列的金融行为,而这些行为的前提是必须对互联网企业的价值进行估值。能够对目标互联网公司的价值进行合理估值是投资成功的一大前提,在这种背景下,移动互联网企业的价值评估不可避免地成了我国金融领域内一大热点话题。但是移动互联网企业本身具有高潜力性、高成长性和高不确定性特点,这就迫使我们亟须调整和改进评估该类企业价值的方法,以更好地反映企业真正的价值。在现实的案例中,账目价值不高,但是在实际上市、收购等过程中,又显示了高于原有账目价值几倍甚至几十倍的高股价的现象比比皆是。例如,2010年6月1日,尚未实现盈利的国内移动互联网视频公司"酷6视频"作价4400万美元置换华友世纪股份,采用曲线方式在美国纳斯达克借壳上市,在中国民营视频网站领域内实现了突破;从国内交易市场来看,率先实现多屏合一、采用"付费+免费"创新性商业模式的乐视网于2010年8月12日在深圳创业板上市,开盘价达49.44元,与29.2元的发行价相比高出20.24元,涨幅达69.32%,首发摊薄后的市盈率就达到66.36倍,成为国内A股市场首家网络视频公司;2012年4月23日,社交网络服务巨头Facebook以总值10亿美元的现金和股票收购了一家仅有13名员工,且仅生产了一个图片分享手机应用软件的小企业——Instagram,如此的高价收购更是引起了行业内的巨大探讨。

因此,在这样的经济背景下,移动互联网企业在资产结构、商业模式、盈利模式、发展模式等几个方面具有与传统产业的企业不同的特点,使其存在成长难

---

① 资料来源:《第43次中国互联网络发展状况统计报告》。

估计、产品难定义、价值难区分、规模经济难判断、价值导向难衡量、软性指标难估量的评估难点。传统的、广泛使用的价值评估方法无法全面、准确地衡量移动互联网企业的真实价值,难以被用于移动互联网企业当中,迫切需要在现有研究方法的基础上,寻找一种系统的、全面的、动态的衡量移动互联网企业价值的新型评估方法。基于此,本书试图在此前的经济学者们所建构的具有普遍意义的企业价值评估模型体系的研究分析基础上,从移动互联网企业呈现的新特点出发,基于价值创造视角,同时考虑财务、内部流程、客户和学习与成长四个维度,搭建移动互联网企业价值创造的整体概念框架,进而构建综合性的价值评估新模型,为移动互联网企业价值管理提供决策依据,从而实现移动互联网企业价值最大化,推进我国互联网经济的发展。此外,本书将在第五章和第六章进一步从移动互联网企业的价值影响因素出发,着重探讨资本运营能力与创新能力对移动互联网企业价值创造的影响,并从政府层面与企业层面来探求移动互联网企业价值创造的新路径。

二、选题意义

1. 理论意义

随着移动互联网行业的迅速发展,移动互联网企业的 VC、PE、IPO、并购等投融资活动日益频繁,而这一系列的投融资活动需要理论界能够对移动互联网企业价值进行准确的估量。移动互联网时代,企业资产结构体现为轻资产化的特点;商业模式注重用户为王,强调早期的投入;与传统"生产—销售—变现"的盈利模式不一样,企业在盈利模式上,更多为"免费"模式,因此,在这种情况下的移动互联网企业,其对价值评估势必提出新的挑战,不能以传统的注重企业直接获利能力、资产负债率等指标的价值评估方法来进行估量,否则,将使资产评估模型滞后于实际经济发展需要。

因此,本书从价值创造的理论视角出发,构建适合于移动互联网企业特点的开放性、动态性、综合性的全新移动互联网企业价值评估体系。该理论模型可以有效补充和完善现有价值评估理论,为企业在后移动互联网时代有效评估企业价值提供重要依据。与此同时,通过对原有价值评估模型的完善,对依托于价值评估模型体系的其他财务理论体系提供有力的支撑。此外,在价值评估基础上,本书进一步从企业自身资源和能力出发,分析移动互联网企业价值创造的内在机理，重点分析了移动互联网企业的资本运营能力以及创新能力，对资本运营能力从融资与投资两种模式进行深入分析，对创新能力则从影响移动互联网企业价值创造最为重要的商业模式创新能力与产品技术创新能力进行阐述。在价值创造影响因素分析的基础上，本书从政府层面和移动互联网企业自身层面，研究促进发展我国移动互联网企业价值创造的战略路径，以实现移动互联网企业的价值管理。

2. 实践意义

首先，本书构建了移动互联网企业综合价值评估新模型，基于平衡计分卡理论将影响移动互联网企业价值的因素分为财务、内部流程、客户和学习与成长四个方面，这对于寻求影响企业价值的因素，引导企业关注其自身价值的提升，规范移动互联网企业的经营管理，帮助企业实施价值管理，实现价值最大化具有一定的实践意义；其次，在数字经济的大背景下，移动互联网企业之间投资、并购等活动频繁，综合价值评估体系提供了新的评估方法，其评估结果比传统的企业价值评估方法更客观、合理，可靠性和真实性更强；最后，本书从移动互联网企业价值创造的机理和影响因素出发，从政府和企业自身两个层面，归纳总结了移动互联网企业价值创造的提升路径，为我国移动互联网企业的发展提供了一种思路。总而言之，潮平两岸阔，风正一帆悬。在新的历史起点上，如何对作为数字经济龙头的移动互联网企业进行有效的价值评估进而实现价值创造，对于移动互联网企业的强弱、盈亏乃至存亡，推进实体经济与数字经济融合发展，践行数字强国战略，使我国移动互联网成为融入世界的纽带和桥梁，有力促进网络空间命运共同体的建设均具有深远的实践意义。

第二节 相关概念的界定

一、移动互联网企业

为给移动互联网企业下定义，本书先从移动互联网的概念界定入手。移动互联网概念最早于20世纪初被提出，在21世纪得到迅速发展。虽然移动互联网是当前 IT 领域最为热门的概念之一，但目前业界对其定义尚未达成共识，本书对其主流的几种观点试做梳理。具体如表 1-1 所示。

表 1-1　移动互联网的几种主流观点

主要定义	来源
移动互联网，就是将移动通信和互联网两者结合起来，成为一体；是指互联网的技术、平台、商业模式和应用与移动通信技术结合并实践的活动的总称①	百度百科
移动互联网有广义以及狭义之分，广义移动互联网是指用户可以使用手机、笔记本等移动终端通过协议接入互联网；狭义移动互联网则是指用户使用手机终端通过无线通信的方式访问 WAP 的网站②	MBA 智库
广义移动互联网强调用户通过手机、PDA 或其他手持终端以无线的方式通过各种网络（例如，WLAN、BWLL、GSM、CDMA 等）来接入互联网；狭义移动互联网是指用户能够通过手机、PDA 或其他手持终端通过无线通信网络接入互联网	中兴通讯
移动互联网是以移动网络作为接入网络的互联网及服务，包括三个要素：移动终端、移动网络和应用服务。其中，移动终端包括手机、专用移动互联网终端和数据卡方式的便携电脑；移动通信网络接入包括 2G、3G、4G 等；公众互联网服务包括 Web、WAP 方式。移动终端是移动互联网的前提，接入网络是移动互联网的基础，而应用服务则成为移动互联网的核心③	《移动互联网白皮书》
移动互联网是用移动终端接入的，利用移动网络构建的一种能够为客户提供基于移动终端特性的个性化服务的新型互联网形式	吴吉义、李文娟等（2015）

综合上述相关研究，本书认为，所谓的移动互联网是互联网的移动化，将移动化终端层、网络层与应用层紧密联系起来。用户利用移动终端可以随时随地接入移动互联网，及时获取所需的各项资源与服务。与传统互联网相比，移动互联网能够对用户需求实现快速响应，满足用户随时随地获取信息服务的需求。由于

---

① https://baike.baidu.com/item/移动互联网/7837035？fr=aladdin.
② https://wiki.mbalib.com/wiki/Mobile_Internet.
③ Ministry of Industry and Information Technology and Telecommunications Research Institute. Mobile Internet White Paper [M]. 2011.

有可靠的认证，移动互联网各个端点之间是可以控制的，操作起来也非常方便。总而言之，移动互联网具有快速、简便、安全等优点。但是，任何事物均有两面性，由于移动互联网应用的普遍性，特别是移动社交、出行和支付需要用户将个人现实数据和财富逐步放到移动平台上，移动互联网安全问题突出，用户的隐私数据容易泄露。

总之，移动互联网开创了一种新型的商业模式，在此基础上，移动互联网领域涌现出越来越多的优秀企业。移动互联网产业链的主体包括电信运营商、终端生产商、移动互联网企业和用户①。移动互联网企业在整条产业链中处于中心位置，且移动运营商、终端运营商也有移动化的趋势。因此，为分析简便，本书将能够为用户提供基于移动互联网的应用和服务的企业均定义为移动互联网企业，包括移动应用开发与运营商，也包括移动互联网服务提供商，既有传统互联网企业的移动化，又有各类企业的移动化。移动互联网企业在整条产业链中可以通过移动电商服务、技术服务、APP 分发和广告投入四类价值实现模式，为用户提供服务价值、传播价值和媒介价值。

二、企业价值

按照古典经济学的观点，凝结在商品上面的人类无差别劳动的存在，使商品与商品之间的交换变成了可能，这便是价值的属性。在最新发布的《国际评估准则（2017）》中，将"价值"定义为"价值是一个经济概念，指买卖双方对可供购买的商品或服务最有可能达成协议的价格""价值并非一般意义上的事实，而是特定时点根据特定价值定义，对商品和服务进行交易最可能成交价格的估计额，价值的经济学概念反映了在评估基准日，市场对某人拥有某项商品或接受服务而具有的利益的判断"。到了 20 世纪 60 年代，企业之间产权买卖日益频繁，企业也逐渐演变为一种商品，并渐渐变成可以用货币来表示的企业经济价值，实现企业价值最大化也逐渐成为企业经营管理的主要目标。在企业层面，价值有整体性、前瞻性和动态性等特点。首先，企业与其他类资产不一样，其盈利是由各项单项资产产生的，但是在计算企业价值时，并不是单纯地将各项资产进行加总，而应该考虑单项资产组合的效应，由此来计算企业整体资产价值。其次，企业价值更关注未来盈利，未来盈利能力越强，企业价值便越大。联系到本书的研

---

① 具体参见第三章第二节。

究对象，很多移动互联网企业在初创期仍然处于大幅亏损状态，但是投资者仍然对其有很高估价，这便是出于企业价值前瞻性的考虑。最后，对于企业来讲，其所面临的环境是纷繁复杂、瞬时变化的，使其容易受到外部国家经济、政治政策环境的影响，且内部自身经营管理理念也容易影响其价值大小，因此，企业价值还有动态性的特点。

由于企业价值体现为满足不同利益相关者要求的经济回报，因此，不同的企业利益相关者，出于其利益诉求的不同使企业价值呈现了不同的经济内涵。通常来说，企业价值包括财务内在价值、市场价值、账面价值和清算价值等。从企业经营管理者角度来考虑，由于其更加重视企业的价值管理，关注企业偿债能力、营运能力、盈利能力和长期发展能力等财务绩效，因此，企业内在价值对企业经营管理者来说更为重要；从投资者角度来考虑，其要在资本市场上进行投资、并购和重组等一系列的资本运作行为，因此，对他们来说，企业的市场价值尤为重要；最后，对破产企业所有者来说，企业价值按照存续状态不同，有持续经营价值和清算价值之分，这两部分价值强调以历史成本为衡量的标准，此时，破产所有者更为关注清算价值①。

三、价值评估

价值管理是追求企业价值最大化的战略管理。价值管理界定了管理活动的核心目标：企业价值最大化。价值管理明确提出管理任务，提倡组织的灵活性和环境的适应性，要求企业紧紧围绕价值最大化目标，适时地根据环境变化，通过对投资机会的准确把握，合理配置企业资源，进行战略性投资和经营结构的战略性调整，以增加社会和公众对企业收益和增长的预期，最终为投资者创造更多的财富。追求价值管理可以促使管理者做出企业价值最大化的战略管理决策和财务决策。价值管理的思想源于价值评估（Valuation）与价值创造（Value Creation）。

《国际评估准则》中关于价值评估的定义是这样的：价值是个经济概念，反映可供交易的商品、服务与其买方、卖方之间的货币数量关系，价值评估是根据特定的价值定义在特定时间内对商品、服务价值的估计。以此类推，企业价值评估是专业技术人员对企业价值的估算，是对企业和企业某种权益的价值进行判断和评估的行为或过程。价值的经济概念反映了价值在有效期内，市场

---

① 企业价值各项分类具体表述可以参见第二章第一节。

对于某人由于获得商品或接受服务所能增加的利益的评判。因此，价值评估是依照评估目的、评估程序、评估方法和评估数据进行计算，从而得到评估结果的过程，是一种价值估算的行为，既不是对价值进行说明，也不是对价值进行确定。企业在进行价值评估的实务中，包括对企业整体价值和所有者权益价值两种类型的评估。

根据我国《资产评估操作规范意见》第一百零九条定义，整体企业资产评估是对独立企业法人单位和其他具有独立经营获利能力的经济实体全部资产和负债所进行的资产评估。这个定义从如下两个方面明确了企业价值评估与一般的资产评估的区别和特点，这些特点是选择评估方法的出发点。

1. 价值评估是把由多个单项资产组成的资产综合体——企业作为评估客体

评估界一般将企业价值评估称为"整体资产评估""整体企业资产评估"或"企业整体资产评估"，整体性成为企业价值评估与其他评估的本质区别。企业价值评估要在综合考虑企业全部资产预期获利能力、企业素质、财务状况和经营环境等因素的前提下进行，对企业全部资产所带来的预期收益进行资本化，而不是单一的机器设备、厂房或单项的专门技术。整个企业的资产价值并不是简单地等于各单项资产价值之和，因而具有整体性的特点。企业价值评估的目的通常是产权交易，得出公允市场价值。从我国评估行业的现状来看，不改变产权关系的资产业务一般不需要进行企业价值评估，评估结果的评判依据是评估值的公允性。这实质上是在企业持续经营前提下的产权变动，以市场上的正常交易为基础做出评估。

2. 企业价值评估主要围绕影响企业内在价值的因素——未来获利能力进行评估

企业价值是以企业未来的收益能力为基础的企业内在价值，在评估过程中要体现企业未来的发展潜力和企业收益能力。一般根据企业的历史运营状况、企业的主要产品、企业的外部环境等因素，按一定的程序和方法推算企业收益，当影响未来预期收益的因素与预测时的假定情况不一致时，得出的评估值会与实际的企业价值不同，这就形成了企业价值评估的不确定性。同时，还有收益期间的确定、评估系数的选择等，如果评估方法及其各种预测技术使用得当，得到的评估值就会相对公允。

现代理财目标之所以以"企业价值最大化"或"股东权益价值最大化"为目标，是因为股东权益总价值（即公司价值）"要以未来一定期间归属股东权益的现金流量,按考虑风险报酬率的资本成本换算为现值。由此而得到的股东投资报酬的现值是股东财富的具体体现。它是以企业长期健康发展基础上形成的现金流量作为计算的依据,又考虑了投资风险程度的大小,无论是从涉及的时间长度还是包含的内容来看,都比短期的利润指标具有更大的综合性",有利于克服管理上的片面性和短视性。科普兰、科勒等认为,价值是已知的衡量企业绩效的最佳指标。"价值(现金流量折现)之所以最佳,全在于它是要求完整信息的唯一标准。为判断价值创造,必须具备长远的观点,能够在损益表和资产负债表上处理所有现金流量,并了解如何在风险调整基础上比较不同时期的现金流量。其他绩效指标,都不如价值标准这样全面。"因此,本书所定义的价值评估主要围绕影响企业内在价值的未来获利能力进行评估,通过价值评估确定企业创值能力,将价值评估的结果与企业实际状况对比,衡量企业的经营绩效并据此做出科学管理决策,促进企业价值最大化目标的实现。

四、价值创造

作为管理学和组织学的核心概念,价值创造从企业股东的利益出发,强调为股东实现价值最大化。现有的研究积累了大量关于企业价值驱动因素、价值创造形成机理等的研究,比较有代表性的理论包括熊彼特创新理论、交易成本理论、企业资源基础理论、价值链分析理论以及战略网络理论等,如表1-2所示。

表1-2 价值创造相关理论

理论	价值主体	驱动力	形成机理
熊彼特创新理论 (Schumpeter, 1934)	创新活动	技术	企业家的创造性破坏形成新的创新组合,通过资源再配置和经济结构重塑占据有利竞争位置,成为创造新价值的基础
交易成本理论 (Coase, 1937; Williamson, 1975)	交易活动	成本	交易活动通过市场完成,是价值产生的主体,企业通过节约交易费用、提升交易效率达到降低交易成本创造价值的目的
企业资源基础理论 (Wernerfelt, 1984; Barney, 1991)	战略资源	竞争优势	企业战略性资源组合是有价的、稀缺的、难以模仿的、不可替代的、难以交易的,为企业带来竞争优势,从而提升企业价值

续表

理论	价值主体	驱动力	形成机理
价值链分析理论（Porter, 1985）	战略性环节	独特经营活动	企业内部通过从本活动与支持性活动来直接与间接地影响企业价值，通过外部企业体系实现企业的价值创造
战略网络理论（Gulati et al., 2000）	战略网络	网络结构与治理机制	企业间通过战略联盟、合资、长期的供需伙伴关系等各种联系形式构建成网状组织联系，创造出大家共同受益的价值

从公司内部来看，价值创造需要企业领导人具有长远的战略目光，注意资产负债表上的数据，对比不同时间的现金流来评估风险（黄文妍，2016）。从企业整体环境来看，价值创造超越了公司边界，Nenonen S. 等（2010）从商业模式架构出发，指出顾客、品牌、技术、基础设施、供应商与合作伙伴、人力资本、财务资源等 12 个要素对企业价值产生影响。

因此，本书将价值创造定义为企业在各类资本成本、经营成本等成本基础上，有所增加的企业价值。价值创造是企业提高资本创造能力与经营绩效水平的手段和途径，也是为股东创造利益的首要途径①。

第三节 研究内容与结构安排

一、研究内容

当前，网络直播、物联网、人工智能（AI）、虚拟现实（VR）、增强现实技术（AR）等新技术、新应用不断涌现，这些技术、平台、应用与不断创新的商业模式与移动通信技术紧密结合起来，带来移动互联网新型经济业态蓬勃发展，移动互联网的工具属性、媒体属性和社交属性也不断凸显，日益形成完整的生态系统。本书将从移动互联网企业呈现的新特点出发，基于价值创造视角，运用价

---

① 关于价值创造的具体展开，可以参阅本书第五章。

值评估理论、绩效评价理论、现代企业理论、战略管理理论等,综合经济学、财务管理、战略管理、金融学等相关学科知识,采用模糊综合评价法、层次分析法、实证分析法、调查问卷法等各种定性与定量研究方法,考虑财务、内部流程、客户和学习与成长四个维度,搭建移动互联网企业价值创造的整体概念框架,进而构建综合性的价值评估新模型,为移动互联网企业价值管理提供决策的依据,从而实现移动互联网企业价值最大化,推进我国互联网经济的发展。在模型搭建之后,本书进一步选择20家典型的移动互联网上市公司进行模型的实证检验,以验证评估模型的有效性。此外,在价值评估模型的构建与验证基础上,本书在第五章和第六章,又运用大量篇幅来论述移动互联网价值创造的影响因素以及价值创造的路径探讨。第五章重点从移动互联网企业的资本运营与创新能力两大方面来详细阐述,从资本运营、创新能力的概念入手,归纳整理现有研究现状,分别概括资本运营与创新能力和移动互联网企业的价值创造之间的关系,其中,资本运营能力主要围绕融资、投资两大类模式来展开,创新能力主要分为技术创新、商业模式创新两大部分来展开。在第六章,本书从政府层面与企业层面对移动互联网企业价值创造提出了相应的路径参考。政府层面的措施主要包括:完善政策法规,打造良好政策环境;建设基础设施,提供良好硬件条件;转变政府职能,营造良好产业环境;等等。企业层面的措施则主要包括:转变企业经营理念,加强价值管理;把握用户需求、稳定用户及流量;创新商业模式,助推企业发展;拓展融资新渠道,优化资本结构;加大研发投入,实现技术创新;等等。

二、结构安排

本书主要以移动互联网企业为研究对象,以价值管理以及基于价值管理目的的价值评估和价值创造为研究内容,以实现移动互联网企业价值最大化为研究目标而展开。本书的篇章结构将遵循如下逻辑框架:

第一章为导论。主要提出移动互联网价值评估与价值创造研究的目的和意义,界定有关重要概念,明确本书的研究目的、方法、内容和结构安排等。

第二章为企业价值评估理论分析。本章内容包括企业价值评估的原理分析以及价值评估方法对比探析两部分。在原理分析部分,本书对有关企业价值评估相关概念进行界定,对企业价值评估、互联网企业价值评估进行梳理。以公司价值评估理论思想为基础,对国内外学者有关价值评估与价值创造的研究内容、方法以及研究结论加以归纳和述评，为本书将要开展的移动互联网企业价值评估与价值创造研究提供借鉴。在价值评估方法对比探析部分，本书对现有理论界对企业价值评估的几种方法进行对比梳理，主要方法包括绝对值评估法、相对值评估法、实物期权评估法和收益现值评估法。

第三章为移动互联网企业价值评估模型的构建。从价值创造的角度出发，引入移动互联网企业的产业链，分析其在产业链中的地位，并以此为基础，剖析移动互联网企业的价值来源，围绕移动互联网企业本身的特殊性，将其评估难点归纳为成长难估计、产品难定义、价值难区分、规模经济难判断、价值导向难衡量、软性指标难估量等几点，从而为后续移动互联网企业价值评估做好铺垫。

综合现有移动互联网企业价值评估的相关方法，围绕移动互联网企业自身的价值评估难点，本章从价值创造的理论视角出发，从系统的、考虑非财务因素影响的综合方法来进行移动互联网企业价值评估，在传统价值评估方法之一——主流的贴现现金流量法基础上，引入平衡计分卡理论，考虑非财务因素对企业价值的影响，构建改进的 DCF 模型。具体地，本模型的评估思路如下：

第一步，引入考虑长期与短期、静态与动态相结合的综合性平衡计分卡理论，从财务、内部流程、客户、学习与成长四个维度，考虑影响移动互联网企业价值的财务与非财务因素，利用模糊综合评价法重新构建移动互联网企业评估指标体系。

第二步，构建并选取各项指标，尽量选取定量的评估指标，一方面便于比较，另一方面更为客观和具有说服力；而对于确定没有办法定量化的指标，则采用德尔菲法进行量化处理。随后，利用层次分析法，通过 YAAHP 软件来确定各项指标之间的权重。

第三步，运用排队打分法、综合指数法或功效系数法，将平衡计分卡下的综合评估指标体系转化为综合评价指数，以该综合评价指数为纠偏系数。

第四步，利用贴现现金流量分析法计算移动互联网企业现有价值与潜在价值。

第五步，在第四步的计算基础上，以纠偏系数对传统方法计算出来的企业价值进行修正，得出移动互联网企业的最终价值。

根据上述思路，本章构建的移动互联网企业价值评估模型如下所示：

$$V = DCF \times (1 + \alpha)$$

其中：V 表示企业价值；DCF 表示通过自由现金流量法计算的企业价值；α

表示综合调整系数。

第四章为移动互联网企业价值评估实证研究。在模型的实证检验部分，本章将选取 A 股上市的 20 家典型移动互联网概念的上市公司进行企业价值评估的实证研究，这些样本企业涵盖了电商企业、电子通信、新闻资讯、计算机应用、通信服务、通信设备等多个行业，从这些行业中选择了有一定规模且盈利状态较为稳定，在行业中有一定地位的代表性企业，包括智度股份、高鸿股份、生意宝、三五互联等。通过对 20 家典型的移动互联网上市公司历年财务报表数据的搜集，对其进行企业折现现金流量的计算、综合调整系数的测算，从而得出 20 家样本企业最终的价值评估值。通过实证检验测度各个价值驱动因素以及具体测度指标对企业整体价值的贡献或影响程度，为衡量具体价值创造活动的效果提供方法支持。

第五章为移动互联网企业价值创造原理及驱动因素。本章从企业价值评估与价值创造两者的内在逻辑推演出发，结合我国目前移动互联网企业的发展现状，分析出移动互联网企业价值创造的驱动因素主要包括资本运营能力、企业创新能力等。其中，首先在分析了资本运营与生产经营之间的区别与联系，以及资本运营对企业成长的意义的基础上，重点分析了移动互联网企业资本运营的两种方式，从大方向上进行了融资与投资的划分，阐述了移动互联网企业资本运营能力的高低对移动互联网企业价值创造的意义。在创新能力与移动互联网企业价值创造之间的关系上，本书将移动互联网企业最为重要的商业模式创新与技术创新两方面能力摘选出来进行分析，分别阐述两者对移动互联网企业价值创造的意义所在。

第六章为移动互联网企业价值创造的路径探析。本章从政府层面和企业层面分别提出了移动互联网企业价值创造的战略路径。在政府层面，强调政府应实施价值导向的财税政策，提高政策效率，转变政府职能，营造良好环境；在企业层面，强调企业自身应转变经营理念，通过推进价值管理、创新商业模式、开拓融资新渠道、优化资本结构、加大研发投入等来提升企业价值创造能力。

三、技术路线

本书技术路线如图 1-2 所示。

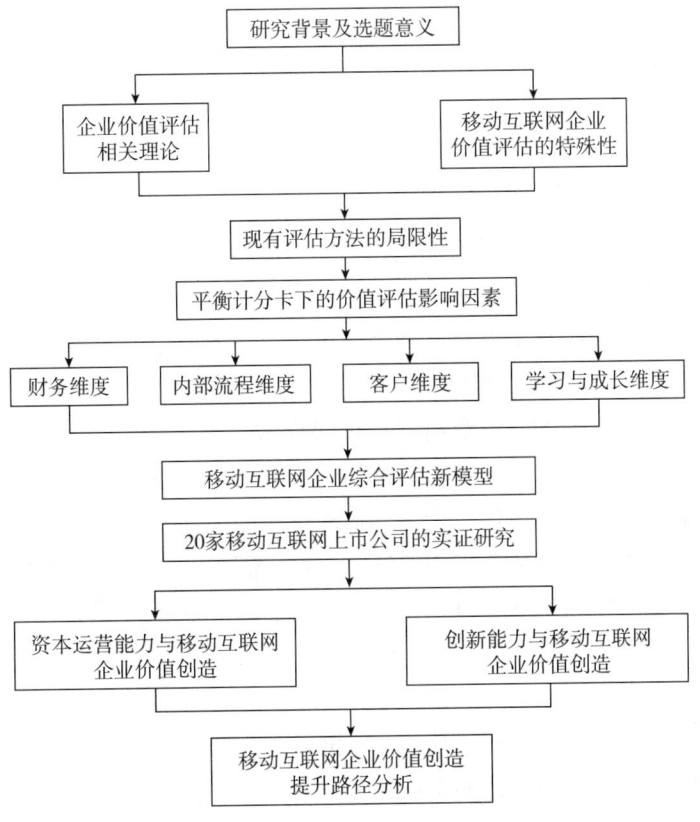

图 1-2 技术路线

第四节 研究方法

本书历经三年完成,按照时间主要分为两个阶段,分别是理论准备阶段以及重点研究阶段,在不同研究阶段,其研究方法根据每个阶段研究内容的不同而有所差异,具体的研究方法包括以下几种。

一、理论准备阶段

1. 文献综述研究法

文献综述研究法是将所要研究的主题作为依据来寻找相关文献,并基于相关的研究目的,从所查找的文献中来获得与研究主题相关且全面的资料,以达到对研究主题的充分了解认识的方法。本书在理论部分的书写中采用了这种方法,通过中国知网、维普数据库、万方数据库、EBSCO、JSTOR、ProQuest等数据库搜索整理一百多份相关研究的文献资料(具体可以参见书末参考文献),采取精读和泛读的方法归纳总结国内外企业价值评估与价值创造的相关理论。例如,在价值评估部分,本书围绕企业价值、价值评估理论渊源、价值评估方法相关研究等几大主题,在国内外文献资料范围内摘选几十篇与研究主题密切相关的文献,通过对文献进行泛读与精读,从而进行与主题相关的归纳整理。

2. 分析案例法

通过网络和书籍等资料搜索移动互联网企业典型案例,选取移动互联网企业在价值评估与创造过程中涉及的价值评估、资本运营、商业模式创新、技术创新等典型案例,为后续的研究做准备。

二、重点研究阶段

1. 问卷调查法

问卷调查法是目前国内外社会调查中较为广泛使用的一种方法。问卷是指为统计和调查所用的、以设问的方式表述问题的表格。问卷法就是研究者用这种控制式的测量对所研究的问题进行度量,从而搜集到可靠的资料的一种方法。问卷法大多用邮寄、个别分送或集体分发等多种方式发送问卷,由受调查者按照表格所问来填写答案。一般来讲,问卷较之访谈表要更详细、完整和易于控制。问卷法的主要优点在于标准化和成本低。因为问卷法是以设计好的问卷工具进行调查,问卷的设计要求规范化并可计量。本书在第三、第四章中,在移动互联网企业综合价值评估体系的构建上,对于各项指标之间重要性权重的分配、定性指标打分情况等采用向 10 位评估专家、教授等发放调查问卷的方式来获得并进行加权汇总计算来获得。

2. 模糊综合评价法

模糊综合评价法是一种综合评价方法，该方法奠基于模糊数学。模糊数学诞生于 1965 年，它的创始人是美国自动控制专家 L. A. Zadeh。模糊综合评价法根据模糊数学的隶属度理论把定性评价转化为定量评价，即用模糊数学对受到多种因素制约的事物或对象做出一个总体的评价，具有结果清晰、系统性强的特点，能较好地解决模糊的、难以量化的问题，适合各种非确定性问题的解决。该方法的分析步骤包括四个方面：一是构建模糊综合评价指标。模糊综合评价指标体系是进行综合评价的基础，评价指标的选取是否适宜，将直接影响综合评价的准确性。进行评价指标的构建应广泛涉猎该评价指标系统行业资料或相关的法律法规。这部分体现为本书第三章移动互联网企业综合评价指标的构建部分。二是利用专家判断法或 AHP 层次分析法构建好权重向量。在本书里两种方法均得以采用，从而计算各个指标的权重。三是构建评价矩阵，建立适合的隶属函数从而构建好评价矩阵。四是评价矩阵和权重的合成。本书在调整系数 α 的计算上便采用了该种方法。

3. 层次分析法（AHP）

层次分析法是一种定性与定量相结合的多目标决策分析方法，特别是可将决策者的经验判断进行量化。它将一个复杂的多目标决策问题作为一个系统，将目标分解为多个目标或准则，进而分解为多指标（或准则、约束）的若干层次，通过定性指标模糊量化方法算出层次单排序（权数）和总排序，以作为目标（多指标）多方案优化决策的系统方法。首先，其工作原理在于将决策问题按总目标、各层子目标、评价准则直至具体的备投方案的顺序分解为不同的层次结构；其次，用求解判断矩阵特征向量的办法，求得每一层次的各元素对上一层次某元素的优先权重；最后，用加权求和的方法递阶归并各备择方案对总目标的最终权重，此最终权重最大者即为最优方案。层次分析法比较适合具有分层交错评价指标的目标系统，且目标值又难以定量描述的决策问题。层次分析决策模型能为企业价值评估提供较为科学的理论依据，帮助我们以定性和定量相结合的方式进行分析和评价。本书在移动互联网企业价值评估体系的指标权重分配上将采用层次分析法，利用 YAAHP 软件来解决权重分配问题。

第五节　本书创新点、重点和难点

一、本书创新点

本书具有两个创新点：

其一，本书运用模糊综合评价法、专家问卷调查法、层次分析法等技术方法，综合价值创造、平衡计分卡等相关理论研究，构建涉及定量和定性指标、内部和外部因素、短期与长期、静态与动态的多指标综合评价体系来对移动互联网企业进行价值评估，可以有效弥补现有企业价值评估理论的不足，丰富移动互联网企业相关研究。

其二，现有研究大多集中在理论研究层面上，本书则在理论研究基础上，通过选取20家典型移动互联网上市公司来进行实证研究，这将在实践层面验证理论模型，为移动互联网企业在进行并购、重组及上市等资本运作活动中提供一定的指导与借鉴意义，并为衡量具体价值创造活动的效果提供方法与技术支持。

二、研究的重点和难点

1. 研究重点

本书的一个研究重点在于：移动互联网企业综合价值评估模型的设计以及实证检验。本书从价值创造的原理出发，以平衡计分卡的四个维度——财务、内部流程、客户、学习与成长，综合利用模糊综合评价法、专家问卷调查法、层次分析法等方法构建移动互联网企业价值评估指标体系，并将该评估指标体系转化为综合调整系数，进而以该系数对基于DCF法计算出来的现有和潜在价值进行调整。另外，为了验证理论模型的适用性，选取20家典型的移动互联网概念的上市公司以及一家具体公司进行实证与个案分析。

本书的另外一个研究重点在于：在价值评估的理论基础上，探究移动互联网企业价值创造的机理，分析价值创造的影响因素，进而提出移动互联网企业价值创造路径的两点参考。在政府层面，要完善政策法规，积极推进信息基础设施的建设，转变政府职能、营造良好产业环境，等等；在企业层面，企业要转变经营理念，加强价值管理，把握用户需求，创新商业模式，拓展融资新渠道，优化资本结构，加大研发投入，实现技术创新，等等。

2. 拟突破难点

一是评估体系指标选取、衡量和权重设定。随着5G时代的来临，移动互联网企业呈现了新的特点，这对于企业具体评估指标的选取和衡量提出了新的挑战。虽然前人研究提供了一个借鉴思路，但仍然需要结合移动互联网企业的特殊性进行深入斟酌。特别地，内部流程维度和学习与成长维度中含有一些主观性指标，例如，移动互联网企业技术创新能力、应对企业经营风险能力等，这类指标在选取上均需要理清影响移动互联网企业技术创新能力水平的关键要素是什么，进而完成指标的选取和衡量。此外，当指标体系构建完成之后，在权重设定上，虽然可以借助层次分析法来完成，但是对于各类指标的打分，则主观性较强，需要扩大调查问卷发放量，邀请尽可能多的相关专家进行打分处理。

二是大规模的数据处理。本书实证研究将涉及多家移动互联网上市公司各维度的数据，包括移动互联网上市公司各项评估指标的定性与定量指标的衡量。在定量指标上，本书将对国泰安数据库、沪深两市上市公司对外发布的财务报表等进行搜集整理；对于定性指标，本书将通过向权威人士发放调查问卷等方式获取原始数据，结合专家打分法对指标进行赋值处理，从而计算各指标权重。最后利用YAAHP软件对所有定性和定量指标进行分析整理。而数据的搜集与整理工作需要耗费大量的时间与精力来进行，也是本书研究的难点之一。

第二章
企业价值评估理论分析

在知识经济和信息化的时代背景下,企业管理的本质是价值创造。树立价值管理创新理念,确定价值创造模式,实施价值管理战略,重构价值评估体系,是企业面对经济全球化的必然选择。所以重视企业的价值、创造理念和价值创造能力的培养,对积极推进企业价值创造创新模式的研究具有重大意义。财务学理论的飞速发展,为人们定量研究未来机会的价值提供了坚实的理论基础,如何构建完备的价值评估理论和方法体系显得至关重要。总之,构建创新的企业价值创造模式并对企业进行价值评估,可以有效评价企业价值管理,形成持续价值创造能力。因此,本书将首先分析企业价值评估内涵、评估假设,回顾其发展的理论渊源,梳理企业价值评估的国内外研究综述,并对传统的企业价值评估方法进行对比研究,从而为后续移动互联网企业价值评估模型的提出做好铺垫。

第一节 企业价值评估的原理分析

20世纪初的《资本价值论》和《利息率》被认为是企业价值评估思想最初的来源,这两本书中均提到了资本的本质即未来收入的折现值。随后,1940年,汤姆在其文章中首次解释了现金流的意义,被认为是企业价值评估理论的初次成形。企业价值评估意义重大,它准确地估算了企业未来的收益,能够为企业的管理决策提供有益的信息建议。而要进行企业价值评估,首先要明确企业价值的内涵。企业价值反映了企业在运营过程中资源持有以及使用的效率,其在企业不同的发展阶段,展现了不同的价值形态,主要包括市场价值、账面价值、公允价值和清算价值等。

一、企业价值的内涵

按照古典经济学的观点,商品与商品之间之所以能进行交换,是因为凝结在商品上面的无差别的人类劳动,用社会必要劳动时间来进行衡量的价值属性的存在。商品具有价值和不同使用价值的属性使交换成为可能。而到了20世纪60年代,企业之间产权买卖日益频繁,企业逐渐演变为一种商品,并渐渐变成可以用货币来表示的企业经济价值,实现企业价值最大化也逐渐成为企业经营管理的主要目标(周荃,2017)。由于企业价值体现为满足不同利益相关者要求的经济回报,不同的企业利益相关者,出于其利益诉求的差异,使企业价值呈现了不同的经济内涵(黄文妍,2016)。主要体现在三个方面:第一,出于企业更好进行经营管理的需要,企业经营者追求企业内在价值的衡量;第二,企业在经营过程中,难免要发生投资、并购、重组等相关事宜,此时对企业市场价值的衡量则成为关键;第三,对于以清算为目的的企业来说,企业即将退出市场,此时更注重对清算价值的衡量。因此,按照此标准,本书将企业价值评判标准划分为内在价值、市场价值及账面价值和清算价值三种类型。如表2-1所示。

表2-1 企业价值及其评估内涵

不同主体的需求以及对公司价值评估的动因	价值类型
企业经营管理者(价值管理)	内在价值
资本市场证券投资者并购与重组者(投资、并购、重组)	市场价值
破产企业的所有者(清算)	账面价值、清算价值

首先,从企业经营管理者角度来考虑,由于其更加重视企业的价值管理,关注企业偿债能力、营运能力、盈利能力和长期发展能力等财务绩效,因此,企业内在价值对企业经营管理者来说更为重要;其次,从投资者角度来考虑,其要在资本市场上进行投资、并购和重组等一系列的资本运作行为,因此对他们来说,企业的市场价值尤为重要;最后,对破产企业所有者来说,企业价值按照存续状态不同,有持续经营价值和清算价值之分,这两部分价值强调以历史成本为衡量的标准,此时,破产所有者更为关注清算价值。总体而言,企业价值的确定主要考虑客观价值和主体效用两部分的交互式评价。

1. 账面价值

账目价值是会计概念,强调以历史成本为基础来进行价值的衡量。从这个角度来说,资产的账目价值就体现为将购置资产的价格抵减折旧、资产价值准备后的账面净值。账目价值的优点在于,由于会计在做账时遵循的是客观性和谨慎性的原则,因此账目价值所反映出来的价值也客观。

财务报表中的数据并不是主观推测、臆断产生,而是会计人员基于客观、公正的原则所产生的,这就使某项资产的原始购买价值相比于销售价格、重置成本和未来预期收益现值更为客观。会计处理中的谨慎性原则要求会计人员在进行资产计价时要尽可能地考虑会产生的损失,这使资产的估价表现为最低的合理估价。

然而,任何事物均具有两面性,一方面,客观性和谨慎性是账目价值的优点;另一方面,也导致了其在衡量过程中的非相关性和不准确性。

其一,财务报表中对资产价值的历史成本计价,往往忽略了通货膨胀、过时贬值等一系列重要因素的影响,这使某项资产的账目价值与现行的市场价格差异显著;其二,由于不考虑某项资产未来可能产生的收益,账目价值的衡量往往是不准确的。从会计学的角度来讲,其对资产的定义为企业所拥有和控制的、将来能给企业带来经济利益流入的资源。而事实上,资产负债表上的项目并没有将全部有价值的资产或可能的负债项目均包括进去,同时也忽略了权益的资本成本率。很多企业的价值往往体现在顾客的忠诚度、品牌的知名度、娴熟的管理、优秀的企业文化等企业核心竞争力上,而这部分能力在企业资产负债表中又很难衡量,会计师出于客观性、谨慎性原则,往往将这部分难以计价又难以衡量成本的项目直接忽略不计,这就很可能使企业资产价值被低估。

此外,在财务管理中,权益资本被认为是最重要的概念之一。债权人要求贷款利息,权益投资者要求资本的投资回报率,这是财务管理中基本的思维习惯。然而,从会计师的角度来讲,由于权益成本不好衡量和计价,其往往拒绝将权益资本成本列入利润表中,而只列出利息的费用。因此,在账目价值法下,会计表中的盈利与实际盈利差异显著。事实上,在利润表中,会计利润大于零,并不意味着企业的经营业绩就一定非常优越,只有当企业的经济利润大于零、企业的资本收益率高于资本的成本率时,才能明确企业的管理者在真正为企业创造价值,企业的价值才有所增加。正是因为这些被忽略的、不被记录的资产和负债的存在,使很多企业的账目价值与真实价值相去甚远,账目价值有可能远远高于真实价值，也有可能远远低于真实价值。当真实价值远远高于账目价值时，这部分超额价值往往作为商誉部分，被记录在资产购买者的财务报告中。在实际财务工作中，直接、单纯地用账目价值来衡量企业资产的情况比较少，更多地，资产的账目价值是作为企业价值衡量的一个辅助，其可以使投资者形成对企业价值的粗略估计。

2. 市场价值

在国际评估准则委员会制定的准则中，市场价值被定义为："信息完全、行动慎重，并且不受强迫的交易者组成的资产市场上，经过合理的市场营销期，自愿交易的卖方和买方在评估基准日正常交易的情况下达成时资产的价值。"《国际会计准则（IAS6）》将公允价值定义为："信息完全、资源交易的双方在正常交易的情况下达成交易时资产的价值。"由此可见，市场价值强调交易买方与卖方之间交易信息充分、完全，双方秉承公平、自愿的原则来进行市场交易，由此所确定的交易价值即为市场价值。

一方面，市场价值评估资产法强调从市场中来，到市场中去。评估师在进行资产评估的时候，对市场条件的假设是在一个理想状态下的环境，而这种理想状态的环境在现实生活中往往很难达到，现实的市场环境是动态的、复杂的。评估师的估价经常落后于市场变化，使市场价值评估出现"时滞"现象，资产评估价值与最后达成的公允价值不一致。

另一方面，评估基准日是公允市场价值评估的要点，公允价值的评估代表的是某一个静止时间点的价值，而当过了这一时间点之后，评估的公允市场价值则变为历史。因此，公允市场价值与历史成本会计是对立的，基于历史成本的财务报表所形成的资产评估价值缺乏可比性，而市场价值评估则联系了经营现状，是一段时期经营财务状况的反映，可比性更强。

3. 内在价值

内在价值一般被定义为企业在未来期间所能获得的现金流量折现值之和，该概念不仅对企业生产经营管理者来说非常重要，对于投资者来说也意义重大，"企业投资（包括股权和债券投资）的基础应是企业的内在价值，而不是市场价值，理解什么是内在价值和内在价值的源泉所在是投资管理和成功的关键"。现金流量折现法（Discounted Cash Flow，DCF）最早产生于1938年，由当时美国金融学家约翰·伯尔·威廉姆斯（John Burr Williams）提出，任何股票、债券或公司的价值,取决于在资产的整个剩余期间所能产生的,以适当的利率折现的现金流。这种观点被认为是现金流量折现的端倪。

债券在估价时,以债券到期日为其终止时间点,将债券起止期间的利息辅以一定的折现率进行折现并加总,求得债券的现值。同样地,资产评估师在进行企业价值评估时,也是将企业从某个时间点到将来可能产生的现金流进行折算,从而求得企业最终的评估价值。然而,与债券评估不同,资产评估师对于企业未来现金净流量的估计不好把握,债券的利息值往往是确定的,企业未来的现金流则并不确定,例如,对股权投资者的利润分配,一方面,企业在该部分现金流入随机性较强,有可能有上市公司收益不错,但并不对股东所有者进行分配的情况,或虽然分配了,但是在比率的确定上随意性较强;另一方面,评估的难点还在于折现率的估计上,合适的折现率的确定,需要资产评估者在综合了解、分析企业经营管理和财务状况的基础上得出,对于企业管理层的管理水平和经验也是一种考验,需要对企业未来长远发展做出精准的判断。

内在价值同前述的账目价值不一样,两者之间有着本质的区别。账面价值重点考量的是企业资产的成本,而内在价值则从盈利能力的角度对企业未来的潜力进行估量。内在价值是未来的概念,并不关心企业现有投入多少、耗费多少,更多地看重企业未来能产生多少收益,因此,有可能出现某个企业资产负债表看上去非常漂亮,资产数量非常多,但是经济效益很差或没有经济效益,内在价值很低甚至为负值的情况。或有可能企业资产数量很少,资产负债表看上去业绩很一般,但是由于该企业盈利能力强,未来增长潜力大,从而使企业内在价值很高的情况。因此,企业在进行投资分析和管理时,或处理与未来和主观性相关的问题时,就必须使用内在价值的概念,摒弃账目价值的使用(吴虹雁,2008)。

4. 清算价值

企业状态分为清算和持续经营,前述的内在价值、账目价值和市场价值均是基于持续经营的假设。持续经营假设是企业会计计量的基础假设之一,按照该假设,企业的价值评估评估的是企业未来持续经营期间的企业价值,持续经营价值中的无形部分来自企业训练有素的职工队伍、必要的许可证、管理系统和适当的工作程序等因素。然而,当企业进入清算状态,无法进行持续经营时,企业价值即为清算价值。倘若企业已经不再进行持续经营,企业即将停止经营,清算价值则自动忽略企业未来可能产生的收益,其价值等于将企业所有资产进行变卖之后的价值扣除负债后的资产净额。此外,当对企业未来现金流量的期望值现值预计很低时，企业消亡比存货价值意义更大，此时企业的内在价值也等于企业的清算价值。

综合上述分析，由于本书所分析的对象是处于发展时期的移动互联网上市公司，基于持续经营假设进行分析，此外，企业管理的本质在于企业价值最大化，任何一家企业都应着力于探索企业的盈利能力，创造、提升企业内在价值。因此，本书将企业价值局限在对企业内在价值的分析，同时，引入企业账目价值与市场价值进行综合的调整分析。

二、企业价值评估假设

1. 常用的企业价值评估假设

常用的市场价值评估假设包括交易假设、公开市场假设、持续使用假设和清算假设（汪海粟，2005），这四种假设被认为是目前所有评估项目的通用假设。

（1）交易假设。为了保证价值评估的顺利进行，同时也为了发挥价值评估向委托人提供专家判断的作用，资产评估师基于交易假设将被评估企业置于模拟市场进行评估则显得异常重要。基于交易假设所发生的价值评估，形成的最终结果是交换价值。交易假设要求资产评估人员所评估的企业目前正处于交易的过程中，评估人员在假设市场交易条件的模拟市场环境下进行估价。因此，交易假设不仅创造了企业价值评估的条件，而且对企业价值评估的外部环境进行了限定。

（2）公开市场假设。所谓的公开市场是指在完善的市场条件下，买卖双方具有自主性的竞争性市场，买卖双方信息公开、透明且对称，买卖双方地位平等，出于自愿和理性的原则来进行市场交易。在这样的公开市场假设下，因为充分自由的竞争市场，企业与企业之间进行交换的价值即默认市场认可了目标企业在当时条件下的效用，只是这种认可由于有市场范围的限制，也有一定的范围空间。因此，公开市场假设对目标企业拟进入市场的条件以及在该市场条件下目标企业所受到的影响进行了假定说明或限定。假设本身也说明了资产交换价值并不是个别交易所能决定的，其必须受到市场机制的制约，受控于市场行情。

（3）持续使用假设。根据持续使用假设，资产评估师认为，待评估的资产处于使用并还会继续使用下去的状态。持续使用假设不仅对被评估资产的市场条件或市场环境进行了说明,而且也重点对资产的存续状态进行说明,是对被评估资产将要进入市场的条件以及该条件下的资产状态的假定性说明和描述。在持续使用假设中,持续使用包括在用续用、转用续用和移地续用三种状态。其中,在用续用是指在用的被评估资产会按照其原有的用途和方式继续使用下去,即使该资产产权发生了变动或发生了某项资产业务;转用续用是指被评估资产由于产权发生了变动、发生了其他资产业务之后,其资产现有用途发生了改变,转用使其继续使用下去;移地续用,顾名思义,是指虽然改变了被评估资产的空间位置,但还能继续使用下去,这种情况也出现于被评估资产发生了产权变动或发生了某项资产业务。

(4) 清算假设。清算假设是假定说明了被评估企业在非公开市场条件下被迫出售或快速变现的状态,其同样是对被评估企业拟进入的市场状态进行的假定说明或限定。清算假设认为,被评估企业可能或事实上将面临清算或潜在被清算,随后资产评估师依据一定的数据资料,进而推断被评估企业被迫出售或快速变现的状态。

2. 企业价值评估假设的选择

在会计理论体系当中,会计假设是不可缺少的重要组成部分,构成了会计体系运作的基础。会计假设合理判断了对企业有重大影响但又难以界定的问题,使企业与企业之间的不同会计信息有了能够进行比较的可比性。我国会计准则规定,会计的假设包括会计主体假设、持续经营假设、分期假设、币值稳定假设,这四项假设构成了会计核算的前提,任何一项业务均要满足这四项假设,会计核算的基本程序和方法也是由这四项基本假设相互配合所决定的。

但是,与会计假设的研究思路不一样,企业价值评估假设应该根据一定的限制性条件、一定的价值类型来进行选择,单一地、粗暴地设定某种评估假设在会计价值评估实务中是不可取的,而应当结合具体的评估实例来进行选择。例如,在前述四种评估假设当中,公开市场假设与交易假设、持续使用假设与清算假设,这两对假设之间均是对立、不统一的。公开市场假设要求买卖双方之间地位平等、信息公开对称,而在清算假设条件下,被评估资产的所有者在某种压力下被迫进行交易,由于没有足够的时间,交易双方地位不平等。因此,评估项目若是设定了持续经营假设和公开市场假设,就不宜再同时设定清算假设。资产价值评估假设的这一规则使其并不符合作为某一学科理论假设的基本要求。

3. 本书选用的价值类型和评估假设

总而言之，通过对上述价值类型和评估假设的理论梳理，本书选用的价值类型是内在价值，采用持续使用、公开市场的评估假设。在随后的章节中，本书选择了 20 家正处于持续发展中的上市移动互联网公司，基于持续使用和公开市场的评估假设，通过对 20 家上市公司折现现金流量进行分析，辅之以综合调整系数的调整，得出比较合理、客观和全面的内在价值，并将该内在价值与所选定的 20 家上市公司进行市场价值对比分析。

三、企业价值评估的理论渊源

按照著名经济学家孙冶方的观点，价值体现为 $\frac{费用}{效用}$，费用一般用劳动量来衡量，效用则体现为使用价值，以较小的劳动量创造出更高的使用价值，价值也就越大。而企业价值是在特定时期下，由影响企业综合实力的内外部因素共同影响、相互作用所形成的。显然，一方面，这些要素价值越强，则企业价值便越大。因此，企业价值体现为一种综合价值。另一方面，影响企业价值的各项因素在不同时间情况下，其影响的范围、程度、强度、方向均会有所差异，从而使企业价值有所差异。因此，企业价值是在特定时间下的一种综合价值。即企业价值是指在特定的时间中展示企业这一特殊商品的综合实力的各种影响因素（包括内部因素与外部因素）的综合体。价值评估便是对该综合体在特定时间、特定背景条件下所展示出来的内在价值进行综合评估的一个过程。

价值评估学作为沿用已久的一种财务学研究方法，其理论和方法的思想渊源最早可以追溯到艾尔文·费雪（Irving Fisher）、莫迪里安尼（Modigliani）和米勒（Miller）等学者的研究。其中，在 20 世纪初，耶鲁大学教授艾尔文·费雪（Irving Fishery）提出了资本价值论，被认为是价值评估理论思想的端倪，他于 1930 年提出资本预算的净现值法则，使人们知道公司价值是他们期望得到的红利的净现值。莫迪里安尼（Modigliani）和米勒（Miller）则提出了著名的 MM 定理，创建了现代资本结构理论，进一步推进了价值评估方法的研究。而将 MM 价值评估理论付诸实际应用过程的则是美国西北大学的阿尔弗洛德·拉帕波特（Alfred Rappaport）和 Stem Stewart 公司的乔尔·思特恩（Joel Stern）。总之，在价值评估理论研究的基础上，基于价值核心而进行管理的价值管理理论，融合了财务理论、现代金融学理论和企业战略管理理论，进而形成了一个综合的、全面的理论体系。

在本小节,本书将在价值评估理论思想研究的基础之上,阐述国内外学者关于价值评估的研究内容、研究方法和结论,归纳总结现有价值评估的研究文献。这些研究在研究方法上各有特色,为后续章节移动互联网企业上市公司的价值评估与创造的研究提供了重要的借鉴与研究思路。

1. 艾尔文·费雪的资本价值理论

谈到企业价值评估理论思想,便不得不谈到一个学者——艾尔文·费雪(Irving Fisher)。费雪提出的资本价值理论被公认为是企业价值评估思想的理论起源。1906 年,费雪在其著作《资本与收入的性质》一书中,厘清了资本与收入的各种概念,认为"资本"是某个时期内产生服务流量的任何财富存量,例如,土地、机器、建筑物,而"收入"则为超过财富存量之保养与更新的需要的服务流量之剩余。而利率则在资本与收入之间架起了一座桥梁。资本的价值是未来收入流量的现值,是将未来收入按照一定的利率进行贴现所形成的折现值,收入赋予了资本价值。费雪关于资本与收入的关系以及价值源泉问题的表述奠定了现代企业估值理论的基石。紧随其后的一年,即 1907 年,费雪又发表了另一本著作——《利息率:本质、决定及其与经济现象的关系》。在该书中,费雪完整、深入地分析了资本收入与价值两者之间的关系,透过利息率的本质,分析了影响利息率的各项影响因素,从而完善了企业资本价值的评估体系。因此,从某种意义上来说,费雪是价值评估理论之父。而到了 1930 年,费雪又发表了著名的《利息理论》一书。该书提出了利息的两个基本决定因素是人性不耐与投资机会,这两个因素是两种相反的力量,利率在它们的作用下,最终趋于平衡。在利息阐述的基础上,费雪进而建立了资本预算的净现值规则。某项投资决策的价值可以通过将未来现金流量折现获得。通过将多种备选方案的未来现金流量进行折现来对比分析,如果某种投资方案的净现值最大,我们便选择该种投资方案为最优的方案,这种决策方法被称为"现值最大化原则"。此外,入选的该种方案还必须能够满足"收益大于成本"的规则,即收益率大于市场基本利率。费雪资本预算的净现值规则,使不同时间跨度、不同现金流的不同投资方案有了对比的可能性,这也是费雪教授最为突出的研究成果之一。然而,由于费雪教授的资本价值评估思想难以应用于企业实践当中,此后到 20 世纪 50 年代末,企业估值理论发展缓慢,面临着企业经营实践的巨大挑战。费雪的资本价值理论推演过程如表 2-2 所示。

表 2-2 艾尔文·费雪（Irving Fisher）资本价值论的推演

时间	重要著作	主要观点及意义
1906 年	《资本与收入的性质》	阐述了资本与收入之间的关系，为现代企业估值理论奠定了基础
1907 年	《利息率：本质、决定及其与经济现象的关系》	分析了利息率的本质和决定性因素，形成了资本价值评估框架
1930 年	《利息理论》	建立了资本预算的净现值规则
20 世纪初到 50 年代末		难以实际应用，发展缓慢

因为费雪的"确定性条件"下的价值评估思想，此后理论界衍生出了多种价值评估模型，包括著名的股利贴现模型（Williams，1938）。该模型将股票内在价值定义为将未来能够领取的全部股息连同资本进行贴现后的价值总和。然而该理论并不是十全十美的，存在难以忽略的缺陷，主要表现在以下六个方面：

（1）研究前提是确定性假设，而事实上，商业活动往往是不确定的。

（2）不同企业具有不同的资本结构，使其机会成本均是不一样的，与市场无风险利率也是不一样的。

（3）股利贴现理论假定企业未来有股利发放，倘若企业很少或不发放股利，则该理论将失去应用的价值。

（4）股利政策是人为制定的，并不代表公司价值。

（5）在股利贴现值的计算公式中，股利发放多，则贴现值越大，企业价值变得越高。然而，从某种角度来讲，股利发放越多，表明公司近年来投资机会锐减，企业发展缓慢，企业价值有可能被高估。

（6）上市公司未来股利的发放显然难以进行预测。

2. 米勒和莫迪里安尼的价值评估理论

米勒和莫迪里安尼的价值评估理论包括 MM 理论和修正的 MM 理论，该理论着力于解决各种不确定性条件下的企业价值评估问题。1958 年 6 月，两位学者合作发表了著名的《资本成本、公司理财与投资理论》一文，该文认为，在不考虑公司所得税，且企业经营风险相同而只有资本结构不同时，公司的资本结构与公司的市场价值无关。或当公司的债务比率由零增加到 100% 时，企业的资本总成本及总价值不会发生任何变动，即企业价值与企业是否负债无关，不存在最佳资本结构问题。此后，米勒和莫迪里安尼于1963年又发表了另外一篇与资本结构有关的论文。该论文的思想被称为修正的MM理论，即含税条件下的资本结构理论。在企业需缴纳企业所得税的情况下，因为债务利息的抵税作用，可以发挥杠杆效应，有效拉低企业的综合资本成本，进而提升企业的价值。按照该逻辑思路，企业价值最大化出现在企业债务资本在资本结构中接近100%的情况，当一家企业资本筹集基本来源于债务资本时，杠杆作用发挥到极致，此时企业价值最大。因此，最初的MM理论和修正的MM理论被认为是资本结构理论中债务配置的两种极端观点。

最初的MM理论又被称为无公司税的MM模型，可以用公式表示如下：

$$V_L = V_u = EBIT/K = EBIT/K_u$$

其中：V_L表示有杠杆公司的价值，V_u表示无杠杆公司的价值；$K = K_u$表示合适的资本化比率，即贴现率；EBIT表示息税前净利润。

从上述公式可以看出，公司价值无关于公司资本结构，公司不论有无负债，公司的加权资本成本率始终保持不变，一个公司的资本风险并不会随着资本结构的变动而发生变动。当然，无公司税的资本理论是基于市场当中有套利行为的假设存在的。否则，市场上完全的替代物有可能在同一市场上有不同的售价。

修正的MM理论又被称为有公司税的MM模型，其可以用公式表示如下：

$$避税收益的现值 = t_c \times r \times B/r = t_c \times B$$

其中：t_c表示公司税率；r表示债务利率；B表示债务的市场价值。

该理论则在有公司税的前提假设下，强调了债务利息的抵税作用，财务杠杆可以有效降低公司税后的加权平均资本成本。

因此，从米勒和莫迪里安尼的价值评估理论来看，两位学者是将企业价值划分为债务价值与股权价值两部分，即：

$$V = D + E = \sum_{i=1}^{n} \frac{CF_i}{(1+C)^i}$$

其中：V表示资产价值；E表示权益价值；D表示债务价值；CF_i表示未来第i期的现金流量；n表示获得现金流的受益年限；C表示考虑了风险因素后的折现系数。

由于企业是由求偿权人构成的，而求偿权人不仅包括股权投资者，还包括债权人。所以，C一般表示加权平均资本成本率，C的计算如下：

$$C = C^E \times \frac{E}{D+E} + C^D \times \frac{D}{D+E}$$

其中：C^E表示权益资本成本；C^D表示债务资本成本。

而在权益资本价值 E 方面，米勒和莫迪里安尼认为，可以表示成因持有权益资本而得到的股利的折现值：

$$E = \sum_{i=1}^{\infty} \frac{d_i}{(1+C^E)^i}$$

其中：d_i 表示第 i 期的股利，E 表示权益资本的资本成本率。

总而言之，在价值评估研究领域，米勒和莫迪里安尼的研究被认为是价值评估的思想源泉，完善了企业价值理论，第一次对企业价值的概念进行了严格的界定，清除了企业价值深入探讨的障碍，并为价值评估的理论发展指引了方向，使企业价值由原有的抽象的概念变成了系统的、可以量化的包括债务价值与权益价值的理论体系。在两位学者研究之前，虽然也有很多学者对企业价值下过定义，但只有 MM 理论融合了财务理论中的几个重要的概念。在米勒和莫迪里安尼研究之后，Hsher 又提出了现金流量折现模型。几位学者的研究均认为企业的价值是受企业生命周期内的现金流量、时间、为获得现金流的风险以及为获得现金流所需要投入的资本量等几个因素所影响的。正是因为他们的研究，此后，以企业价值和 NPV 为基础的企业估值理论逐渐被金融界和经济界所认可和接受。而在会计界，企业价值与估值的相关研究，使基于会计指标的业绩评价体系逐步向估值理论接近，如何利用会计数据来恰当地构建可以捕捉 Hsher 现金流量贴现分析的真谛，成为 20 世纪 70 年代以后业绩评价研究领域重点思考的问题。

3. 剩余收益理论

剩余收益思想最初萌芽于实务界。早在 1920 年，美国国内收入署（Internal Revenue Service，IRS）曾通过剩余收益法来评估禁酒令对酿酒厂价值的影响，然而当时的方法更为粗略一些，早期剩余收益思想被认为是投资资本与所有未来创造福利的现值之和，该研究可见于伯纳德（Victor L. Bernard）评论奥尔森和费森的研究的论述当中。随后，雷恩瑞特（Preinreich，1938）提出了剩余收益的概念，在其 1938 年发表于《计量经济学》的文章——《折旧理论》中，明确了剩余收益的概念。剩余收益的定义为：

剩余收益 = 会计账目价值 + 超额利润（Excess Profit）的现值

其中：超额利润的现值 = 单位资本获得的利润 - 单位资本要求的利息。

因此，剩余收益可以很方便地从机器的资本化价值，即现值表达式中进行推导而获得。

当然，随着剩余收益理论的不断发展，希克斯（Hicks）的经济收益（Economic Income）理论也起到了举足轻重的作用。其理论的核心在于，在均衡市场的假定中，经济收益不考虑股利政策，可以用期初公司价值与无风险利率进行相乘来获得，也可以用本期净现金流量扣除经济折旧来表示。即：

经济收益（Y_t）$= kV_{t-1} = C_t - D_t$

其中：k 表示无风险利率；V_{t-1} 表示公司期初价值，可用未来净现金流量的现值表示；C_t 表示本期净现金流量；D_t 表示本期经济折旧。

而在上式中，由于经济折旧被认为是经济价值的减损，t 期的经济折旧可以表示为期初与期末经济价值之差。因此，上式中的 D_t 可以等于 $V_{t-1} - V_t$，则经济收益公式还可以表示为：

$Y_t = k A_{t-1} = C_t - D_t = C_t - (V_{t-1} - V_t)$

而当会计账面价值与经济价值相等时，则经济收益公式又可以表示为：

$Y_t = k A_{t-1} = C_t - D_t = C_t - (A_{t-1} - A_t)$

其中：A 表示 t 期期末会计账面价值。

在不确定条件下，如果将会计盈余与经济收益之差定义为剩余收益，则有：

$X_t^a = C_t - D_t - kA_{t-1} = C_t + A_t - A_{t-1} - kA_{t-1}$

将剩余收益折现求和可得：

$$\sum_{t=1}^{\infty} \frac{C_{t+1} + A_{t+1} - (1+k)A_{t+r-1}}{(1+k)^r} Y_t = \sum_{t=1}^{\infty} \frac{C_{t+r}}{(1+k)^t} - A_t = NPV_t$$

从上述的理论推导过程来看，该模型并不具有普遍应用性，也并未为人们所接受。一方面，是由于采用了经济收益与经济折旧的定义，使该推导公式丧失了一般性；另一方面，会计盈余并没有发挥其应有的作用。因此，该模型理论基础并不优越于股利贴现模型，在实践上也未能获得证券市场足够稳定的数据支持，使得其适用性受到了限制。

到了 20 世纪 80 年代末 90 年代初，Collins 和 Kothan（1989）、Landsman（1986）、Barh（1991）、ShevU$_n$（1991）等的研究又进一步推动了包括股票内在投资价值模型的研究。其中，Collins 和 Kothan 认为，会计盈余与企业内在价值息息相关；Landsman 等则认为，在资本市场强势有效的情况下，利用企业账目净资产价值来进行企业内在价值的评估便是足够的，账目净资产的价值囊括了企业未来的信息。至此，学者们推导了企业内在价值、剩余收益以及账目净资产的函数关系式。在这些关系式中，最有影响力的是 Ohlson 等提出的有关账目价值与剩余收益的 F－O 模型。

1995 年，Felthama 和 Ohlson 开创性地提出著名的 F－O 模型，该模型是围绕账目价值与未来收益而确定内在投资的一种价值模型，其基本公式如下所示：

$$V_t = BV_t + \sum_{i=1}^{\infty} (1+\rho_t)^{-i} E_t(RI_{t+1})$$

其中：V_t 表示 t 时刻的企业价值；BV_t 表示 t 时刻企业净资产的账面价值；RI_t 表示第 t 期的剩余收益，E_t 是数学期望符号。由于：

$$RI_t = X_t - \rho_t \times BV_{t-1}\left[\left(\frac{X_t}{BV_{t-1}}\right) - \rho_t\right] = BV_{t-1}(ROE_t - \rho_t)$$

其中：ROE_t 表示第 t 期的净资产收益率。因此，可以得出 F-O 模型的一般表达式：

$$V_t = BV_t + \sum_{i=1}^{\infty} \frac{ROE_{t+i} - \rho_t}{1 + \rho_t} \times BV_{t+i-1}$$

由上式可以知悉，企业的价值表现为当期净资产加上未来各期折现的剩余收益。其中，剩余收益受各企业当期净资产、未来各期预期净资产、净资产收益率和资本成本率等共同决定。F-O 模型认为，当且仅当企业有价值创造且创造高于社会平均回报的剩余收益时，企业才有价值的增加，而这种价值增加与企业未来的现金股利或自由现金流量多少是没有关系的。因此，F-O 模型最大的特点在于其认为价值创造是价值主要的源泉，而不是价值分配。

4. 实务期权理论

实务期权思想最早于1977年由美国学者梅耶斯提出，并将其应用到价值评估理论当中。随后，凯思特（Kester）和平迪克（Pindck）进一步将这种思想进行了推进。期权理论最早应用于金融领域。在资本市场上，证券是一种或有求索权，其收益伴有显著的不确定性。期权是指在一定的情况下，当且仅当期权标的资产价值超过了看涨（买入）期权的执行价格或低于看跌（卖出）期权的执行价格时，才产生收益的资产，期权又被称为一种或有要求权。由此，依照现代金融经济学的研究思路，在很大程度上，某项资产的价格是由投资者的最优选择所决定的，证券交易建立在未来收益的心理预期上。在既定的风险厌恶以及后验信念指引下，首先，完全理性的风险投资者初步建立自己的预期效用；其次，在财富预算约束下计算个人最大化的效用，从而推导各个证券的需求函数。在此基础上，汇总得出证券市场整体供求关系，进而得出证券市场的均衡价格。因此，与传统净现值法假设进行僵硬式管理不一样，实物期权管理的思想强调企业管理者需要具备管理柔性，善于通过有效的管理，将企业经营过程中的风险和不确定性等转化为创造价值的机会，管理者根据所掌握的信息，尽量精准地做出判断（此过程也称为或然决策），从而尽可能地选择能够创造价值的机会，避免毁损价值的投资。以实物期权的理念来进行企业管理,可以发现大多数项目均可以找得到这种管理柔性。例如,研发投资项目,企业不一定非要进行产品化,可以根据市场情况进行后续产品化的选择;企业兼并,企业的优先购买权使其不一定非要进行优先投资,也可以在情况不利的客观条件下,放弃计划的投资。因此,无论是研发投资项目的选择还是企业兼并的优先选择权,企业诸如此类的投资均与金融期权相类似,并且通过实物资产表现出来,故称为实物期权。

与净现金流量折现方法(NPV法)不一样,实物期权法是风险的偏好者,强调从动态角度考虑问题,在不确定性的处理方面与NPV法有着截然不同的处理思路。传统贴现现金流量方法的显著特征在于对不确定性的厌恶,不确定意味着风险,意味着对价值的毁损。因为,项目不确定性越大,风险越大,未来现金流的折现率也就越高,净现值也就越低。这种方法是在"项目要么马上就做,要么就永远不做,因为决策必须立即决定;而且项目一旦执行,就要一直执行下去"的假设下所提出的,而事实上,管理者是有延期投资的权利的,项目在具体执行过程中,也常常有扩张、压缩或终止的权利。因此,这种假设与现实经济生活中的投资决策相背离。实物期权思想则不然,其认为不确定性越大,意味着企业机会和权利越多,企业价值越高,成功的可能性也越高。因此,不确定性并不会拉低企业项目的价值,恰恰相反,这种不确定性会增加项目的价值,增强价值波动,使价值向上增长,促使管理者把握投资机会,回避风险,进而创造企业价值。

企业在具体的生产经营过程中,常常需要引入"真实期权"的概念。所谓的真实期权同金融学上的期权本质上是一样的,强调企业拥有某项在未来一段时间进行活动的权利或义务,在等待期之后,期权持有者可以选择执行或放弃这项权利或义务。事实上,企业开展投资活动并不是为了能获得即时利益,而是更多地从长远的眼光来考虑问题。为了抢占某个市场、为了申请注册某项专利权,又或是为了进入某个新兴市场等,对于目光长远并具备良好市场理念和产品发展规划的企业来说,这类企业生产经营者更多的是为了获取未来的某项投资机会。这种机会便是真实期权,拥有这种机会,就像拥有买方期权一样,企业生产经营管理者以一定的耗费成本(即期权价格),选择现在或将来进行投资,以便获得一定的资产回报,进而实现股东财富最大化。一方面,这种投资项目不可逆转;另一方面,也常常是可以延期的。

对于真实期权价值的计算,典型代表应为布莱克—斯科尔斯模型(Black - Scholes Model)。该模型常常被认为是现金流量贴现法发展的高级阶段,是为了适应进入知识化、全球化的发达、成熟国家而产生的，强调以未来收益为依据的一种价值评估方式。客观来讲，真实期权思想有效地推动了价值评估理论，但是由于该思想一方面缺乏必要的定价价格信息，另一方面真实期权非交易性的客观属性又使价格信息难以获取，这就使真实期权相比于一般期权在价值的衡量方面困难重重。因此，真实期权要应用于具体定价模型操作中，需要考虑做出一定的假设或干脆忽略一些因素的影响，而受困于我国目前资料的欠缺以及评估师专业能力的不足，期权法在我国尚不具备应用的实际条件。尽管如此，期权定价法考虑了企业外部动态的、不确定的经济条件，将企业框定于动态而非静止的商业环境，这种方法是现金流量贴现法的一种补充与完善。在企业价值评估过程中，综合应用现金流量贴现法与期权定价法的价值评估思路也不鲜见。利用现金流量贴现法计算公司价值，加总利用期权定价法计算的公司未来增长机会价值，不仅考虑企业现有业绩，同时也关注企业未来发展前景与机会，这种评估方法在反映企业价值方面更加全面与真实，对于那些风险高、资本密集的高科技企业来讲，更是如此。进一步地，期权定价法也同样适用于那些拥有在未来可预见的时期内相比于同行业的技术领先优势、某项自然资源开采权、某种特需行业的经营权以及某项自然资源开采并进行长期选择的权利的企业价值。将期权价值作为企业价值中的重要部分，有利于经营者与投资者进一步认识公司的整体价值，制定长期的战略决策，进而影响乃至改变企业长期投资决策。

5. 价值管理的目标在于实现价值最大化

产生于经济学和财务学的价值最大化准则，认为价值最大化应为企业财务目标的最优选择，当企业实现了价值最大化，便实现了社会福利的最大化。对于企业的生产经营来讲，最大限度地追求企业盈利是其首要的目标，无论是盈利还是价值，均是投资人对其投资要求的衡量与回报，而若专门针对价值增长的考虑来看，企业管理的最终目标应为追求价值最大化，而并非追求利润最大化。

（1）企业价值相比于利润指标，在时间跨度上对于企业经营状况的反映更为全面。诚然，尽管利润指标能够衡量企业在某一段时间内的经营状况、收益情况，但对企业整个存续期间的企业行为则无法描述。企业在不同时间段的利润情况是不一样的，单纯的片段式的利润情况只能反映企业某个时间段的情况，对于整个存续期间的经营状况无法全面反映；此外，企业若是过分追求某段时间的利润最大化，往往使企业经营管理者出现"竭泽而渔"的短视行为，忽略了企业的长远发展；进一步地，重视利润，企业往往也忽视由此形成的重大风险，不考虑资本的使用效率和使用成本，漠视价值创造的真实情况，忽略收入和成本，单纯追求绝对成果，从这个角度来考虑，利润指标并没有反映资本的使用效率。相比之下，价值指标可以对企业存续期间的经营、利润情况做整体衡量，重要的是，价值指标还有效考虑了投入与产出之间的关系，更好地衡量了企业的效率。企业价值指标认为，影响企业价值的因素不仅包括现在及未来现金流量，也包括资本成本。资本成本又包括了债务资本和权益资本两大类，债务资本表现为企业债务的利率，权益资本则是企业进行权益资本融资所形成的资本，是企业在资本市场进行投资所要求的最低投资回报率。加权资本成本率综合考虑了债务资本与权益资本两者比重，以及各自资本率后的加权平均值。企业价值指标的计算便是考虑了加权资本成本率，认为企业进行任何一项投资，只有当收益率高于加权资本成本率才能有效增加企业价值。因此，企业价值指标从效率的角度对企业投资进行衡量。

（2）在不确定情况下，价值指标能够衡量企业的经营情况。一般地，企业经营面临的环境是千差万别的，也经常发生各种变化。在确定的环境下，利润最大化与价值最大化的衡量是一致的；而在不确定的环境下，反映某个期间经营情况的利润并不能对未来的不确定性经营做出说明，这使其与价值衡量指标相比，显示了其弱点所在。相反，价值指标通过将企业现在及其未来的现金流量折现来进行衡量，可以将企业经营的不确定性予以反映。另外，利润是基于权责发生制和历史成本来进行计算的，无法全面地体现企业经营的业绩情况和经济价值，而价值指标则依托现金流量来衡量，参照的是收付实现制，更能真实地反映企业的业绩和未来价值，能够客观地衡量企业的盈利能力。

（3）相比于利润指标，价值指标对于企业及其所属行业未来发展状况能够更好地进行预期。这是因为与企业利润相关的指标，包括利润、每股收益和投资收益等指标均是短期的，仅用账目的历史数据来反映某年度的盈利状况，但并不谈及企业未来的销售收益状况和利润增长情况。在现实企业的经营中，很多企业往往为了一时的高收益，而采用削减研发支出、减少品牌商誉投入等方式来获得企业短期的利润，殊不知，这类方式损害的是企业未来长期的发展。因此，利润之类的指标，只是简单粗暴地反映企业某时间段的盈利状况，很难通过某某年或某几年的利润指标数据来推断其未来数年的盈利能力。而企业价值之类的相关指标则不一样，其计算的是考察之日起在企业寿命之内的几个年度的现金流量现值，能够有效地反映企业未来、长期的盈利能力，与反映某个时点或者以往的企业绩效的利润指标是不一样的。

6. 价值管理的核心在于价值创造

所谓的价值管理，是指利用价值链等工具对价值活动进行的分析与管理。价值管理的核心在于要创造价值。对于属于时代弄潮儿的移动互联网企业来说，其进行价值管理，核心也在于价值创造，实现企业价值最大化，通过有效资源配置、战略制定和执行，进而为企业创造最大的价值。而要创造价值，实现有效价值管理，对企业进行价值链的分析则显得非常有必要。价值链的思想来源于美国哈佛商学院的 Michael Porte 教授 1985 年著作的《竞争优势》一书。价值链强调，企业必须清楚划分能为企业创造价值的活动与不能为企业创造价值的活动，优化创造价值的活动，尽可能地减少不创造价值的活动。对于现代企业来说，企业与企业之间的竞争从某种程度上体现为价值链与价值链的竞争，只有不断优化价值链，有效提高企业核心竞争力，才能为企业不断获取新的竞争优势。不仅如此，不同的企业或同一企业的不同时期具有不同的价值链，价值链是动态的、不断变化的。通过优异的价值链运营能够为企业创造价值，促进企业目标的实现。对于移动互联网企业来说，其有效的价值管理，同样在于要识别并强化具有移动互联网属性的、能够有效创造价值的企业活动，包括独特商业模式的经营、有效技术研发创新等活动，进而创造价值，提高移动互联网企业自身的竞争力。

第二节　企业价值评估研究综述

一、国外研究综述

从国外研究企业价值评估的相关文献来看，现有的研究主要围绕企业价值的来源、价值评估的方法、企业价值的影响因素等几个方面来进行。在 20 世纪 80 年代以前，研究方法强调以理论研究为主，形成了一系列包括资本结构理论、实物期权理论等与价值评估相关的理论流派。而到了 20 世纪 90 年代，价值评估的研究越来越多地偏向于实证方面的研究。

艾尔文·费雪（Irving Fisher，1906）提出的资本价值论学说，通常被认为是企业价值评估的理论来源。其在专著《资本与收入的性质》中，将资本价值的大小归因于未来所能产生收入的多少，某项资本的价值=未来收入的折现值。艾尔文·费雪的理论为后续现代企业常用的现金流量折现法的价值评估法提供了可靠的理论依据。随后，莫迪里安尼（Modigliani）和米勒（Miller）（1958）提出了解决企业估值问题的大致资本结构，两人在其专著《资本成本、公司理财与投资理论》中提出，企业的资本结构与企业总价值相关，负债经营能够带来节税效应，即修正的 MM 理论（具体可以参见第二章第一节）。该理论被认为是资本结构研究的源头和基础，为企业价值评估提供了理论框架，是企业估值理论无可争议的根基。1961 年，两人又在理论上证明了包括现金流量折现模型、股利流量折现模型等四种模型在内的估值方法具有同样的价值。Aswath Damodaran（1967）提出了通过确定可比资产以及某一共同变量的方法对企业进行估值，也就是我们常说的市场法。William Sharpe（1970）提出了资本资产定价模型（Capital Asset Pricing Model，CAPM）。CAPM 模型建立在市场是有效的这一假设之上，为预期收益和风险建立一种线性的关系。在他的著作《投资组合理论与资本市场》中，William Sharpe 引入了资本资产定价模型，在投资组合理论与资本市场理论研究的基础上，探讨了证券市场上预期收益与风险之间的关系，对证券市场上人们的行为规范进行了详细描述，进而形成均衡价格。该模型的重要意义在于将数学引入理性投资分析，促进金融市场的理性与规范化发展。Fischer Black 和 Myron Scholes 于 1973 年发表了著名的《期权定价和公司负债》一文。在该文中，两人首次提出了期权定价模型（Black – Scholes – Mertion，BSM），并利用欧式看涨和看跌期权的价值来验证该模型的准确性。然而，由于该模型计算过程的复杂性，使其在实际应用中问题重重。尽管如此，期权定价模型为企业估值理论提供了新的思路和角度，并成为未来很长一段时间研究学者关注的重点。Robert C. Merton（1977）在其文章《对未定权益的定价和莫迪里安尼—米勒定理》中，认为企业价值可以分为两个组成部分，分别是企业现在具有的价值和企业未来增长会产生的价值，企业在未来可能获得的增长机会可以大体看作一种看涨期权，对其估值时可以采用期权定价模型。因此，该模型是将期权理论与实物期权做了一个结合，从而更客观全面地对企业价值进行评估。随后，1979 年，Cox – Ross – Rubenstein 在《期权定价：一个简化的方法》一文中进一步提出了二元期权定价模型，该模型简化了前述的期权定价理论。由于该模型解决了期权定价复杂的过程计算问题，迅速得到了人们的认可。Alfred Rappaport（1986）发表了《创造股东价值》一文，其认为在企业持续经营的假设条件下，对企业进行价值评估的时候应该包含企业未来可能获得的收入。在持续经营的经济假设下，企业未来的现金流量将保持一定比率的增长速度，依靠现金流量贴现法，以企业加权平均资本为贴现率，可以进而求得企业未来的价值。到了1991年，Bennett Stewart则在论文《价值来源——EVA管理指导》中提出，经济附加值可以作为估值的基础，强调企业应以股东价值最大化为基础，从而对企业价值进行评估。Tom Copeland等（1997）提出，公司战略与企业价值关系密切，影响公司价值的关键因素分别是资本回报率和增长率。因此，企业价值评估的关键在于准确评估资本回报率、增长预测与行业效益之间的关系，同时注重评估预测结果与企业历史绩效之间的关系。Fred Stone（1998）则在《兼并，重组与公司控制》一文中，综合了微观经济学、企业竞争优势、企业价值等相关理论，认为企业的增长方式不同，在价值评估的过程中采用的模型也应该不同。2002年，Roger Maureen和Cheryl Jerry在《公司的价值》中，将美国主流的几种估值理论进行了分析，并加以改进，从而引出了公司战略管理的价值。Aswath Damodaran（2005）在《深入价值评估》一书中，围绕现金流量的折现模型，调整了资本支出、运营收入与流动资本等指标，改进了现有的评估理论，提出了与传统企业不同的适用于技术型企业的新型价值评估模型。

二、国内研究综述

关于国内企业价值评估方面，笔者在中国知网上以"企业价值评估"为主题进行文献搜索，1994～2019年相关的文献达到3069条，这说明在国外价值评估理论研究的基础上，我国国内相关研究积累了丰富的成果。21世纪的企业管理是价值管理，价值管理的思想源于价值评估与价值增长理论（李麟等，2001）。从现有研究文献来看，一方面，学者们将研究重点放在对传统价值评估方法的理论与实证上；另一方面，又在传统评估方法研究的基础上不断探索新型的企业价值评估方法。田志龙、李玉清（1997）最早介绍了剩余收益股价模型。张涛（2000）、张铁庄（2000）则针对企业兼并活动过程简要介绍了目标企业的贴现现金流量模型，即拉巴波特模型。彭文德（1999）则从企业并购活动出发，考虑到并购活动协同效应与各关联方的复杂关系，与以往仅仅考虑买方的角度不一样，将并购中买卖双方均纳入考量范围，得出双方评估结果分别构成实际收购价格的理论上下限，即买方的评估结果为买方实际出价的最高理论上限，卖方的评估结果为卖方出售目标企业时所能接受价格的最低理论下限。李晓明（2000）从企业收购的角度出发，认为目标企业的估值为目标企业收购前独立价值与收购公司希望收购后增加的目标企业资产价值之和。目标企业的价值受目标公司资产现时重置成本、资产的效用和资产的边际效益三个因素的影响。左庆乐、刘杰（2001）从高新技术企业的特殊性出发，认为高新技术企业评估可以采用折现现金流量与期权理论两种方法相结合的评估思路。张振华（2017）选用电子商业企业为研究对象，以"唯品会"为案例研究，选用自由现金流两阶段分析模型，通过修正息税前利润和增长率两个参数，综合了"唯品会"财务与非财务的相关数据分析，从而得到"唯品会"在评估基准日的评估价值，最终得出商业模式与发展态势相关的分析结论。廖理、汪毅慧（2001）基于传统估价分析方法的缺陷，从灵活性期权和成长性期权的概念挖掘企业项目层面和战略层面隐含的价值，从而为投资者寻找有价值增长潜力的投资项目提供一种思路。相龙慧（2011）在对传统资产法、市场法和收益法分析的基础上，提出企业价值评估也可以采用层次分析法的研究思路。关明坤、兰小敏（2011）则针对高科技行业这一特殊行业，分析了高科技企业估值中的难点，对比了高科技企业价值评估的理论方法，探讨了高科技企业在价值评估和定价中需要注意的事项。张超、董尧琰、杨亚洲（2011）认为，企业价值评估的核心目标在于价值提升，治理层与管理层可以通过构建战略导向的平衡计分卡模型，反馈管理工作的效果和效率，以对相关价值的信息进行调整，从而间接实现价值提升。温素彬、蒋天使、刘义鹃（2018）认为，传统的价值评估工具忽略了权益资本成本，而经济增加值（Economic Value Added，EVA）评估模型则同时考虑了债务资本成本和权益资本成本，可以准确、真实地衡量企业经营成果和内在价值，并选取云南白药为案例，分析经济增加值评估模型在企业中的具体应用，从而有助于企业进行价值管理。韩倩、尉京红（2011）从服务型行业的特殊性出发，认为作为第三产业的服务型行业，人力资本比重高，优质服务是其核心竞争力，对这种类型企业进行评估时，需要考虑企业人力资源等软性资源，因此，收益法比较适合该类型企业的应用。赵息、路晓颖（2011）基于实物期权理论，从企业并购中企业价值评估的必要性出发，认为传统的 B – S 模型只考虑了完全信息情况下的并购价值评价，忽略了不完全信息的影响，从而推出了在不完全信息情境下企业并购价值评估的成长期权模型，并对模型进行了敏感性分析以及算例检验。王竞达、瞿卫昔（2012）选择了我国 2010 年和 2011 年创业板公司并购价值评估案例，描述性地统计分析了这两年创业板上市公司的整体评估和交易定价情况，利用评估技术分析了资产评估增值度、资产评估方法选择差异、收益法参数确定、关联和非关联交易、重大和非重大并购重组，认为企业在创业板公司评估方面应当综合运用各种评估方法,并在文末提出应当从监管层面加强监管、利用市场机制减少评估差异等建议。李强、揭筱(2012)以网络核心企业为研究对象,从价值创造和价值共享两个维度来构建网络核心企业价值评价体系,从而以价值创造指数和共享指数来衡量网络核心企业的价值,并选取信息技术商业系统核心企业——华为与中兴来进行对比,通过案例分析检验理论模型。陈立波(2013)在传统收益法评估的基础上,考虑收益预测的难点,融合灰色预测与马尔科夫链理论的优点,构造灰色马尔科夫预测模型,并选择虚拟企业 MX 公司进行案例验证,从而得出"灰色马尔科夫法的预测结果更符合企业动态发展轨迹,预测准确性与可靠性越高,越有更好评估借鉴价值"的研究结论。刘任重(2013)基于中国资本市场的截面数据,对比检验了现金流折现模型(Discounteel Cashflow Model,DCF)定价模型与剩余收益估价(Residual Income Valuation,RIV)定价模型在企业价值评估中的适用性,认为两种定价模型均可以有效对市场价值进行评估,有显著的解释能力。但 RIV 模型的结果优于 DCF 模型,有更强的解释能力。张秀清(2014)综合运用了德尔菲法、层次分析法、灰色关联法和模糊评判法,将这几类方法做了集成,提出了四元集成算法 DHGF,该算法考虑到了传统评价方法的缺点,结合定性与定量分析,从而更准确地对企业价值进行评估,为企业并购提供有效依据。黄生权、李源(2014)同样认为,传统折现现金流量分析法、层次分析法、实物期权法在企业价值评估方面具有缺陷性,为有效弥补各类评估方法的不足,以互联网企业为研究对象,提出了集成实物期权定价法,为互联网企业价值评估构建了群决策环境下的综合价值评估指标体系。邵运川(2015)对传统价值评估法——经济增加值法(EVA)进行阐述,并选取阿里巴巴公司作为案例研究,验证了 EVA 在企业价值评估上的适用性与优越性。张晓慧、孔淑慧(2015)以电力行业为研究对象,选择主成分分析法来对市场法运用中的可比公司进行优化选择,从而确定客观的选取范围,进一步增强市场法的可操作性,克服市场法在实际价值评估过程中可比公司选取的任意性与主观性。杨景海(2015)从企业并购进行价值评估的理论视角出发,围绕并购中目标企业的实物期权特性,建立Black - Scholcs 实物期权定价模型,进而提高企业并购估价的准确性。金辉、金晓兰(2016)采用模糊数学中的贴近原则,选择创业板中的同行业公司来评估新三板信息技术行业的企业价值。在评估过程中,金辉等分别利用 PB 和 PE 估值法,构建特征指标模糊集确定最终可比公司,得出 PE 估值法计算出来的企业价值更贴近于企业实际价值的研究结论。杨成炎、张洁(2016)对比分析了现金流折现和实物期权估价两种主流价值评估分析法,认为两者在理论基础、理论假设与模型参数等方面均有显著差异,并选取隆平高科公司进行案例研究,分析两种估价方法存在估值差异的具体原因所在。据此,杨成炎等认为,业务单一、增长稳定、现金流稳定的企业价值评估可以选择使用现金流折现法进行评估,而具有较多增长机会的、处于战略重组和并购过程中的企业则可以选择使用实物期权法进行评估。李刚(2017)认为,传统经济增加值法(EVA)综合考虑了企业股权资本和债务资本,是相对比较全面的一种企业价值评估法。他将该方法应用于华为公司的企业价值评估的计算中,发现华为公司适用三阶段增长模型,2012~2016年,华为公司的EVA增长率不仅处于较高水平,且有逐年递增的现象。当然,李刚认为该方法受报表真实性以及计算主观性的影响较大。李素英等(2017)利用平衡计分卡的原理,针对科技型中小企业的特点,构建适合于科技型中小企业的评估指标体系,并采用突变级数法来对中小企业价值进行评估。在具体的评估过程中,李素英等选取京津冀97家创业板上市公司为研究对象,验证了科技型中小企业评价指标体系的科学性与可操作性。张居营、孙晶(2017)基于企业价值评估理论基础,选取了国家级创新型企业为研究对象,从而构造涵盖创新能力指标的企业价值评估体系,运用熵权模糊物元综合评价方法和PB/PE估值法来评估创新型企业价值,并得出创新能力指标在创新型企业价值评估中的相对重要性,以及PE估值法能够有效降低企业创新驱动下的不确定性以及行业/企业之间的差异性的研究结论。郑征、朱武祥(2017)将复合实物期权理论运用到初创型企业的价值评估研究中,构建了n期复合实物期权定价的理论模型,指出在生命周期不同阶段,企业价值、NPV与实物期权三个变量之间呈现互动变化的关系。郑征等结合虚拟的投资案例,认为传统NPV法具有缺陷,实物期权法则可以修正该种缺陷,对于初创型企业价值评估具有决定性的作用。黄蜻涵、李奉书(2018)认为,传统的企业价值评估方法忽略了知识经济背景下商业模式的因素,而应当通过一定的技术分析方法来评估商业模式对价值的影响。基于此,黄蜻涵等以Uber为典型案例,在传统折现现金流量分析的基础上,利用层次分析法以及无量纲化处理,考虑了Uber优越的商业模式对其价值评估的影响,从而最终确定Uber的价值区间。王晓婷、毕盛(2018)认为,在传统企业价值评估方法——市场法应用中,资本因素、盈利水平、成长能力等对企业价值影响显著,在选择可比公司时,应着重予以考虑。在此基础上,进一步选择文化传媒企业来进行案例分析。纪益成(2018)认为,资产评估中的企业价值评估与财务管理范畴中的公司估值既有联系,又存在诸如概念、产生历史、学科理论知识、相应法律法规、目的、作用等的显著差异。两者的差别使其在企业价值评估与公司估值的应用与实践上造成不良影响,需要予以重视。邵争艳、陈学敏(2009)选择互联网女装时尚企业"深圳歌力思服饰股份有限公司"为典型案例,分析了经济增加值法在新兴互联网企业价值评估中的应用,从而为互联网企业产权交易中的定价问题提供决策思路。彭靖怡、周悠、刘玉明(2019)从现有企业价值评估方法中,层次分析法的应用存在着指标过多、数据统计量太大,权重难以确定等缺点出发,重新优化企业价值评估中各项影响因素权重的确定标准,进而建立更加具有准确性和信服力的企业创造价值能力评价模型。

第三节 企业价值评估方法对比研究

对于企业价值评估理论来讲,评估方法是其核心问题,关系到价值评估结果以及市场交易能否顺利实现。本节将详细梳理企业价值评估方法的发展历程,着力于各项评估方法的介绍,并对这些方法进行分类整理分析,以此为本书后续章节移动互联网企业价值评估模型的构建提供理论基础。

一般地,理论视角不一样,企业价值性质也不一样,由此便形成了不同的企业价值评估方法。具体地,主流的企业价值评估方法包括绝对值评估法、相对值评估法、收益现值法以及实物期权法。绝对值评估法主要是将企业资产进行重置,由此计算企业成本,进而求得企业价值的一种评估方法;相对价值评估法则是将待评估企业与市场上类似企业进行比较,利用市盈率、市净率、市销率等方法来对企业进行相对市场法比较,以此获得企业价值的一种方法;收益现值法,则利用了资金时间价值的原理,将企业未来所能获得的现金流量进行折现,以此求得企业的价值;实物期权法则利用了期权理论,将企业拥有的投资机会看作一项买方期权,通过 B-S 模型等来对该项期权进行估值,该方法被普遍用于高新技术等轻资产类企业初创期的价值评估。具体地,各类方法的理论依据以及具体方法如表 2-3 所示。

表 2-3 价值评估方法对比

价值评估方法	企业价值评估的基本理论	具体评估方法
绝对值评估法	资产替代理论	资产加成法(重置成本法)
相对值评估法	有效市场理论	市盈率、市净率、市销率

续表

价值评估方法	企业价值评估的基本理论	具体评估方法
收益现值法	企业内在价值理论	现金净流量法（DCF法）、经济增加值法（EVA法）、剩余收益法（RZ）
实物期权法	实物期权理论	期权估价法（EVA）

一、绝对值评估法

绝对值评估法主要是基于资产本身的成本来进行价值评估的，又称为资产加成法、成本加成法或重置成本法。其使用原理是按照待评估资产的现时重置成本减去各项损耗价值来进行待评估资产价值的评估，其中，各项损耗包括实体性贬值、功能性贬值和经济性贬值。采用成本来进行资产评估的理论依据在于资产替代理论。对于任何一个精明的潜在投资者来说，其采购资产所愿意支付的价格不会超过替代资产现行重置成本扣除各项损耗后的余额。绝对值评估法认为，企业资产的价值取决于资产的成本。资产价值与成本呈正相关关系，在质和量上两者内涵是一致的。因此，运用该方法进行资产评估时，必须首先确定重置成本。重置成本的内容构成与原始成本构成是相同的，是按照现行市场条件重新构建某项全新资产所支付的全部货币总额。当然，重置成本与原始成本在时间点确认上则是不一样的，重置成本是将待评估资产重置于资产评估时期的市场物价水平下，而原始成本则反映了当初购建资产时的物价水平。此外，随着时间的推移，资产会由于自身运动造成物理性能下降，或新技术推广应用造成其相比于市面上同类型资产价值明显降低，或因外在政治、宏观经济政策等客观环境的变化造成被限制使用，种种原因均使待评估资产价值容易发生实体性、功能性和经济性的贬值。基于此，绝对值评估法认为待评估资产的价值评估公式如下所示：

被评估资产评估值 = 重置成本 − 实体性贬值 − 功能性贬值 − 经济性贬值

在该公式中，重置成本一般包括复原重置成本和更新重置成本。复原重置成本，顾名思义，是将待评估资产按照原来材料、建筑或设计标准、技术等，按照现时价格复原构建，从而得出构建该项资产所发生的所有支出；更新重置成本则是用现代标准、设计以及格式，采用新型材料，用现时价格来生产或建造具有同等功能全新资产所需要的成本。通常在进行资产评估时，如果复原重置成本与更新重置成本均可获得，采用更新重置成本比较合适；只有在无更新重置成本时，才考虑复原重置成本。重置成本在计算时，可以根据待评估资产的具体情况，考虑使用重置核算法、物价指数法、功能性价值法和规模经济效益指数法等几种方法。

实体性贬值一般是考虑资产因为自然力作用所形成的贬值。在计算的过程中，一般可以考虑使用观察法、公式计算法。其中，公式计算法可以利用（重置成本－预计残值）/总使用年限×实际已使用年限来进行计算。功能性贬值则是因为技术相对落后所形成的贬值。在估算功能性贬值时，不仅要考虑技术进步、替代设备、替代技术和替代产品的影响，还要根据资产的效用、生产加工能力、工耗、物耗、能耗水平等功能性差异所导致的成本增加和效益降低，从而相应确定功能性贬值额。经济型贬值则是考虑外部环境变化所形成的资产贬值。在计算时，如果资产使用基本正常，便不计算经济性贬值。但倘若因为产品销售困难而使开工不足或停止生产造成资产闲置，价值得不到实现，此时评估人员需要根据资产具体情况来分析确定其经济型贬值额。

绝对值评估法是现有资产评估的传统方法之一，当利用该方法进行企业价值评估时，可以考虑将有形资产与无形资产的成本进行加总，并扣除负债来获得企业价值，可以通过对企业财务报表所有资产与负债进行调整来获得它们的现时市场价值。这种方法主要关心的是资产成本，对其收益和支出则较少考虑。但是，与以往单纯考虑历史成本"面向过去"不同，绝对值评估法更多的是"面向现在"，采用重置成本来评估企业的价值，设想在评估时点，重新建设一个与待评估企业拥有完全相同或类似生产能力的企业所需要的投资成本，从而以该投资成本作为待评估企业的价值。由于"面向现在"的重置成本法与企业的生产经营实际更贴合，加之其加总核算，无须考虑资产间的组合效应，便于计量和确认，这使其操作容易，备受推崇。然而，资产加总的绝对值评估法也存在一些不足。首先，绝对值评估法忽略了资产实际效率和公司运营效率，其仅对企业资产进行简单加总，忽视了不同公司之间效益的差异，只要投资额相同，利用绝对值评估体现出来的估值便相等，这有可能造成收益好的公司估值比收益差的公司估值更低的结果，从而引起人们误解。其次，绝对值评估采用加总办法，将现有的存量资产进行汇总求和，但是忽视了资产与资产之间质与量的协同性效应，事实上，不同资产之间有质与量的规定性，资产会有整体的组合效应。因此，对于处于持续经营状态的企业而言，利用绝对值评估是不恰当的，绝对值评估比较适合对处于非经营状态的企业和破产清算的企业进行资产评估。最后，绝对值评估忽视了资金的时间价值，这使相同的资产在不同的时间点，价值反而是一样的。

基于此,《国际价值评估准则》对绝对值评估做了一些修正,以克服绝对值评估的局限性,这些修正包括将赖以进行评估的资产负债表的编制基础由历史成本调整为市场价值;在持续经营状态下,应当综合其他评估方法进行评估;当企业处于破产清算状态时,应对各项资产市场价值进行评估,并相应扣除一些清算费用;即使在清算状态,评估公司价值时应当调查公司在清算基础上可能比在持续经营基础上具有更高价值的可能性;等等。

二、相对值评估法

相对价值评估法,又称为价格乘数法、交易价值法或市场法。该方法是基于存在一个可以支配企业市场价值的主要变量(如净利润等)的假设前提而设立的[①],主要通过寻找与待评估公司相同或相似的公司市场价值作为可比公司价值,再用某项调整系数,主要是目标公司与可比公司之间的某个比率系数进行调整,从而求得目标公司的总体价值。

这种方法的计算原理如下:

第一,找出影响企业价值的关键变量(如净利润);

第二,选定一组可以比较的类似企业,计算可比企业的市价/关键变量的平均值(如平均市盈率);

第三,用目标企业的关键变量(如净利润)乘以得到的平均值(如平均市盈率),从而计算目标企业的评估值。

从相对值评估法的计算原理可以看出,相对价值法将目标企业与可比企业进行对比,利用可比企业的价值来衡量目标企业的价值,会存在假设可比企业价值被高估了,则目标企业的价值也将被高估的可能性。因此,相对价值法得出的结论是相对可比企业而言的,是一种相对价值,而非目标企业的内在价值。相对值评估法基于资产替代原则而建立,通过比较分析相同或相近的参照企业的财务指标,调整修正参照企业的市场价值,从而最终确定待评估企业的价值。按照资产替代原则,相似资产应该有相似价值。当需要评估某项资产时,最简单直接的方法在于寻找某个买卖双方在信息完全充分的前提下,通过刚刚完成某项相同交易的可比资产来进行评估。因此,该方法强调在成熟、有效的市场环境下,以市场

---

① 中国注册会计师协会.2018年注册会计师全国统一考试辅导教材:财务成本管理[M].北京:中国财政经济出版社,2018.

上的实际交易价格作为评估基准。该类方法的评估难点在于：一是相同或近似的参照企业的寻找，二是乘数比率的确定。在参照企业的选取方面，选择什么样的参照物，意味着其与待评估企业具有相同或类似的未来现金流，有相同或类似的财务风险与经营风险，因此，选择什么样的企业对于相对值评估法来说至关重要。在实务操作中，可以通过对企业进行企业增长前景与资本结构等方面的考察，选取与待评估企业在行业、产品结构和生产经营规模等方面类似的企业，主要是同行业或密切相关的行业，对这些企业的经营状况、财务状况、股票价格和发展趋势等方面进行分析，进而确定估价指标与比率系数。

相对价值评估法包括以股票市价为基础进行评估的模型与以企业实体价值为基础的模型两大类。其中，前者包括每股市价/每股收益、每股市价/每股净资产以及每股市价/每股销售收入三类；后者则包括实体价值/息税前折旧摊销前利润、实体价值/税后经营净利润、实体价值/实体现金流量、实体价值/投资成本、实体价值/销售收入等模型①。由于篇幅所限，本书仅对最常用的三种股票市价模型进行阐述。具体地，按照不同的分母值，可以构造的不同评估模型如图2-1所示。

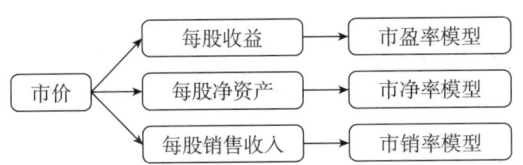

图2-1　不同的相对值评估模型

具体的计算步骤（见图2-2）包括：

第一，根据目标企业的每股价值先选择不同的相对价值评估模型；

第二，确定可比企业在该特定模型下的不同参数；

第三，用可比企业在该特定模型下的参数乘以目标企业的对应指标②。

1. 市盈率法（Price to Earnings，P/E）

市盈率又称为本益比，用每股市价除以每股收益来表示，即 $\frac{每股市价}{每股收益}$。反映

---

①②　中国注册会计师协会.2018年注册会计师全国统一考试辅导教材：财务成本管理［M］.北京：中国财政经济出版社，2018.

的是投资者为获取每一元收益所愿意支付的市场价格,是投资者进行股票投资的重要判断依据。一般地,市盈率越低,反映投资者为每一元收益所支付的价格越少,市价相比于股票的获利能力越低,投资回收期越短,股票的投资价值就越大;反之,市盈率越高,股票的投资价值就越小。该比率值有静态和动态之分,市场广泛谈及的是静态市盈率,通常作为比较衡量不同价格股票是否被高估或低估的重要指标。

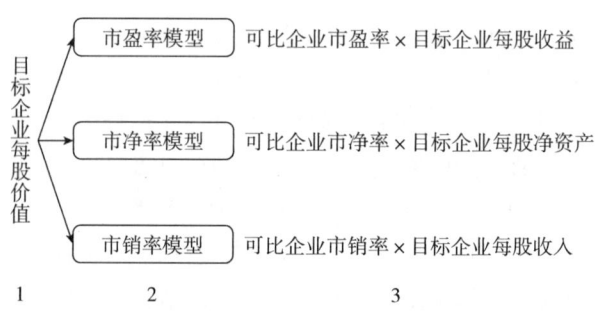

图 2-2　相对值评估法的具体步骤

市盈率估值具体使用方法如下:目标企业每股价值 = 可比企业市盈率 × 目标企业每股收益。该模型假设每股市价是每股收益的一定倍数。每股价值随着每股收益的增加而增加。对于相似或类似企业而言,彼此之间的市盈率类似,因此,目标企业的每股价值,可以选择用可比企业的市盈率与每股收益进行相乘来获得。

市盈率估值具体操作起来,相对容易理解。问题在于:为什么市盈率可以作为计算股票价值的乘数呢?影响市盈率高低的基本因素有哪些呢?

这是由于依据股利折现模型,当企业处于稳定状态时,其每股价值为:

每股价值(当期) = $\dfrac{\text{每股股利(下一期)}}{\text{股权成本} - \text{增长率}}$,当两边同时除以每股收益(当期)时,又由于每股股利(下一期) = 每股收益 × 股利支付率 × (1 + 增长率),则市盈率公式可以整理变成:

本期市盈率 = $\dfrac{\text{每股市价}}{\text{每股收益}} = \dfrac{\text{股利支付率} \times (1 + \text{增长率})}{\text{股权成本} - \text{增长率}}$

而当把公式两边同除的"每股收益(当期)"换成预期的下期的"每股收益",则结果由本期市盈率变为内在市盈率或预期市盈率:

内在市盈率（预期市盈率）$= \dfrac{每股市价}{每股收益} = \dfrac{股利支付率}{股权成本 - 增长率}$

由上述公式可以看出，市盈率法受某企业的增长潜力、股利支付率和风险的影响，其中较为关键的因素是企业的增长潜力，风险因素主要是考虑与股权成本的相关性，即股权成本越高，企业财务风险越大。在利用市盈率模型进行相对价值比较评估时，必须选择这三个比率类似的可比企业。进一步地，市盈率有本期市盈率和内在使用率之分，目标企业在进行价值评估时，如果给定的是本期净利润，则必须要乘以可比企业的本期市盈率，如果给定的是预期净利润，则必须乘以可比企业的预期市盈率，两者必须一一对应。

一般地，市盈率指标联系了股票价格与当期企业的盈利状况，对于上市公司来讲，数据容易获得，并且计算简单，使不同企业股票之间的比较变得十分简单；此外，市盈率将价格与收益联系在一起，可以直观地反映收入与产出的关系，相比于绝对值评估来讲，更追求效率的比较；最后，从市盈率的推导模型来看，由于其也可以等于 $\dfrac{股利支付率 \times (1 + 增长率)}{股权成本 - 增长率}$（本期）或 $\dfrac{股利支付率}{股权成本 - 增长率}$（预期），将风险补偿率、增长率和股利支付率等均包括进去，具有很高的综合性。

当然，市盈率模型在使用过程中，由于指标自身的特殊属性，还存在一些主要缺陷。例如，该指标往往作为包括风险性和成长性等公司的主要特征代表，反映了市场中投资者对企业的看法。当市盈率指标较高时，反映了企业投资者对该公司股票持有积极乐观的态度。因此，当整个市场中弥漫着这样的乐观情绪时，反映出来的整个行业的公司股票平均市盈率就会因为估价的主观性而存在偏高的迹象。当市场上对所有股票的定价出现系统性误差时，可比企业的平均市盈率也会出现偏差。另外，当使用市盈率指标时，若企业每股收益为负值，市盈率指标也变得没有意义。

2. 市净率法（Price to Book Value，P/B）

市净率又称为价格与净资产之比，一般用 $\dfrac{每股市价}{每股净资产}$ 来表示。其中，净资产为企业资产与负债账目价值差额，是企业资产负债表所体现的账目价值，反映了企业的初始成本。相比于反映资产盈利能力和预期现金流的市场价值，账目价值为投资者提供了一个价值相对稳定、简单和直观的量度。投资者通过行业中不同的市净率对比，可以从中找出价值被低估或高估的企业。一般地，市净率较低,投资价值较高;相反,则投资价值较低。但是在具体判断时,由于账目价值受折旧方法和其他会计政策的影响,且账目价值是历史成本的衡量,并不是企业盈利能力的量度。因此,在做具体的判断时,要综合企业的市场环境、经营情况和盈利能力等因素来考虑。

市净率估值具体使用方法如下:目标企业每股价值=可比企业市净率×目标企业每股净资产。股权价值体现为净资产的函数,相似的企业市净率也相似,净资产越大,股权价值越大。

市净率受哪些因素影响呢?倘若在股利折现模型基本公式的左右两边同时除以每股净资产(当期),则市净率公式可以整理为:

$$\text{本期市净率} = \frac{\text{每股市价}}{\text{每股净资产(当期)}} = \frac{\text{权益净利率(当期)} \times \text{股利支付率} \times (1+\text{增长率})}{\text{股权成本} - \text{增长率}}$$

而当把公式两边同除的"每股净资产(当期)"换成预期的下期的"每股净资产",则结果由本期市净率变为内在市净率或预期市净率:

$$\text{内在市净率(预期市净率)} = \frac{\text{每股市价}}{\text{每股净资产}} = \frac{\text{权益净利率(下期)} \times \text{股利支付率}}{\text{股权成本} - \text{增长率}}$$

由上式可以看出,市净率的大小受权益净利率、股利支付率、增长率和风险四个因素的影响,其中,关键的影响因素在于权益净利率。在利用市净率进行企业相对价值评估时,应当选择这四个比率类似的可比企业。同样地,由于市净率有本期市净率与内在市净率之分,当目标企业在进行评估时,要注意一一对应,给的是目标企业本期净资产,需选择使用可比企业本期市净率,而倘若给的是预期净资产,则需要用可比企业的预期市净率。

市净率在具体使用过程中,由于很少有净资产为负值的企业,因此,大多数企业可以选择使用该评估方法;另外,净资产账面价值可以从资产负债表中轻易获得,且容易理解;与利润表中的利润不一样,净资产账面价值不容易被人为操纵,显得比净利润更稳定;倘若不同企业选择的会计政策一样,会计标准合理科学,市净率的变化能够反映企业价值变化。然而,倘若选择不同的会计标准与会计政策时,市净率则失去比较的价值;此外,市净率默认净资产为正值,但是在具体企业评估过程中,对于服务型企业和高科技企业来说,由于固定资产很少,净资产与企业价值两者关联性不强,此时不同市净率的比较便意义不大;进一步地,对于那些净资产为负值的企业来讲,由于市净率没有意义,便无法使用市净率估值来进行价值评估。因此,综合上述分析,市净率估值法对于那些拥有大量资产、净资产为正值的企业来讲,评估的意义明显。

由于市净率估值的缺陷性,在具体操作使用过程中,也会对该指标进行修正，以克服市净率的缺点。其中，比较有影响力的是 Tobin Q 值法。该方法将 $\frac{每股市价}{每股净资产}$ 中的净资产替换为重置成本，由托宾在 1969 年提出，他考虑了市场通货膨胀或技术进步等因素对企业资产价格的影响。当然，该方法在具体使用过程中，也存在一定的问题。一方面，有些企业的资产有很强的特殊性，此时难以估计其重置成本；另一方面，相比于传统的市净率方法，Tobin Q 值所需要的信息量也更大。

3. 市销率法（Price to Sale，P/S）

市销率体现为每股市价与每股销售收入之比，其一般用 $\frac{每股市价}{每股销售收入}$ 来表示。该种方法将每股价值体现为每股销售收入的函数，影响价值的关键因素是销售收入，每股销售收入越大，每股价值则越大。目标企业的每股价值可以用每股销售收入与可比企业的市销率来进行计算。即：目标企业每股价值 = 可比企业市销率 × 目标企业每股销售收入。

市销率受哪些因素影响呢？倘若在股利折现模型基本公式的左右两边同时除以每股销售收入（当期），则市销率公式可以整理为：

$$本期市销率 = \frac{每股市价}{每股销售收入(当期)} = \frac{销售净利率(当期) \times 股利支付率 \times (1+增长率)}{股权成本 - 增长率}$$

而当把公式两边同除的"每股销售收入（当期）"换成预期的下期的"每股销售收入"，则结果由本期市销率变为内在市销率或预期市销率：

$$内在市销率(预期市销率) = \frac{每股市价}{每股销售收入} = \frac{销售净利率(下期) \times 股利支付率}{股权成本 - 增长率}$$

由上述两个公式可以看出，市销率的大小受销售净利率、股利支付率、增长率和风险四个因素的影响，其中，关键的影响因素在于销售净利率。在利用市销率进行企业相对价值评估时，应当选择这四个比率类似的可比企业。同样地，由于市销率有本期市销率与内在市销率之分，当目标企业在进行评估时，要注意一一对应，给的是目标企业本期销售收入，需选择使用可比企业本期市销率，而倘若给的是预期销售收入，则需要用可比企业的预期市销率。

承前所述，市盈率和市净率均存在着这样或那样的问题，因此，现有的评估者很多倾向于采用市销率进行分析。通常情况下，销售收入不会出现负值，即使企业亏损或资不抵债，评估者仍然可以计算出一个有意义的价值乘数；另外，销售收入与账目价值、利润等不一样，账目价值、利润等容易受到人为操纵，且容易受折旧、存货和非经常性支出等会计标准和会计政策变更的影响，销售收入相比较而言较为稳定和可靠；此外，市销率可以即时地反映价格政策与战略变化。因此，市销率的适用范围广泛，在任何时刻均能使用。特别地，对于一些周期性或收益波动比较大的企业来讲，市销率方法的使用较为可靠。

然而，市销率也存在一定的缺陷，主要在于该指标对于影响企业现金流量与价值的成本无法反映。而现金流量和收益对于一家持续经营的企业来讲，意义重大。在持续经营的假设前提下，可能会存在某家企业收入额很高，但没有盈利的情况。此时，若是纯粹从销售收入这一指标来进行分析，往往会得出错误的结论。同样地，市销率法无法反映成本，当然也就无法反映不同的企业在成本结构方面的差异性，这就容易造成估价偏差。利用销售收入代替账目价值或利润，好处在于其稳定性。但倘若这种稳定性是在企业成本控制有问题的情况下得到的，则这种评估便丧失了准确性。试想一下，虽然某企业销售收入非常高，但这种高额销售收入是以高额成本为代价的，则其利润或现金流量便少，企业价值也不会高，而市销率无法体现这种问题，无法识别不同公司成本、毛利率方面的差异，自然其得出的结论也是错误的。因此，市销率主要用于销售成本率较低的服务类的企业，或用于销售成本率趋于相同的传统行业的企业的分析。

综上所述，本书将三种常用的相对价值评估比率总结如表2-4所示。

三、实物期权评估法

在企业的实际生产经营过程中，企业开展的很多投资活动并非能够及时获得收益，投资目的也不单纯在于获取收益，更多是出于长远的考虑。对于这些企业来讲，企业投资的目的在于抢占更大的市场份额或获取某项专利权或进入某个新兴市场等，即为企业争取未来快速增长的某种机会，而这种机会对于那些放眼未来、着力于市场扩张或产品规划的企业来讲，相比于眼前的收益是更为有价值的。在这种情况下，学者便提出了"真实期权"的概念。在金融学领域，期权被认为是一种合约，合约使持有人拥有某项权利，这种权利使其能够在未来某一特定日期或改日之前的任何时间点以固定价值买入或卖出一种资产。同样，"真实期权"与金融学领域中的期权概念类似，期权持有人通过耗费一定的成本，从而拥有能够在未来某段时间进行某项经济活动的权利，而不是义务。这种权利，或称为或有要求权，当且仅当期权标的资产价值超过了看涨（买入）期权的执行价格或低于看跌（卖出）期权的执行价格时，才会产生收益。这种权利的涵盖

表 2-4 常用三种比率分析法的对比分析

	市盈率法	市净率法	市销率法
优点	(1) 计算数据容易获取且计算简单; (2) 联系了价格和收益,直观地反映了投入和产出的关系; (3) 涵盖了风险补偿率、增长率、股利支付率的影响,具有很高的综合性	(1) 市净率极少为负值,可用于大多数企业; (2) 净资产账面价值的数据容易取得,并且容易理解; (3) 净资产账面价值比净利润稳定,也不像利润那样经常被人为操纵; (4) 如果会计标准合理并且各企业会计政策一致,市净率的变化可以反映企业价值的变化	(1) 它不会出现负值,对于亏损企业和资不抵债的企业,也可以计算出一个有意义的价值乘数; (2) 它比较稳定、可靠,不容易被操纵; (3) 市销率对价格政策和企业战略变化敏感,可反映这种变化后果
局限性	如果收益是负值,市盈率就失去了意义	(1) 账面价值受会计政策选择的影响,如果各企业执行不同的会计标准或会计政策,市净率会失去可比性; (2) 固定资产很少的服务性企业和高科技企业,净资产与企业价值的关系不大,其市净率比较没有什么实际意义; (3) 少数企业的净资产是负值,市净率没有意义,无法用于比较	不能反映成本的变化以及不同企业之间成本结构的差异
适用性	适合于连续盈利,并且 β 值接近于 1 的企业	适用于拥有大量资产、净资产为正值的企业	适用于周期性或者收益波动比较大的企业;销售成本率较低的服务类企业,或销售成本率趋同的传统行业的企业

范围广泛,包括一段时间等待之后的项目投资、是否放弃投资或是否进行项目改进等。企业为了能够保持长期增长的能力,就需要依据各种条件变化,待到适合时机才选择是否履行该项权利。在大多数情况下,与一般期权性质类似,一方面,这种投资项目是可以延期的;另一方面,也是不可逆转的。

作为金融期权在实物资产方面的应用,实物期权法包括两种方法:一种是实物期权定价模型,另一种是二叉树期权定价模型。

如何对期权进行定价一直困扰着 20 世纪的经济学界。直到 1973 年,布莱克(Black)教授与斯科尔斯(Scholes)教授基于其买权定价的研究结果,提出了著名的期权定价模型(Black – Scholes, BS)。该模型是公司理财学最为复杂的公式之一,推动了期权理论的极大发展,并获得了广泛的应用。虽然 BS 模型的证明和推导过程所涉及的数学问题均比较复杂,但并不影响其具体使用。利用该模型所计算出来的价格与实际的期权价格非常接近。

该模型是基于以下理论假设而提出的:

(1) 在期权寿命期内,买方期权标的股票不发放股利,也不做其他分配;

(2) 股票或期权的买卖没有交易成本;

(3) 短期的无风险报酬率是已知的,并且在期权寿命期内保持不变;

(4) 任何证券购买者都能以短期的无风险报酬率借得任何数量的资金;

(5) 允许卖空,卖空者将立即得到所卖空股票当天价格的资金;

(6) 看涨期权只能在到期日执行;

(7) 所有证券交易都是连续发生的,股票价格随机游走。

依据上述假设,BS 模型的公式如下所示:

$$C_0 = S_0[N(d_1)] - X_e^{-rt}[N(d_2)]$$
$$= S_0[N(d_1)] - PV(X)[N(d_2)]$$

其中:

$$d_1 = \frac{\ln\left(\frac{S_0}{X}\right) + (r_c + 0.5\rho^2)t}{\rho\sqrt{t}}, \quad d_2 = d_1 - \rho\sqrt{t}$$

其中:C_0 表示看涨期权的当前价值;S_0 表示标的股票的当前价格;$N(d)$ 表示标准正态分布中离差小于 d 的概率;X 表示期权的执行价格;e 表示自然对数的底数,约等于 2.7183;r_c 表示连续复利的年度的无风险利率;t 表示期权到期日前的时间(年);$\ln\left(\frac{S_0}{X}\right)$ 表示 S_0/X 的自然对数;ρ^2 表示连续复利的以年计的股票回报率的方差。

如上述公式所示,期权价值包括两部分,$S_0[N(d_1)]$ 表示期望的估价,而 $X_e^{-rt}[N(d_2)]$ 则表示股票期望的成本,两部分之差即为期权的价值。期权定价理论是企业价值评估理论的重要补充,可以用作企业未来不确定性的某项投资机会的价值评估。例如,赵国忻利用期权模型分析了 R&D 投资的期权创造与享有过程的价值;李焰则将企业价值分为零增长价值与增长机会价值,其中的增长机会价值可以利用期权模型来进行评估;杜彦鹏、陈迅在整体价值的评估方面采用了经营期权的方法,为那些不便于使用现金流量评估的企业提供了新的评估思路。总而言之,期权定价法对于那些风险比较高、资本又密集的企业来说,具有很强的适用性。对于那些在未来可预见时期享有同行业技术领先优势,拥有某种行业特许经营权、自然资源许可开发权等企业来说,也是较适用的。期权评估法提醒企业要认识到期权的价值,避免短视的行为,企业在发展过程中,不仅要重视现有业绩,也要关注未来的发展前景与机会。

尽管真实期权理论的提出意义重大,但是在利用该模型进行价值评估时,仍然存在一些缺陷。其一,期权定价模型中各项参数的选择和确定非常困难。而现有研究对这些方面也并没有采取有效的解决措施。很多研究往往只是单纯针对某家企业的数据进行计算,进而求出企业价值,未对标的资产执行价格、期权执行价格、回报率标准差等进行探讨,也未检验其可行性和适用性。其二,模型的假设也较为苛刻,概率服从正态分析、无风险套利的要求是不好达到的。真实期权本身并没有交易,这种非交易性也导致了价格信息的缺乏。此外,该模型仅对欧式期权有精确的定价公式,对于美式期权,由于没有精确的定价公式,就无法进行求解,且数学推导与求解也难以被接受与掌握。

随后,在1979年,考虑到BS模型自身的局限性,考克斯(J. C. Cox)、罗斯(S. A. Ross)、鲁宾斯坦(M. Rubinstein)和夏普(Sharpe)等在《金融经济学杂志》上发表了题为《期权定价:一种简化的方法》的论文,在该文中提出了基于离散时间价值原理的期权定价方法——二项式期权定价模型(Cox-Ross-Rubinstein)(二叉树期权定价模型)。二叉树期权定价模型其实是套期保值原理与风险中性原理的综合运用。其最大的优点在于简单、好理解,评估者不需要具备很多数学知识,便可以应用。单项二叉树模型的原理如图2-3所示。

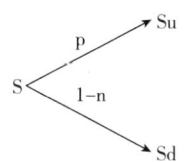

图2-3 单项二叉树模型原理

二项式期权定价模型认为,在假定的整个考察期间,某企业的股价波动要么向上要么向下,且无论向上还是向下,其波动的概率与幅度均是保持不变的。这样的假设看似简单,但在具体操作中,因为可以将某个给定时间段进行更小单位的划分,使二项式期权定价模型更适合于较复杂的期权处理。模型将考察的存续期进行若干阶段划分之后,按照股价的历史波动率模拟出股票在考察期间的任何可能的发展路径,并利用折现现金流量的方法计算行权价格和每一路径每一节点上的权证行权收益。在美式权证的应用方面,因为提前行权的差异性,每一节点的权证理论价格被定义为权证行权收益或折现法计算的权证价格中的较大者。应当说,二项式期权定价模型与布莱克—斯科尔斯期权定价模型,是两种相互补充的方法，随着要考虑的价格变动数目的增加，二项数的分布函数越与正态分布相靠近，二项式期权定价模型越与布莱克—斯科尔斯期权定价模型相一致。但是，由于二项式期权定价模型推导较为简单，更适合说明期权定价的基本概念，二项式更具有直观性，并简化了计算。目前，该理论模型已成为全世界各大证券交易所的主要定价标准之一。

四、收益现值评估法

收益现值评估法，顾名思义，是对待评估企业的未来收益进行折现，从而以企业未来的经营收益作为企业的评估价值。在具体使用过程中，收益现值评估法包括折现现金流量法（又称为 DCF 模型）、经济增加值法（又称为 EVA 模型）和剩余收益法（又称为 EBO 模型）。在持续经营的假设前提下，收益现值法综合了企业历史状况、发展前景和行业与宏观经济等各方面的因素，对企业未来收益进行了预计，再在企业投资期望报酬率与风险因素基础上，计算了存续期间与折现率，从而计算了企业未来收益，以收益现值作为企业的评估价值。

1. 折现现金流量法

折现现金流量法的基本模型如下：

$$价值 = \sum_{t=1}^{n} \frac{现金流量}{(1 + 资本成本)}$$

在该模型中，需要假定的参数包括现金流量、资本成本（折现率）和时间序列。由于现金流量包括股利现金流量、股权现金流量和实体现金流量，因此，对应的现金流量模型为股利现金流量模型、股权现金流量模型和实体现金流量模型。在股利和股权现金流量模型中，对应的折现率为股权资本成本率，在实体现金流量模型中，对应的折现率为加权的资本成本率。总之，现金流量必须与资本成本一一对应。在时间序列的假设中，包括详细预测期以及后续期。具体地，三种折现现金流量模型如表 2-5 所示。

在企业实际生产经营过程中，倘若把股权现金全部作为股利进行分配的话，股利现金流量模型与股权现金流量模型是一样的。因此，为克服股利政策估计带来的麻烦，大多数企业要么利用股权现金流量模型，要么直接利用实体现金流量模型。

具体地，本书以实体现金流量模型为例来解释折现现金流量模型的应用，具体思路如下：

表2-5 几种现金流量模型划分

种类	计算公式
股利现金流量模式	$股权价值 = \sum_{t=1}^{\infty} \frac{股利现金流量_t}{(1+股权资本成本)^t}$
股权现金流量模型	$股权价值 = \sum_{t=1}^{\infty} \frac{股利现金流量_t}{(1+股权资本成本)^t}$
实体现金流量模型	$实体价值 = \sum_{t=1}^{\infty} \frac{实体自由现金流量_t}{(1+加权平均资本成本)^t}$ 股权价值 = 实体价值 - 净债务价值 $净债务价值 = \sum_{t=1}^{\infty} \frac{偿还债务价值_t}{(1+等风险债务成本)^t}$

（1）预测销售收入。销售收入的预测是基于基期销售与预测的销售收入增长率求解得到的。在销售收入增长率的预测上，应以历史增长率为基础，在综合考虑宏观经济状况、行业状况和企业未来经营战略的基础上进行修正，从而得到预测的销售收入。

（2）确定预测期间。预测期间一般来说划分为：预测基期、详细预测期以及后续期。预测期为预测工作的上一个工作年度，一般地，我们在做评估时，要么以上年的实际数据作为基期数据来进行评估，要么以修正后的上年数据作为基期数据。详细预测期一般很少超过10年，以5~7年较为合适，在此期间，评估者需要对这5~7年每年的现金流量进行详细预测，再通过现金流量折现模型进行预测期价值的计算。而对于后续期，由于在一段时间之后，按照均衡理论，企业最终的销售收入增长趋于稳定，企业进入了稳定增长阶段，此时则可以依据永续年金的概念对后续期的价值进行计算。

（3）详细预测期现金流量的预测。由于实体现金流量 = 税后经营净利润 - 净经营资产增加，税后经营净利润与折旧摊销相加得到营业现金毛流量，营业现金毛流量扣除经营营运资本增加，得到营业现金净流量，营业现金净流量扣除掉净经营长期资产增加与折旧摊销，即资本支出，则得到实体现金流量。用公式表示如下：

实体现金流量 = 经营现金净流量 - 资本支出
　　　　　　 = 经营现金毛流量 - 经营营运资本增加 - 资本支出
　　　　　　 = 税后经营利润 + 折旧与摊销 - 经营营运资本增加 - 资本支出

= 税后经营利润 – （经营营运资本增加 + 资本支出 – 折旧与摊销）
= 税后经营净利润 – 经营资产净投资

实体现金流量又称为自由现金流量，强调企业在一段时期内以资产为基础，通过营业活动或投资活动创造的现金流，当然，这部分现金流与企业筹资活动是不相关的。

(4) 资本成本率的确定。资本成本率又称为折现率，是指自由现金流所要求的回报率，由正常投资回报率与风险回报率两部分构成。在正常情况下，现金流量风险越大，其所要求的回报率也越高，则贴现率也越高。折现率的确定方法有两种：风险累加法与加权资本成本比较法。风险累加法认为，企业折现率由无风险报酬率与风险报酬率两部分构成，其公式为：

$$R = R_f + R_1 + R_2 + R_3 + R_4$$

其中：R 表示贴现率；R_1 表示行业风险报酬率；R_2 表示经营风险报酬率；R_3 表示财务风险报酬率；R_4 表示其他风险报酬率。

从理论上来讲，由于风险累加法综合了行业风险、经营风险、财务风险以及其他风险等，是一种理想的确定资本成本率的方法，但是，由于本身风险报酬率在确定方面有主观性，加之各种风险报酬率需要逐一确定，操作难度较大。因此，该种方法应用不广。

比较常使用的是加权平均资本成本法。该种方法是将企业的所有者权益与长期负债的构成比例、所有者权益的资本成本率和长期负债的资本成本率进行加权计算，从而获得企业价值评估所需要的贴现率的一种数学模型方法。其公式为：

$$WACC = K_t \times (1 - T_c) \times \frac{D}{D + E} + K_E \times \frac{E}{D + E}$$

$$K_E = R_F + (R_M - R_F) \times \beta$$

其中：WACC 表示加权平均资本成本，即公司评估的贴现率；K_t 表示长期负债成本（利息率）；K_E 表示所有者权益要求的回报率，即权益资本成本；R_M 表示社会平均收益率；R_F 表示无风险报酬率；β 是指行业平均收益率与社会平均收益率的比值。β 值越大，其风险越大，期望回报率越高。

(5) 后续期现金流量增长率的预测。由于后续期的价值等于现金流量 $t + 1 \div$（资本成本 – 现金流量增长率），此时，需要对现金流量增长率进行预测。通常情况下，企业若是处于稳定增长状态，实体现金流量、股权现金流量和销售收入的增长率是相同的，可以用销售收入的增长率来估计现金流量增长率。而对于绝大多数处于持续经营状态下的企业来说，销售增长率又可以用宏观经济增长率来进行估计。

（6）折现现金流量模型应用。在对各项参数进行预测后，可以进行企业实体价值的最终计算。实体价值 = $\dfrac{下期实体现金流量}{加权平均资本成本 - 永续增长率}$ = 预测期实体现金流量现值 + 后续期价值的现值。用字母表示如下：

$$V = \sum_{t=1}^{n} \dfrac{CFA}{(1+r)^t} + \dfrac{CFA_{t+1}}{r-g}$$

其中：V 表示实体价值；CFA 表示详细预测期的现金流量；r 表示资本成本率；CFA_{t+1} 表示后续期现金流量；g 表示后续期现金流量增长率。

相比于股权现金流量模型，实务中，比较常使用的是实体现金流量模型。原因在于股权成本容易受资本结构的影响，估计起来较为复杂。当债务增加时，风险会相对上升，从而带动股权资本成本的提升，此时对于评估者来说，上升的幅度是不好测定的。相反，加权资本成本则不容易受资本结构的影响，对于评估者来说比较容易估计。债务成本一降低，债务比重一增加，加权资本成本便会下降。然而，债务增加又带来了财务风险的增加，使股权成本上升，从而加权资本成本也会跟着上升。因此，资本结构无关论认为，在无税和交易成本的情况下，债务成本和股权成本两者是完全可以抵消的。而在有税和交易成本时，债务成本下降与股权成本上升，两者相互影响、相互抵消，使平均资本成本受资本结构的影响较小，比较容易进行估计。

对于实体现金流量模型来说，其价值计算分永续增长模型与两阶段增长模型两种计算方法。

在永续增长模型下：

实体价值 = $\dfrac{下期实体现金流量}{加权平均资本成本 - 永续增长率}$

在两阶段增长模型下：

实体价值 = 预测期实体现金流量现值 + 后续期价值的现值

设预测期为 n，则

实体价值 = $\sum_{t=1}^{n} \dfrac{实体现金流量_t}{(1+加权平均资本成本)^t}$ +

$\dfrac{实体现金流量_{n+1}/(加权平均资本成本 - 永续增长率)}{(1+加权平均资本成本)^n}$

总而言之，DCF 法的估计模型相比于绝对值评估、相对值评估等方法具有考虑了时间价值、防止错误估计、适用性较强等优点。首先，DCF 法考虑了资金的时间价值，关注了企业未来的收益能力以及风险存在，考虑了企业未来长期发展的战略需要；其次，该方法有效地防止了市场价格被高估或低估的可能性，对于具有多项经营业务的企业来讲，估计是更为有效的；最后，该方法对于具有较高财务杠杆比率或财务杠杆比率发生变化的公司更为适用。

然而，折现现金流量法（DCF）在实际使用过程中，必须满足持续经营的假设前提。只有这样，其未来的现金流量序列才是可以预期的，且为正值，此外，利用加权资本成本来确定折现率时，企业也必须具备相同的经营风险、不变的资本结构、稳定的股利分配制度等严格假设。这些特殊的假设条件，使 DCF 法在评估过程中往往容易受到特殊情况的限制，具体如下：

首先，折现现金流量法是基于未来盈利和资本支出的合理推测的假设前提，因此，不完善的资本市场、不充分的竞争市场容易影响到折现率的估计。对于处于发展初期、发展前景不清晰或处于高速成长期的企业来讲，由于缺乏可供参考的历史数据，难以用该方法对其进行预测，该方法只适用于稳定期的企业。

其次，折现现金流量法有夸大周期性因素对现金流量影响的可能性。特别地，对于经济周期波动比较大的行业来说，其企业销售收入、利润、现金流量与传统经营模式是相背离的，与折现现金流量方法要求的持续经营的经营假设前提是相悖的。因此，其无法考虑到不确定性环境下的各种投资机会，而仅能对现有的、已经公开的投资机会价值进行估量。

最后，采用加权资本成本率方法来进行折现率估计，由于是在均衡资本市场的前提下，反映了市场对特定风险类型企业期望的投资回报率，使其无法准确评估各项特定事件。另外，虽然有些企业目前的现金流量是负值，但由于其拥有某项无形资产，只是尚未充分利用，折现现金流量法无法考虑到这种可能性，有可能会低估该类企业的价值。

总而言之，折现现金流量法有其适用的局限性，只适合于评估那些在较长的一段时间内经营较为稳定、现金流较为稳定的上市公司的评估。

2. 经济增加值法（EVA）

经济增加值（Economic Value Added，EVA），又被称为附加经济增加值、创造价值等，可以用税后经营净利润扣除成本费用后求得。经济增加值的相关概念，最早于 1777 年由经济学家 Hamilton 所提出，他认为，企业只有在利润高于权益与债务的成本时，才创造了价值；到了 1890 年，著名剑桥学派经济学家马歇尔进一步提出了经济利润的概念，企业要实现真正的盈利，除了要补偿经营成本之外，还要补偿资本成本；此后，专家学者提出了剩余收入（Residual Income)、超常收益(Abnormal Earnings)、超额收益(Excess Earnings)、超额收入(Excess Income)、超额可实现利润(Excess Realizable Profit)、超额利润(Super Profits)以及经济增加值(Economic Value Added)等与经济利润相类似的概念。其中,经济增加值这一概念,由美国著名咨询公司 Stem Stewar 提出,并将其用于企业绩效的评估。在实践中,通用企业公司(GM)在20世纪20年代用到了经济增加值这一概念,并在50年代推行剩余收入的理念,用于评价通用公司各部门的价值创造能力。

在 Stem Stewart 咨询公司看来,衡量企业价值并不是看其会计利润,而应该是去除资本成本之后的经济利润,这个经济利润便是经济增加值。只有这样,企业才能为股东创造尽可能多的价值。公式如下:

$$EVA_t = NI_t - WACC \times C_{t-1}$$

其中:EVA_t 表示公司在第 t 时间段创造的经济增加值;C_{t-1} 表示 t 时间段初所使用的资产净值;WACC 表示使用资产的加权平均成本 NI_t 表示公司在 t 时间段经调整后的会计收益。

如果我们用 ROA_t 表示资产收益率,由于 $ROA_t = \dfrac{NI_t}{C_{t-1}}$,所以 $NI_t = ROA_t \times C_{t-1}$,那么 EVA 又可表示为:

$$EVA = (POA_t - WACC) \times C_{t-1}$$

经济增加值评估法相比于其他评估方法,有较为真实反映企业业绩、以股东视角反映企业价值、以长远眼光反映企业价值等优点。首先,与传统评价指标不一样,EVA 评估将股权资本成本也排除在外,这使评价结果更准确、合理。当企业收益高于债务和权益成本时,企业才有创造价值,才能为现有股东谋求更大价值。EVA 法更为关注企业资产的成本,帮助管理者从广泛角度来看企业经济性,引导管理者不仅要关心收入,也要注意企业的管理资源。其次,作为一种新型的企业价值观,EVA 法侧重从股东角度来考虑企业的利润。在该方法指引下,资本报酬率只有高于资本成本率,企业才能为公司创造价值,否则,股东财富在减少。经营者只有完成这一经营指标,其经营才是有效的,投资者才会将更多的资本投入这家企业,潜在的投资者也会蜂拥而至。否则,资本存在错误配置,投资者就会将资金投向别处,导致企业市场价值降低。因此,在 EVA 法下,一切从股东的利益出发,只有当企业的税后收益高于资本成本时,投资才是有价值的。最后,净利润指标用于衡量某个期间的企业绩效,而 EVA 法则考虑的是企业长期发展,强调企业要有发展的眼光,要鼓励研究开发、人力资源培养等,不提倡牺牲长期业绩来夸大短期效果。因此,

EVA 法更符合企业的长期发展利益。

总而言之,EVA 法概念简单、易于理解,其模型中投入资本以及将来的所有经济增加值可以从预测资产负债表和损益表中直接得到或通过简单计算来获得。这使年度财务报表上的会计资料有了更现实的意义,投资者也可以从该报表来估算企业创造的价值。

3. 剩余收益法(Residual Income)

早期的剩余收益思想认为,剩余收益可以从机器的资本化价值,即现值表达式中推导得出,公司价值为投入资本与未来创造的福利现值之和。Preinreich(1938)在其文章《经济理论的年度调查:折现理论》中明确提出了剩余收益的概念,认为资本价值 = 会计账面价值 + 超额收益的现值,其中,超额收益 = 单位资本获得的利润 – 单位资本要求的利息。

剩余收益法的典型代表是 1955 年费尔森和奥尔森(Feltham and Ohlson)提出的剩余定价模型。剩余定价模型经由 Ohlson(1988,1989,1990,1991,1995)、Feltham 和 Ohlson(1994,1995,1996,1997)等一系列分析性研究文献逐步扩散开来。到了 1955 年,费尔森和奥尔森以"干净盈余理论"(Clean Surplus Relation, CSR)应用于股利贴现模型,利用 DPST = $eam_T - (B_T - B_{T-1} i)$ 等式推导出剩余收益模型(Residual Earnings Model, REM),得出"公司价值等于账面净资产加上未来超额盈余的现值和",简称 F – O 模型。由于奥尔森(Ohlson)和费尔森(Feltham)一系列论文的发表,剩余收益估价理论成了 20 世纪 90 年代会计研究的一个热点。F – O 模型以四个条件来提出企业价值,一是企业未来现金流量折现率是给定不变的;二是使用者知悉企业可能出现的所有状态;三是每种状态的结果是可以观察的;四是每种状态出现的概率是客观且可知的。在这四个条件下,基于企业持续经营的假设前提,企业价值可以用如下公式来表示:

当 T 趋于 ∞ 时,

$$V = B_T + \sum_{T=1}^{\infty} \frac{RE_T}{(1 + K_e)^T}$$

其中:B_T 表示第 T 期的账面净资产;RE_T 表示第 T 期剩余收益,也称为超额收益,为当期营业利润减去期初账面净资产与无风险利率的乘积。K_e 表示权益资本成本。

奥尔森和费尔森将股票内在价值与股东权益和未来收益相联系,从而将会计账面价值与股票内在价值联系起来。剩余收益强调扣除所有资本成本后的超额利润，可以用于衡量企业创造价值的大小。总而言之，奥尔森和费尔森的剩余估价模型从全新的角度分析了会计数据与企业价值之间的关系，把会计数据作为估价变量直接代入估计模型中，将传统的关注股价行为解释的研究方法转向更多地关注盈利和账目净资产，使会计研究更多地以市场为重心。

当然，收益现值的三种方法——折现现金流量法、经济增加值法和剩余收益现值法，其评估结果是否准确取决于对未来预测是否准确，预测不当，评估结果也会严重扭曲。因此，影响评估结果的关键因素在于预期收益和折现率的选择。预期收益被定义为未来收益的期望值，可以税后利润、现金流量和利润总额等来表示；折现率则表示为特定条件下的收益率，一般表现为无风险利率、风险报酬率和通货膨胀率等。而在实务操作中，很多评估者对于参数的确定都是在预先确定评估值的基础上进行参数调整而得出的，这就容易造成偏差，使长期预测不准确，导致评估结果存在可操作性。

五、评估方法对比探析

评估方法可以帮助评估者树立好分析问题的框架，厘清思路，分析问题，并在把思路搞清楚后，进行量化分析。从上述评估方法模型来看，现有价值评估的模型纷繁多样，问题不在于缺少评估的模型，而在于如何对评估模型进行选择。因此，评估者在做具体的评估的过程中，要理解各项评估模型后的假设条件，把握手头问题，弄清楚正确的分析问题的方法，在已知评估对象的性质和特征的基础上，根据已经掌握的信息状况来进行合适方法的选择。从上述各个方法的阐述来看，应该说，各种方法都有其自身的优缺点和适应性。

1. 绝对值评估法

该方法其实强调了对企业账目价值的调整。当企业资产账目价值与市场价值相接近时，只需要将账目价值进行调整，便可以求得企业价值。该方法简单、易于理解和操作，强调将企业各项资产进行加总，从而获得企业价值。但由于该种方法只考虑了资产的价值，而没有考虑到未来获利价值，有可能造成某待评估企业本身效益差，但是评估的价值又偏高的现象。因此，重置资本法强调静态的眼光，对于价值的评估欠缺完整性。

2. 相对值评估法

运用该方法进行评估的关键在于需要找出一个或几个与待评估企业相同或

相似的参照企业，通过分析、比较被评估企业与参照企业之间的财务指标，对参照企业的价值进行修正、调整，从而确定待评估企业的最终价值。该方法由于考虑了公司的市场价值，完整地考虑了企业价值，有操作的可能性。但其在参照企业的确定上，存在一定的局限性，使其可比性受到限制。该方法需要用上市公司在股票交易市场上的价格与流通股数进行相乘来计算得出企业价值，这往往只适用于完善的资本市场，对于我国还不完善的资本市场而言，仍然不太适用。

3. 实物期权评估法

该方法强调基于未来收益进行价值评估，是折现现金流量评估法的高级阶段，适用于高科技公司、拥有无形资源等公司的评价，对于那些进入知识经济时代的发达国家的企业价值评估是非常有益的。

4. 收益现值评估法

该方法的核心在于将未来特定时间内的收益还原为现值。该方法的优点在于科学性较强，对企业进行价值评估的可比性和完整性较强，但由于该方法要用到的预期现金流量、企业可获利数据、期数和折现率等均需要进行预测才能获得，操作难度较大。倘若企业在评估的实际操作过程中，存在现金流量为负值的情况，收益法的评估便没有实际的意义。

总而言之，四类基本方法各有各的优缺点和适用性，均从货币价值形态来反映价值评估的结果，不存在绝对合理有效的价值评估方法。

第三章
移动互联网企业价值评估新模型的构建

第一节 移动互联网企业的特点

移动互联网企业并不是指单纯依靠移动互联网而诞生的企业，本书定义的移动互联网企业更多地强调依托移动业务及其平台，贯穿终端层、业务层、网络层的信息流，专注移动互联网的企业。其在资产结构、商业模式、盈利模式方面都体现了跟一般的互联网企业不一样的特点。

一、在资产结构方面

国际著名管理机构莫斯管理咨询公司研究发现，互联网企业的资产构成大致为客户区和市场营销类资产占40%~50%，数据、软件和其他产权资产占30%~40%，有形资产占10%~20%。因此，对于互联网类企业来说，无形资产是重头戏，对于企业的影响比较大。移动互联网企业也是轻资产类企业。作为主营数字化商品和服务的企业，移动互联网企业对固定资产的投入较低，无形资产比重较大，因此，风险也较高。域名、商标权、厂商名称、著作权、专利权、商业机密、客户类资产等均为移动互联网企业无形资产的构成要素。针对移动互联网企业的特殊性，我们着重从人力资源、知识类资产、客户类资产三个角度来论述。首先，几个高级专业技术的专门人才往往构成一家移动互联网企业的骨干人员，这些人才无论是在前期创意的提出、技术研发，还是中后期的技术维护等几个关键点均起到举足轻重的作用。人力资源是移动互联网企业资产功能发挥的重要载体。其次，对于移动互联网企业来说，无形资产基本以知识形态来表现，知识产权是无形资本的重要组成部分。而这部分投入对于移动互联网企业来说，比重越来越大。例如，华为公司对其高科技芯片的制造成本估算表明，其在研究成本、开发成本和测试成本中的投入占比高达60%以上。知识类资产的特点主要体现为独特性、先占性、创新性、市场能力（即竞争力向控制力转化，兑现知识产权的收益）①。最后，客户类资产是移动互联网企业的特殊资产。对于该类企业来说，网络点击量、订阅量这些无形资产都是传统企业所无法比拟的。与传统企业相比，互联网企业拥有客户就等于拥有了市场。

  近年来发生的几起知名互联网企业间的合并事件，例如，"滴滴"与"快的""联姻"，"携程"与"去哪儿"合并，"58同城"与"赶集网""闪婚"，从表面上来看，是强强联手，从实际上来看，均是为了保持市场份额、垄断市场以至实现资本利益最大化。对于移动互联网企业来说，客户类资产价值主要体现在注册用户数量、点击率、客户网络效应等。在注册用户数量方面，在初创阶段，移动互联网企业在研发、设计、测试、市场开拓等方面会有大量的成本以及费用支出，当企业步入成长期后期以及成熟期时，除技术创新和升级投入以外，运营期间只有较低的成本费用，因此，企业注册用户数量越多，客户单位成本就越低，随着客户规模不断扩大以及单位客户成本的下降，即使单位客户收入变动率没有较快增长，企业利润也会逐渐扩大。在点击率方面，点击率是客户访问网站的点击次数。对于任何一个移动互联网企业来说，点击率的增加说明该企业所提供的产品或服务能够满足客户需求，意味着客户购买产品或服务概率的增加。有了点击率，依靠网络的传播效应，原有客户将自己的体验与朋友或他人进行分享，优质、新颖、创新的服务和产品可以为企业带来源源不断的新客户，为公司节约大量营销成本；相反，如果企业的服务或产品没有特色，不仅无法留住老客户，更无法吸引新的客户，点击率降低，最终将导致客户资源流失，从而失去市场。在客户的网络效应方面，移动互联网企业的价值会随着用户人数的增多而提高。梅特卡夫定律指出，网络的有用性（或价值）随着用户数量的平方数增加而增加，换句话说，一个用户消费一种产品或服务所获得的效用（或某种网络的价值）随着使用用户数量的增加而增加。

---

  ① 蔡吉祥. 互联网无形资产及其价值形成及发展［EB/OL］. http：//tech.163.com/09/1102/16/5N4JOEG900093SVU.html.

二、在商业模式方面

移动互联网企业的商业模式主要表现为"用户为王""用户规模与流量优先"等特点。这种商业模式早期需要不断地投入资金，用于研发和市场推广，初期基本处于战略性亏损状态，在没有获得稳定市场份额以及期望的用户规模以前，企业仍然会选择源源不断地投入。当用户数量和流量增长之后，企业净利润从亏损较多转变为亏损较少。随着企业进入成长期前段，用户规模和流量继续上升，净利润逐渐增长，亏损渐渐被弥补，企业也逐渐探索出流量变现的模式，移动互联网企业便会逐步达到盈亏平衡点。然而，即便达到盈亏平衡点，出于技术稳定、市场规模进一步扩大的目的，企业仍然会选择持续不断地投入资金。等到企业进入成长期后段，即盈亏平衡点之后，企业收入和净利润均会出现爆发式增长。总而言之，移动互联网企业这种商业模式跟传统企业有很大不同，体现为倒"V"形的特点，初期投入大，中期获得稳定趋势之后成长也非常快，但后期若是没有进一步追加投资，也容易被竞争对手所追赶。这种"赢家通吃"的特点，使企业没有办法早早向消费者收费。再者，移动互联网企业所销售的产品或服务与传统企业不一样，传统企业主要通过买卖商品或服务、转让资产使用权等方式来获得收入，其中大部分是有形的。因为这类商品是真实有效的，所以，消费者难以比较同类商品，很容易冲动消费。而移动互联网公司销售的则大部分是虚拟的，消费者容易进行比较，会选择更合理地购买。因此，早期的移动互联网企业基本处于亏损状态，以尽可能获得更多的用户，否则就容易被竞争对手夺走用户，企业的竞争优势会减弱。当然，当企业获得盈亏平衡点后，没有选择继续投入，则原有优势也有可能被超越。

三、在盈利模式方面

移动互联网企业的盈利模式大致分为三种：付费下载或应用内购买付费模式；应用内广告；Freemium 模式（范琳，2017）。第一种模式是付费下载，例如，苹果的 App Store 或谷歌的 Google Play 等应用平台，当用户需要下载某项应用时，就需要向这些相关企业进行付费。也有企业选择将基本功能开放给用户，用户若是需要更高级功能时，则同样需要进行付费。该种盈利模式在我国面临的主要问题在于，我国消费者版权意识差，没有强烈的虚拟产品购买愿望，更习惯于免费虚拟产品。在这种情况下,企业定价过低,其收入可能就难以弥补其成本,定价过高,则消费者就难以心动。因此,实行该种盈利模式的企业,很多选择刚开始免费,待消费者选择APP下载之后,逐渐形成依赖心理,再逐步进行收费,从而为企业创造收入。第二种盈利模式就是在应用内设置广告。企业不向终端消费者进行收费,而是选择在自己的应用内设置广告位,广告商若是要获得广告位则需要向移动互联网企业付费。当然,广告商是否选择在该企业应用内发布广告则取决于该应用是否具有一定的下载量,是否是常年下载排行榜的前几位。对于价格敏感的客户而言,由于企业在广告内不向其收取任何费用,则对其有很强的吸引力。但若用户对该类广告反感,也有可能会迁移到其他公司的产品当中去,这显然有些得不偿失。而客户若有较强的用户黏性,愿意升级为无广告版本,此时企业仍然可以获得较多的收入。第三种模式为Freemium模式。这种模式即为"free + premium"模式,最开始出现于传统软件行业①,例如,卡巴斯基杀毒软件、百度网盘等,企业先用免费服务吸引客户,再利用增值服务吸引部分用户,将这部分免费用户换为收费用户,进而实现变现。这种模式同第一种模式不一样,在第一种模式下,用户若未付费,则不能获取该项服务,而在Freemium模式下,用户即使未付费,也完全可以使用产品的大部分功能,企业会尽一切可能向用户提供最优秀的服务,满足用户挑剔的需求,不断提升用户的忠诚度。企业只需要向20%甚至更少的用户收费,就能够获得公司运营的大部分利润。这种模式完美诠释了"二八定律",即一小部分对价格不敏感的高端用户,愿意为一些额外的功能付费,为服务提供者带来大部分收入。

总而言之,同传统企业"生产—销售—变现"的盈利模式不一样,移动互联网企业的盈利模式则更多地体现为"免费"模式。然而,此"免费"并非彼免费,用户看似免费获得了服务,实则仍为终极的消费者。因此,移动互联网企业若能拥有一群十分忠诚的用户群体,则该企业势必有较高的收入水平,倘若移动互联网企业一个用户也没有,则可以想象其盈利水平。对于移动互联网企业来说,占领市场、得到用户是最重要的事情,进而思考如何牢牢地抓住用户,积累庞大的用户资源,最后才是考虑使用户资源转化为企业的利润(范琳,2017)。

---

① Freemium 百度百科. https://baike.baidu.com/item/Freemium/2270444。

第二节 移动互联网企业价值特点

一、移动互联网企业的价值链分析

为探讨移动互联网企业的价值特点,首先,本书引入移动互联网企业的产业链,分析其在产业链中的地位。其次,以此为基础,剖析移动互联网企业的价值来源,为后续移动互联网企业价值评估做好铺垫。本书所定义的移动互联网企业不仅包括传统互联网企业的移动化,也包括各类传统企业的移动化。因此,移动互联网企业产业链变得非常丰富。目前,国内移动互联网产业链的主体构成如图3-1所示(龙文鑫,2017)。

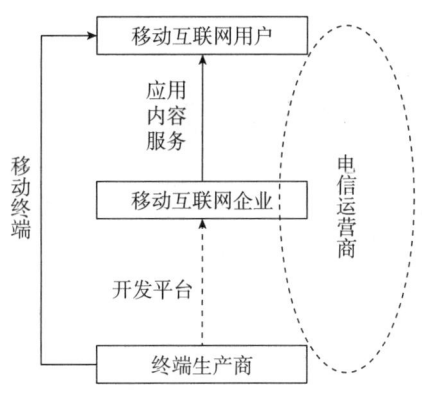

图3-1 移动互联网产业链主体

如图3-1所示,移动互联网产业链主体包括电信运营商、终端生产商、移动互联网企业和用户。从整条链条构造来看,电信运营商是移动互联网的基石,终端生产商是进入该网络的钥匙,移动互联网企业是网络核心,用户则是移动互联网的"回音壁"。首先,作为基石的电信运营商,其提供了移动网络,从而保证了整条链条的顺利运行,但也正因为其是基石,其后续就难以为客户提供高附加值的服务,从而不可避免地沦为"通道"。其次,终端生产商是直接接触用户的主体,其为用户提供了进入移动互联网的钥匙。用户通过这把钥匙,顺利进入了移动互联网领域,而反过来,移动互联网企业也通过移动终端来为用户提供服务,并通过用户的不断反馈来提高自身的服务质量。再次,移动互联网企业是整条产业链的核心。移动互联网企业直接面向用户,通过其独特的商业模式和盈利模式不断地获取用户资源,积累大量的客户效应,并根据市场变化和用户习惯的变化,来改进资金的产品和服务模式以适应不断变化的市场。最后,用户是整条产业链的"回音壁",用户通过对各类应用、内容和服务的使用,不断得出正向或反向的反馈,并将这种体会及时地通过付费购买、放弃该应用、推荐给周围朋友等方式来对终端生产商、移动互联网企业等进行反馈。

从当前我国移动互联网行业的发展来看,不仅互联网企业移动化,移动运营商、终端生产商等也纷纷进入移动互联网领域。例如,中国联通开发并运营了APP"沃商店",跨界进入 APP 分发领域;中国电信通过"翼支付"进入移动支付领域等;移动终端生产厂商,如小米、魅族等均在终端中嵌入自身的移动互联网应用与服务,从而跨界进入移动互联网领域。因此,移动互联网企业在移动互联网产业链中的核心地位十分明显,其在产业链中的地位直接决定了其价值实现模式与传统企业的不同。

二、移动互联网企业价值来源

由上文移动互联网企业的价值链分析可得,移动互联网企业在整条产业链中处于中心位置,且移动运营商、终端生产商也有移动化的趋势。因此,移动互联网企业在整条产业链中可以通过移动电商服务、技术服务、APP 分发和广告投入四类价值实现模式为用户提供服务价值、传播价值、媒介价值(龙文鑫,2017),如图 3-2 所示。

其中,移动电商服务包括 O2O 生活服务、移动购物、移动支付等形式,典型案例如京东到家、美团外卖、饿了么、手机淘宝、微信支付、支付宝支付等。这些企业将传统电子商务融入移动互联网元素,满足用户随时随地在线购物或在线交易的需求,通过提供特定服务或向用户收取佣金和手续费,或直接向用户零售等方式来获取利润,从而完成价值实现;技术服务则是移动应用开发企业的主要价值实现模式。移动应用开发企业采用 APP 定制开发、增值服务两种形式来完成价值实现。根据传统企业、政府及公用事业客户的需求,开发定制化的APP,此为 APP 定制开发。企业通过开发、技术维护、持续性技术更新等几种方

第三章 移动互联网企业价值评估新模型的构建

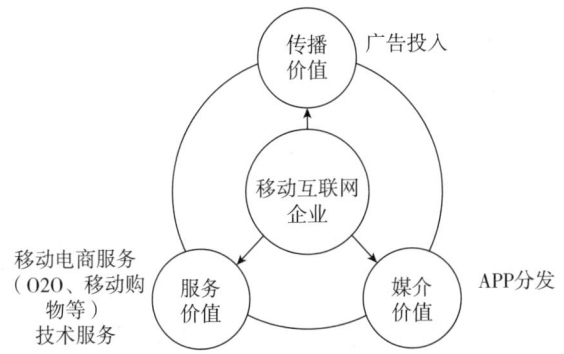

图3-2 移动互联网企业的价值实现

式来实现收入。增值服务则主要通过付费下载、会员服务、APP内收费三种方式来实现价值。付费下载是指用户需要付费才能在应用商店中下载该项应用,例如,苹果APP应用商店,移动互联网企业通过用户付费以及后续下载量的增加来实现价值。会员服务和APP内收费则是很多移动互联网企业采用的方式。下载该应用APP的用户可以免费获得相应服务,但若是要获得更多高级功能和更完美用户体验,则需要进一步付费或充值成为会员才能实现,从而移动互联网企业可以获得价格迟钝用户的这一部分收益。APP分发则是针对APP应用平台这类企业而言。以"91无线"为代表的APP应用商店,将APP这项虚拟产品,像实体商品一样通过自身的APP平台展示给用户,用户则根据需要自行下载,"91无线"这类企业则向APP的运营企业收取佣金从而实现盈利;广告收入则主要通过在APP内投放广告,从而向广告商收取相应的广告费用。APP占用的是用户碎片化时间,且用户可能在一天之内往返、多次使用,内置广告也可随之持续增加,因此,这类注意力资源也是广大广告商所迫切需要的。

总而言之,移动互联网企业(主要是移动电商企业)通过移动终端,将广阔区域化零化简,省却中间环节,直接沟通消费者和生产商,产品由移动电商企业组织调度、就近生产和选择原料供应商,从而实现资源大量集约、交易成本大幅降低,而这类节约的大量交易资源和交易成本是移动互联网企业相比于传统企业的重大价值源泉。此外,移动互联网企业(主要针对移动应用开发、移动APP应用商店)还可以通过APP定制开发、APP分发等渠道来持续获得价值收益。而上述所有的移动互联网企业还可以通过内置应用广告来吸引用户的注意力,实现广而告之的效果,从而向广告商收取费用。这些价值源泉归根到底本质上主要是移动互联网企业的无摩擦经济、注意力经济、规模经济和知识经济等效应发挥作用的效果。

1. 无摩擦的经济效应

移动互联网企业通过移动终端，直接联系了供应方和需求方，使双方直接对接，省却中间环节，打通了产品或服务的原材料供应—生产—销售全环节，并将这个过程中的市场运营和信息管理直接化和自主化，极大地节约了资源，降低了信息沟通和产品交易的成本，缩短了生产作业时间。这个效应即为无摩擦经济效应，可以为移动互联网企业带来相比于传统企业更大的价值。

2. 注意力经济效应

如前所示，在移动互联网时代，用户通过 APP 实现购物、阅读、交流、分享等活动，所占用的时间均为用户的碎片化时间，有时用户在一天内可以反复、多次地登录 APP，这便形成了注意力资源，而这种注意力资源也是目前更多企业争夺的焦点。移动互联网企业若能有效获得用户的"注意力"，向企业不断提供更优质的产品、信息、安全等服务，实现对注意力资源的掌控，打造社会信息发布、服务供给平台，则在这个过程中也可以获得巨大的转移价值。

3. 规模经济效应

移动互联网企业的规模经济效应主要与梅特卡夫定律有关。梅特卡夫定律（Metcalfe's Law）是一个关于网络的价值和网络技术的发展的定律①，该定律由乔治·吉尔德于 1993 年提出，该定律指出，一个网络的用户数目越多，那么整个网络和该网络内的每台计算机的价值也就越大。该项定律同样适用于移动互联网企业，对于移动互联网企业来说，一方面，当移动互联网中节点（用户）间连线数目增加时，这些连线带来的用户产出的效果会呈几何级数增加；另一方面，由于移动互联网企业的产品主要是信息、数据等虚拟产品，其产品可以无边界、零成本地进行"病毒"式复制，而信息质量并不会降低。这样，就使移动互联网企业具有投入越多、产出越大的规模经济效应。这种规模经济效应使移动互联网企业规模越大、用户越多，则收益增长越快。这也解释了移动互联网企业价值迅速提升的现象。

---

① https://baike.baidu.com/item/梅特卡夫定律/559840？fr = aladdin。

4. 知识经济效应

当前人类社会已经处于一个知识经济时代，知识产品尤其是其中的技术产品是人类经济增长的主要源泉，21世纪的企业更应关注知识产品的生产、分配、交易和消费等。对于移动互联网经济来说，知识一直作为一种独立的商品形式存在，用户想要获得该类信息，从免费向付费的趋势发展，这一方面激励了知识的提供方保护、激励其创造的激情，另一方面移动互联网企业也能从中获得源源不断的价值源泉。知识不仅极大地提高了大众获得和使用信息的能力，也进一步提高了社会生产力，转化为精益的管理方法、团队文化，并转化为企业的技术优势，从而形成新的企业价值。

三、移动互联网企业的价值评估难点

同传统企业相比，移动互联网企业显示了不一样的特殊性。在这种情况下，对其进行价值评估凸显了六个方面的难点，主要体现在：

1. 成长难估计

在移动互联网领域，传统产业不断移动化，日益融合，很多细分领域也尚未最终成形，技术快速创新，客户需求多样化，整个移动互联网行业的行业特征和生态环境均处在日新月异的变化之中，因此，对移动互联网企业进行5年甚至20年的增长性估计可谓困难重重。移动互联网企业的价值估计很多集中在初创期的风险投资、融资阶段，或成长期的并购或上市阶段，此时的移动互联网企业的发展尚未见端倪，对其评估存在本质上的不稳定以及不确定性。事实上，近几年的移动互联网行业不乏一些一夜爆红的优秀企业，例如，小米、饿了么等，这些企业是极具爆发潜力的，从最初创立到成熟可能只需要短短几年甚至几个月的时间，因此，不可低估移动互联网企业的成长性，在评估时更是需要用动态的眼光来全面考虑企业的价值。

2. 产品难定义

对于移动互联网企业来讲，确切地说，产品应该定义为半成品。因为移动互联网企业的产品很多是由产品开发者、移动平台、个体用户三者共同开发完成的，每一个环节包括最开始的诞生、上线、下载，均由经手者对其重新定义，而在定义过程中,又重新赋予该产品新的价值,这与传统互联网企业不一样,传统企业开发某项产品,价值全部停留在平台主导者手中。在移动互联网时代,人人均可以参与产品价值创造的过程,应用开发者殚精竭虑地寻求自身的定位和方向,孜孜不倦地开发某款热门产品;终端用户在琳琅满目的智能产品和智能平台中不断地寻求、选择符合自身需求的 APP 应用,一方面,被动接受;另一方面,又自动手动开发各种新玩法、新功能,从而反馈给终端商、移动商等;系统以及平台企业则尽自己最大努力生产丰富和扩充产品的可操作性;终端生产商则在寻求个性的同时又期待着能被大众所追崇,同时将其产品往移动互联网的各个环节进行延伸,从上下游产品到应用商店等。总而言之,从某种意义上来说,移动互联网时代的产品,每个环节均有产生附加值的机会。

3. 价值难区分

承前所述,移动互联网企业的产品以及服务均是半开放性的,产业链条的各个主体通力合作、协调分工、各个环节有机协调,才能构成一个完整的产业链条。若是各自为营,则面对日益花样繁多的终端产品、日益丰富和完整的应用层、日益多元化的商业模式和平台以及日益庞大复杂且完整的商业体系,任何企业均难以承担。因此,从系统到应用开发、从平台到终端,乃至于对竞争对手,各个主体均给彼此让出一定的发挥空间,主体与主体之间通力合作、有序竞争,每个环节的合作伙伴从自身所承担的部分获取价值之后,又将其他价值让渡给其他主体,这样在整条产业链中各个伙伴均能获得最大的利润,从而带动整个行业的快速成长以及良性循环发展。在这样的产业环境中,由于移动互联网领域内各个环节均是价值的缔造者,价值难以区分,则价值评估者对移动互联网企业的价值评估就显得十分困难。

4. 规模经济难判断

所谓的规模经济性(Economies of Scale)是指随着生产规模的扩大引起经济效益增加的现象。其优越性体现在随着产量增加,长期平均总成本呈下降趋势,边际成本在下降,但是这种规模有一个度的限制。经济学中所说的规模经济性在传统互联网企业中是显而易见的,而对于移动互联网企业来说也是非常明显的。移动互联网企业的规模经济性可以从宏观和微观两个角度来衡量。从宏观方面来说,移动互联网行业的跟风现象非常普遍,当市面上有某款终端产品或线上应用爆红时,类似产品便如雨后春笋般冒出来,例如,2014 年北京大学几名毕业生推出 ofo 共享单车后,享骑电单车、易拜单车、酷骑单车、小强单车、云单车、小鹿单车、骑呗单车、优拜单车、熊猫单车、乐途单车、快兔出行等各类产品便紧随其后纷纷推出市场。产生这种现象的原因往往在于进入门槛低,模仿成本相比于创新成本低很多,虽然先入为主者能从细分市场领域分得很多红利,但是只要市场未饱和,模仿创新就还有机会分得一杯羹。这种现象便是典型的规模经济效应。此外,从微观方面来讲,由于梅特卡夫定律的存在以及移动互联网企业产品的特殊性,虽然一开始移动互联网企业的研发资金和成本投入不占优势,但随着市场的成功打入与扩大,企业的边际成本便逐步降低,这也是规模经济效应的一种体现。因此,对于移动互联网企业的价值评估,判断其是否有规模经济效应也是评估的难点之一。

5. 价值导向难衡量

在移动互联网时代,产品价值要素发生了翻天覆地的变化,价值导向并不是由生产者说了算,而更多的是由消费者导向所决定。衡量待评估的移动互联网企业尤其是初创型的移动互联网企业是否具有价值导向性,对于价值评估者来说,则显得尤为困难。某项产品是否具有价值导向性,不仅依赖于产品本身的质量和性能,也取决于其内容如何、开发性如何、操作是否便捷等,而这些不经过市场的一番考验则很难以加以区分和判断。例如,自 2016 年开始的直播应用平台,谁能预料得到直播这一概念迅速火遍大江南北,并得到消费者的狂热追捧,斗鱼 TV、YY 直播、熊猫 TV、虎牙直播、龙珠直播、映客直播……一夜之间,各类直播平台上线,达 500 多个。因此,在茫茫移动互联网蓝海中,以鹰一样敏锐的眼光捕捉到消费者全新的价值要素,引发一个爆点,引领未来某个领域的风潮,则该移动互联网企业便能引领潮流,成为业绩的独角兽。而对于价值评估者,尤其是风险投资者,如何对该企业进行评估,如何判断其是否有价值导向的潜质则也是一番考验。

6. 软性指标难估量

完整的评估体系往往包括具体财务指标和非财务指标,非财务指标通常来说是抽象的,难以估计和衡量。对于移动互联网企业来说,同样如此。事实上,移动互联网企业存在对其价值有深刻影响的几个指标,包括客户因素、创新因素、期权价值、技术因素、管理因素等。现有的国内外学者对软性指标的研究并不少见,但截至目前,尚未有合理、可行的方法对这些非收益性的指标进行准确评估，衡量标准也还未有定论（孙奕聪，2017）。

第三节 移动互联网企业价值评估研究现状

在前述章节，我们谈到移动互联网为"移动通信+互联网"的综合体，将互联网技术、平台、商业模式和应用与移动通信技术相结合，便构成移动互联网。因此，移动互联网同互联网有千丝万缕的关系，研究移动互联网企业的价值评估现状很有必要首先梳理下目前国内外互联网企业价值评估研究现状。

一、互联网企业价值评估研究现状

互联网最早于 1969 年诞生在美国的学术研究和军事领域，此后几十年开始从学术、军用领域向商用领域延伸，并迅速从基础设施、软件开发等扩展到电子商务、网络增值服务等各个方面，成为世界经济的中枢系统，在世界经济的发展中发挥着举足轻重的作用。与此同时，互联网价值评估理论也理所当然地成为美国等西方发达国家理论界持续关注的热点问题并日趋成熟。其发展历程从最初的只关注网站价值评估（主要用注册用户数、网站访问流量、点击率等指标来衡量），到随后引入修正市盈率法（Blodget，1998）、修正经济增加值法，即 EVA 法（Charles R. Wolf，1998）以及 2000 年后不断改进的折现现金流量法（Drick Desmet 等，2000）、实物期权法（Schwartz 和 Moon 等，2000），国内外互联网价值评估理论方法日趋完善，为互联网价值评估提供了广阔的借鉴思路。本书将从主流的几种评估方法来对国内外互联网企业价值评估理论进行梳理。

1. 国外互联网企业的价值评估

（1）市场法。市场法最早于 1998 年由华尔街著名证券分析师 Blodget 等应用于互联网企业价值评估，读者可参阅其发表于 *New York Equity Research Report* 上的"Amazon.com Raising Price Target to ＄400"一文[1]。Blodget 等选用了修正的市盈率法来评估被评估企业的价值，选取了互联网行业中佼佼者的股票市盈率与

---

[1] Blodget H., Arming E. Amazon.com Raising Price Target to ＄400 [R]. New York Equity Research Report, 1998.

落后者的股票市盈率作为一个区间,以该区间为乘数,乘以被评估企业的预期每股收益,则得到企业股票价格区间,Blodget 等利用该模型对亚马逊(Amazon)的股价做出了成功的预测;Jing – Shing Yao,Miao – Sheng Chen Liao 等(2011)则在相对效率的基础上,修正了传统的市场法,提出了适用于互联网企业价值评估的估值模型;在《零重力:高科技、风险投资与上市》一文中,Steve Harmon(2012)以互联网上市公司为例,将访问网站数引入市场价值,将两者作为一个比率,进而评估互联网上市公司的真实价值。

(2)经济增加值法。EVA 法(即经济增加值法)最早由思腾·思特管理咨询公司提出,1998 年,美国著名证券分析师 Charles R. Wolf 将其进行修正后,应用于互联网企业的价值评估。Wolf 认为,企业市场价值=股票价格×数量,互联网企业的市场价值=当前运营价值(Current Operations Value,COV)+未来增值价值(Future Growth Value,FGV),首先利用修正 EVA 法得到 COV,其次根据 COV 估算 FGV 的增值率,最后结合 COV 去计算 FGV。Mittal(2008)通过相关案例研究,也认为用 EVA 法评估互联网企业价值具有合理性,EVA 值与互联网企业价值之间存在紧密的关系。

(3)现金流量法。现金折现模型(DCF),又称为麦肯锡模型(McKinsey Model)。该模型由 Tom Copeland,Tim Koller 和 Jack Murrin(1990)在《公司价值的衡量和管理》一书中提出,是企业价值评估理论界应用最为广泛的评估模型之一。Drick Desmet 在 1996 年出版的《网络价值评估》和 2000 年出版的《世界经理人》中提出,将折现现金流量模型进行修正,可以有效解决互联网企业价值评估中超常规增值和不确定性,准确实现绩效的预测。无论是传统企业还是互联网企业,其价值均依赖于未来生产经营过程中产生的实体现金流量,因此,利用实体现金流量来进行互联网企业价值评估是合适的(Higson,Briginshaw,2000)。当然,互联网企业本身存在高度不确定性,传统折现现金流量模型并不能全部完成互联网企业本身的不确定性的评估,因此,在传统贴现现金流量法的基础上,引入蒙特卡洛模拟,则能更好地评估不确定性条件下的互联网企业价值(Ali,El – Haddadeh,Mansou,2008)。

(4)实物期权法。互联网企业具有看涨期权的特性,Schwartz 和 Moon(2000)将实物期权理论与资本预算结合起来,建立了连续时间的 Schwartz – Moon 模型,以达到对互联网企业价值进行合理评估的目的;Lumpkin 和 Dess(2004)指出,贴现现金流量模型忽略了企业潜在风险和未来投资决策的变动性,有可能造成互联网企业价值被低估,实物期权评估法更适合互联网企业价值的评估；John（2005）选取了互联网企业历年来的历史数据，运用贴现现金流量模型，评价了互联网企业价值与实物期权价值；Manfred（2005）引入了客户数量与每名客户可能产生的现金流的二项式预期树，运用期权理论，建立互联网企业价值评估模型；有学者认为，互联网企业与传统企业具有不同的经营特征，期权定价模型可以用来评价互联网企业扩展业务的期权价值（John Brigin Shaw，2011）；Schwartz E. S.（2012）则从七个方面来完善互联网实物期权模型，利用模型中的破产概率来对公司信用进行等级评分，从而估计 β 值和股票的波动性，进一步推断出市场价值风险和收入增长率的波动。

（5）其他评估法。国外学术界对互联网企业价值评估的方法还包括基于客户价值评估法、客户资源改进评估法、生命周期理论评估法等。例如 Steven（1999）提出了网站访问人数理论，Bauer（2005）提出了基于客户价值的评估模型（the Customer–Based Corporate Valuation，CBCV 模型），与传统依赖财务元素的分析不同，该模型结合了股东价值概念和客户生命周期理论，可以有效评估负现金流，对严重依赖顾客关系的初创期互联网企业的价值评估来说比较适用；评估互联网企业价值的时候可以考虑网站的访问人数等指标。Hans H. Baue，Maik Hammerschmidt（2005）将现有财务元素与客户所能创造的现金流相结合，构造了互联网企业价值评估模型，以评估处于亏损期的初创互联网企业以及具有高客户关系等虚拟资产的互联网企业价值。Harmon（2012）指出，当评估互联网企业价值时，还应考虑网站的访问人数等指标，互联网企业的用户数量、点击率等流量指标同互联网企业整个市值均有显著的正向相关关系。Lehmann Donald R. 和 Stuart Jennifer Ames（2011）也认为，应将互联网企业价值划分为当前和未来的顾客价值，客户价值是决定互联网企业价值的重要考虑因素，该理论的研究同样丰富了现有互联网企业价值评估理论。

2. 国内互联网企业的价值评估

（1）市场法。针对互联网上市公司的特殊性，莫菲、宋政（2014）在市场价值调整系数中考虑了互联网企业的排名、品牌、用户访问量等因素，并利用该调整系数对传统市场法进行修正，以有效评估互联网企业价值；潘锐荣（2015）选取虚拟的 M 公司为案例，指出了初创期互联网企业价值评估中存在的问题，将德尔菲法引入传统市场法，对传统市场法进行修正，解决了传统方法在初创互联网企业价值评估中适用性不强的问题，并认为修正的市场法更适用于初创期互联网企业的评估，使评估结果公允化、合理化；丛聪（2016）引入投影追踪分析法，对传统市场法中的价值比率修正环节进行改进修正，将影响互联网企业价值的几项因素指标进行权重修正，建立综合指标修正体系，以评价互联网企业价值。

（2）经济增加值法。作为一种成熟的理论模型，经济增加值法（EVA）被广泛应用于我国互联网企业价值评估中。王聪儿（2009）基于互联网企业的特殊性，选取网易公司为案例，分别运用 EVA 模型、DCF 模型和 P/E 模型来对 2006 年的网易公司股权价值进行评估，研究结果证明了 EVA 法相比于传统估价模型的有效性；叶明强（2013）认为，EVA 模型既能体现企业的内在价值，又能在估值过程中调整企业价值驱动因素，从而兼顾互联网企业的独特性，因此，与自由现金流量折现模型只能反映企业内在价值、市场估值模型注重反映投资者态度不一样，EVA 模型最能衡量互联网企业的价值；高攀（2016）通过理论与实证研究发现，没有一种方法对于互联网企业是绝对合理和适用的，每种方法均不可避免地有其局限性，而相比于现金流量法，经济增加值法有一定的优越性，对于互联网企业来说，是相对值得信赖的一种方法；孙羽（2012）、许冠碧（2015）、刘亚华（2016）、刘璟瑜（2017）、蒋瑛（2017）、李颜苏（2017）等则选取互联网行业中的典型案例，包括百度公司、奇虎360、乐视网、腾讯公司等来进行剖析，通过实证研究，验证了经济增加值法的适用性与优越性。

（3）现金流量法。现金流量折现模型是目前理论界发展最为成熟、最常用的企业价值评估方法之一，也被广泛应用于我国互联网企业价值评估。唐敬年、皮立君等（2000）以亚马逊为例，将传统贴现现金流量进行改进，提出了基于企业业绩预测的收益现值方法，并指出该方法对高成长性、高风险性、高损失性的互联网公司的适用性；刘官华（2007）选取网易为典型案例，将现金流量折现法、传统账目调整法、相对估价法几种方法进行对比研究，案例研究结果表明，现金流量折现法得出的评估结果具有更好的参考价值；黄洁（2013）则在系统对比五大主要公司价值评估模型理论及其适用性分析的基础之上，结合中国互联网行业特点，选取互联网最具代表性的公司腾讯作为案例研究，采用理论框架最为严谨的折现现金流估值模型进行价值评估，并在估价基础之上，提出增加互联网概率加权估价分析，这对传统 DCF 模型运用于互联网企业的估值进行了一定程度上的推动；冉伟（2016）在对互联网企业营收特点进行分析基础之上，确定了流量、变现能力和利润转化率三个主要价值变量以及其他价值驱动因素，将传统现金流量折现模型进行非财务因素系数的调整，并用修正的 DCF 模型来对 M 互联网公司进行价值评估；王方源（2016）选取 DCF 估值模型，通过模型应用原理，选取所需参数，以当当网为典型案例，对该企业五年来的财务数据和运营模式进行客观分析，并做出相应假设，以评估当当网的企业价值；梁超（2018）则以"生意宝"为案例进行分析，展示了基于贴现现金流量模型来进行价值评估的全过程；李灵灵（2018）运用平衡计分卡原理、德尔菲法、AHP 法等，确定了影响互联网企业的相关因素以及指标权重设定，选取 DCF 法，并对其进行修正来进行互联网企业价值评估。

（4）剩余收益法。剩余收益最初起源于 1938 年 Preinreich 提出的基于股利折现模型的剩余收益定价模型，到 20 世纪 90 年代，Feltham 和 Ohlson 通过系统的梳理，发展了剩余收益的线性方程，从而夯实了剩余收益模型的理论和实证基础。剩余收益估价模型（Residual Zncome Valuation Model，RIV 模型）认为，企业价值=股东权益账目净值+企业未来盈余期望值的现值。国内部分学者也尝试利用剩余收益法来进行互联网企业价值评估。叶文晴（2014）围绕电子商务企业本身及价值特点，利用剩余收益模型来对上市电子商务企业进行价值评估，并选取新浪公司为典型案例进行研究。研究结果证明了剩余收益模型相比于自由现金流量模型的优越性，剩余收益模型的评估结果和市盈率结合可以有效解释电子商务企业的股票价值，该方法不仅有效解决了电子商务企业的价值评估问题，还帮助企业管理者探索价值驱动因素，从而正确决策。韩跃峰（2015）以百度公司为案例，运用剩余收益评估模型、市盈率法、股权现金流量模型等几种方法来分别进行价值评估，根据各模型的评估结果结合百度公司的市场价值，得出剩余收益评估法相比于其他评估方法的优越性、更好评估互联网企业价值的适用性。王海成（2016）通过研究剩余收益理论，分析其对互联网企业的适用性，将剩余收益模型的参数进行重新确定以及分阶段化，从而形成改进的剩余收益两阶段估价模型。并在实践应用部分，选取人民网为典型案例，对比运用剩余收益估价模型、股权现金流量模型和市场比较法，预测人民网未来财务数据，从而确立对人民网企业价值的评估。实证研究结果表明，剩余收益评估法更有利于互联网企业价值的评估。王志珩（2017）则选取腾讯公司为典型案例，通过不同价值评估方法，主要包括股权现金流量方法、市盈率法和剩余收益模型来对腾讯公司进行价值评估。评估结果显示，剩余收益模型在互联网企业价值评估中更为可行和科学。

（5）实物期权法。实物期权理论将金融衍生产品的定价方法应用于企业实际经营管理中，充分考虑了投融资活动的各种灵活性价值，有效补充了价值评估理论，被我国学者广泛应用于互联网企业价值评估。李曼（2010）以我国互联网高科技上市公司为例，以连续实物期权模型为限定性研究框架，通过研究发现，该实物期权模型能有效应对互联网上市公司的内在特性，并进行价值评估。赵延朋（2013）在详细介绍 Black – Scholes 模型及其优势和假设条件处理的基础上，选取腾讯公司为典型案例来进行价值评估，并进一步扩大样本规模以验证结论。研究结果认为，利用 B – S 模型计算出来的普通股价值与市场价格相差无几，从而证实了实物期权理论对互联网企业价值评估的适用性。马克（2015）研究认为，实物期权法充分考虑到了互联网企业的不确定性，这种不确定性能给企业带来巨大价值。因此，其在对互联网企业——京东有限责任公司的价值评估中选用了实物期权法，并同时引入蒙特卡洛模拟来进行综合评估。李双兵（2016）围绕互联网企业风险投资的实物期权特性，引入模糊数学理论来对实物期权定价模型进行改进，模糊化处理了模型中的参数部分，并将风险投资决策进行阶段化处理，构建了分阶段的动态模糊实物期权投资价值评估模型，并在文末选取了虚拟 A 互联网企业为例进行实证研究。付娇娇（2017）将互联网企业价值划分为企业现时市场价值和未来潜在市场两部分，选取阿里巴巴作为案例，分别确定两部分相应的参数，再利用 B – S 模型计算出互联网企业的整体价值。

（6）客户价值法。考虑客户价值的评估方法，主要包括基于客户的企业价值研究模型（Coporate Value Based on the Customers，CVBC 模型）、用户流量估值模型（杜鑫，2016）、DEVA 模型、引入非财务指标的修正 DEVA 模型、梅特卡夫定律（孙奕聪，2017）等。帅青红（2005）针对初创期互联网企业没盈利或少盈利的特殊性，在客户生命周期价值理论基础上，结合传统财务会计评估方法，提出了互联网企业价值评估的新方法——基于客户的企业价值研究模型，即 CVBC 模型，并认为该方法可以作为传统方法失效的情况下的有效补充。方晓成、李姚矿（2010）认为，当前的 CVBC 模型有其优势和不足所在，针对网络企业，需要对现金流归集、未来客户数量预测以及网络企业折现率三个指标进行修正，以便更有效地进行评估，并选取合肥市一家网络企业来验证分析。谈多娇、董育军（2010）对 Bauer 的以客户为基础的企业价值评估模型（Customer – based Corporate Valuation Mode，CCVM）的重要变量进行调整、补充，构建了互联网企业的估价模型，并通过研究发现，单位客户收入贡献、未来客户数量预测以及权益成本的估算对于互联网企业价值评估影响较大；用户流量估值模型则是以用户为单位计算的用户能为企业带来的现金流量，并将其折现进行加总，从而作为企业价值的评估值，该种模型是基于对于互联网企业来说，用户资源是关键的理论基础而来的（杜鑫，2016）。孙奕聪（2017）认为，经典的梅特卡夫定律也是互联网估值领域的一种新型方法。该种方法是以罗伯特·梅特卡夫制定的梅特卡夫定律为基础，认为网络价值与用户数成正比，该系数为网络节点数（即用户数量）的平方，即 $V = K \times n^2$，V 表示网络价值，K 表示价值系数，n 表示用户数量。随后，又有相关学者在梅特卡夫定律基础上引入新的变量——r^2，该变量表示用户之间的联系时间、速度、交互以及产生的内容等，则用户价值公式又变为 $V = K \times \frac{n^2}{r^2}$。该公式与梅特卡夫定律有异曲同工之处。DEVA 模型全称股票价值折现分析模型（Discounted Equity Valuation Analysis，DEVA），由美国华尔街证券分析师 Mary Meeker 提出，其公式为 $E = MC^2$（E 表示被评估企业的估值；M 表示单体投入的初始资本；C 表示单体用户价值），是在梅特卡夫定律基础上发展起来的。潘慧中（2018）通过总结互联网企业马太效应、网络效应等特殊性，发掘了其核心价值影响因素——用户资源以及行业地位，引入改进的 DEVA 模型，并选取上市企业游族网络作为案例来验证分析。王孟嫄（2018）将 DEVA 模型进行用户价值标准、企业价值与用户关系调整、市场占有率引入、规模和流动性调节系数引入四个方面的改进，利用改进的 DEVA 模型对北京暴风科技集团进行案例分析。

（7）生命周期法。赵延鹏（2011）基于生命周期理论，认为围绕互联网企业特殊性，需要对不同阶段的互联网企业采用不同的估值方法，运用概率论方法量化分析企业的不确定性，同时可以引入实物期权相关理论，从而实现对互联网企业价值的评估。陈剑莎（2012）认为，应该根据互联网企业所处的阶段来确定不同评估方法的选择。初创期适合选择几项关键指标，建立多层次指标体系，采用模糊综合评价法来进行评估；成长期则适合将现金流量折现法和期权定价法相结合；成熟期采用 EVA 估价模型是比较适合的；对于衰退期则直接采用清算价值法。李晟（2014）则围绕互联网企业无摩擦经济、注意力经济、网络外部性和边际收益递增性等几个特殊性，建议结合互联网企业四个不同的生命周期阶段，选择采用不同的估值方法。例如，企业的初创期采用相对比较模型里的市值比访问量模型，突破临界点之后的成长期则可以根据具体情况采用以利润贡献为基础的市盈率模型或采用 P/S 模型或单位用户收入贡献等来进行评估，有了稳定用户基础的成熟期则采用净现金流量贴现法是较为适合的，进入衰退期，则可以采用账目净资产或重置成本法衡量。任媛媛（2016）以新三板挂牌的互联网企业 A 公司为研究对象，认为绝对估值法和期权定价模型均难以准确反映该公司的价值，需要引入生命周期理论，定性和定量分析 A 公司所处的生命周期，结合绝对估值法和实物期权理论来进行企业估值。

（8）组合评估法。国内部分学者将几种主流评估方法组合起来进行互联网企业价值评估。例如，彭兆东（2015）、谢雨欣（2016）将折现现金流量法与实物期权估值法组合起来，对互联网企业价值进行两阶段划分，包括现时价值与潜在价值，其中现时价值利用现金流折现法来计算，未来自由现金流量利用ARIMA模型来预测，期权价值则利用 Black – Scholes 期权定价模型来评估，从而从整体上对互联网企业价值进行评估，并选取乐视公司作为典型案例来验证。类似地，曹凌云（2015）、齐琦（2017）也认为，自由现金流量折现法不足以对互联网企业潜在的价值以及非财务因素带来的价值进行评估，需要引入期权定价理论来准确评估互联网企业的潜在价值。因此，需要将企业价值进行划分，分别用现金流量法与实物期权法来进行两阶段价值评估，但在最终价值评估上，其引入了非财务因素的评价指标，利用层次分析法以及专家打分法等构建非财务指标调整系数，以对整体价值进行调整，从而得到更为准确的互联网整体价值，并且这两篇文章在文末分别选取腾讯公司等、广州唯品会科学技术有限公司上市互联网企业为例进行实证验证，以对模型有效性进行验证。黄生权、李源（2014）、包丽艳（2017）则为弥补市场法、实物期权法、现金流量法等评估方法的缺陷，结合互联网企业特殊性，提出了集成实物期权法，综合了模糊德尔菲法、模糊层次法和模糊复合实物期权法，系统考虑了财务指标与非财务指标来进行互联网企业的综合价值的评估。

二、移动互联网企业价值评估研究现状

移动互联网改变了传统 PC 互联网的商业模式，重新开辟了一片经济蓝海，随着未来 5G 时代的开启以及终端设备的开启必将为移动互联网的发展注入巨大的能量，移动互联网产业发展将迎来前所未有的飞跃。综观目前国内外移动互联网企业研究现状，国外移动互联网行业相比较而言较为成熟，国外学者关注更早，并积累了一定的成果。总体来看，国外该领域研究主要集中在对移动互联网的概括性和综述性研究及对未来移动互联网发展方向的研究（Jeffrey L. Funk，2005；Chih – Peng etc，2008），对移动互联网业务模式战略及相关模型的研究等（Jen – Her Wu，Shu – Ching Wang，2005），对移动互联网目标用户和潜在用户的研究（Carol A. Taylor，2008；Kenichi Ishii，2015），对移动互联网的载体（Peter Parry，2006）、移动互联网的目标市场以及相关市场行为的研究等（Dan J. K. 等，2102），对移动互联网的信息安全性的研究（Li Yong，2014），等等。而在我国，移动互联网行业属于新兴行业，国内对其学术研究主要包括两个方向：一

是从移动通信和互联网技术的角度对移动互联网的设备、软硬件技术等进行剖析（戴静等，2008；何达等，2007；吴培根，2010；赵玉雪等，2011）；二是从管理学的角度对整个行业发展进行分析，主要集中在对移动互联网发展趋势的分析（鲁维、胡山，2009；赵慧玲等，2009）、移动互联网商业模式及其开发应用研究（王欣，2009；李高广等，2008；尹蔚超，2011；李季等，2015）、移动互联网营销模式等的研究（彭锦，2013；田丽等，2015）、移动互联网创业的研究（牛建业等，2013）以及移动互联网资本运营战略相关研究（赵洪涛，2015；胡世良，2011；王招治，2017）。

1. 国外移动互联网企业的价值评估

而在移动互联网价值评估研究方面，国外的研究主要集中在对移动APP的价值评估上。移动互联网企业主要依托移动APP来进行运营，移动APP价值是移动互联网企业价值的主要构成部分，所以该部分价值评估在一定程度上能够代表移动互联网企业的价值。因此，国外学者主要的研究思路是以点带面，从移动APP价值评估入手，进而对移动互联网企业整体价值进行评估。

移动APP的价值可以用APP产生的收益扣除成本的差额来表示（Hoon和Siau等，2005），价值评估则可以从价值构成因素来考虑（Bill和Davide，2002），基于消费者角度，采用理论与实证相结合的方法可以有效找出影响移动APP价值的几个因素（Bill和Davide，2002），在很大程度上，消费者群体的消费价值观可以影响到APP下载的频率，采用不同功能和AI设计来应对不同的消费者群体能有效提升APP的使用率，进而有效提升APP的价值（Wang和Liao，2013）。从用户黏性角度来进行移动互联网企业价值评估也是一个思路（Peakb和Prybutokb等，2015），用户黏性越大，移动APP的价值越大，两者之间呈正相关。移动APP的评估可以用效率、效用、满意度、安全性、成本和员工认同六个指标来进行评估（Hoon和Siau等，2005）。Zanne和Wilhelm等（2007）则从具体的APP实例来进行价值评估研究。Zanne和Wilhelm等（2007）以世界上第一款医疗APP——M - Aid为例，分析其实用性，指出M - Aid能够为病人提供远程心肺复苏指导以及增加远程医生培训功能等，从而得出运营该APP的移动互联网医疗公司也是有价值的结论。Lee和Kim等（2010）则以减肥移动APP——Smart Diet为例，指出该APP是有实际应用价值的，可以通过会员收费的途径来完成价值实现。

可见，国外学者对移动互联网企业价值评估的研究基本是围绕移动APP价值评估来进行的,虽然为移动互联网价值评估提供了一定思路,但是移动互联网企业并不单纯包括APP这一类资产,知识类、客户类等大量的无形资产也是移动互联网企业的重要组成部分,这些资产也可以深刻地影响到移动互联网企业的整体价值。因此,国外的研究思路可以借鉴,但还需要从整体上全面考虑移动互联网企业的价值评估。

2. 国内移动互联网企业的价值评估

在国内政府政策红利以及资本市场的狂热追捧下,我国的移动互联网产业正如火如荼地发展着。这样的大规模发展,使越来越多的学者开始对移动互联网这一领域产生兴趣。然而,从国内现有移动互联网企业价值评估研究文献来看,研究普遍集中于对互联网企业进行价值评估,专门针对移动互联网企业的则比较少见。原因可能在于:移动互联网企业与互联网企业概念界定比较模糊,现有互联网企业普遍也在移动化;移动互联网中的企业普遍年轻化,财务数据偏少,对其进行数据搜集整理本身比较困难,而且大部分移动互联网行业中的企业还未实现盈利。少数研究集中于对移动互联网企业价值影响因素的分析(钟蔚,2013;杨兴凯和姚雨宏等,2015)以及移动互联网企业价值评估相关的方法(刘畅,2014;郭佳棋等,2015)。

在价值影响因素分析方面,市场能力、技术能力和组织能力对移动互联网企业的价值影响较大,且由于移动互联网企业经济分享型的特点,能否实现能力分享以及分享的程度如何均能影响到移动互联网企业的价值(钟蔚,2013);移动电子商务企业因为其集中的交易属性,显示了同其他移动互联网企业不一样的价值因素,移动电子商业企业的价值实现网络包括移动电子商务业务层、支撑层以及社会层,可以从Social、Local和Mobile三个角度,即SoLoMo模型来对移动电子商务企业进行价值因素剖析(杨兴凯和姚雨宏,2015);企业创新能力深刻影响到移动互联网企业的价值,两者呈现显著的正相关关系,创新资源越集中,移动互联网企业的价值越突出。在忽略移动互联网企业创新组织结构的影响时,当移动互联网公司每增加一项专利,其企业价值会增加2470万元。这个结论是李江雁和何文龙等(2016)在其论文《企业创新能力对企业价值的影响——基于中国移动互联网上市公司的实证研究》中提出来的。

在此基础上,部分学者根据移动互联网企业价值的特点,在移动互联网企业价值评估中引入了新的评估方法。刘畅(2014)在移动互联网背景下,将移动互联网企业的特征归纳为开放性、免费性、共享性等,并引入著名华尔街证券分析师与投资银行家玛丽·米克尔在1995年所著的《互联网报告》中提出的股票价值折现分析模型（Discounted Equity Valuation Analysis，DEVA），在对该模型的基本原理和构建思路进行分析的基础上，指出其重视客户价值，更适用于移动互联网企业的价值评估。然而，股票价值折现分析模型本身尚存在一定的局限性，因此，需要限定一定假设前提，引入市场调节系数 a，构建修正的 DEVA 评估模型，并选取 Facebook 收购 Instagram 案例，对 Instagram 采用新型价值评估方法进行评估。龙文鑫（2017）则将移动互联网企业的整体价值划分为现有资产价值以及潜在投资机会两部分价值，构建实物期权法的组合评估模型，并选取掌趣科技为案例进行具体实证研究，以验证实物期权法在移动互联网企业价值评估中应用的合理性。范琳（2017）则从移动互联网行业独特的价值源泉出发，采用客户价值法来分析移动互联网企业独特、重要的客户价值，并结合移动互联网企业进行修正，构建并运用修正后的客户价值评估方法对虚拟移动互联网公司——XMG 公司进行估值，同时将估值结果与 XMG 公司的市值进行对比，从而得出修正后的客户价值法更能合理地对移动互联网企业进行估价。杨杨（2015）以移动互联网旅游 APP 为例，利用网络层次分析法，引入产品可获得性、价格、品牌等16个指标，通过构建新型的移动互联网价值评估模型来探讨移动互联网企业的价值。

　　综合我国现有移动互联网企业价值研究文献来看，现有的研究文献从一定程度上完善了移动互联网企业的估值理论，对该领域的研究做出了有益的探索，但是仍然存在一定的问题。总的来说，由于未能从一个整体、系统的角度来剖析移动互联网企业的价值组成以及这些价值组成如何影响到移动互联网企业的价值特点（杨兴凯和姚雨宏等，2015），在方法的探究上，也就未能做到全面的思考方式，现有方法主要包括 DEVA 模型、客户价值法以及实物期权三种方法。这些方法主要是围绕移动互联网企业某一方面来进行针对性分析，例如，客户价值、期权价值，对于移动互联网企业财务性与非财务性因素综合考虑，从动态、系统的角度结合层次分析法、经济增加值法（EVA）、现金流量法等集成的价值评估方法来对移动互联网企业进行价值评估的文献则较少。因此，本书将从该方法出发，从移动互联网独特的发展模式和价值增值方式出发，探究移动互联网行业中企业特征、企业风险点和价值来源，从整体上全面思考移动互联网企业的未来，分析并解决在估值过程中可能遇到的问题，从而为移动互联网企业在资本市场上的投资、融资并购等资本运营行为提供一定的理论依据，并进一步完善充实现有移动互联网企业估值研究，努力促进我国移动互联网行业的良性、快速发展。

第四节 现有价值评估方法特点及其局限性分析

承前所述，传统企业价值评估理论和方法无非分为三大方面，一是成本途径，从历史成本来分析企业的账目价值，进而对企业价值进行评估；二是市场途径，从现有市场价格对比分析企业现有价值；三是收益途径，从未来收益角度分析企业现值，包括经济增加值分析法、剩余收益法、现金流量法等。面对互联网经济的迅速发展以及极大不确定性，同时也为适应移动互联网企业的特殊性，国内外专家学者针对互联网企业、移动互联网企业的特点，在传统价值评估方法的基础上提出了一些修正和改进的方法，包括市场法、经济增加值法、贴现现金流量分析法、剩余收益法等，传统成本法由于仅对现有账目价值进行加总，无法反映（移动）互联网企业的特殊性，所以单独应用是比较少的，主要用于企业价值的组合评估方法中。具体地，参阅本书在本章第三节部分归纳研究现状部分。在本节，本书将对本章第三节部分的国内外研究现状进行归纳总结，具体分析各类改进的企业评估方法在移动互联网企业价值评估中的局限性。由于移动互联网企业源自互联网企业，是互联网企业的移动化，移动互联网企业的很多特殊性与互联网企业是相似的，互联网企业的很多研究方法也同样适用于移动互联网企业，因此，本节归纳整理的方法，将现有的互联网企业研究的方法也囊括进来，分析其对移动互联网企业的局限性。

一、市场法

市场法也称为相对价值法，其操作步骤主要是选取估价对象的可比企业，确定调整的价值系数即比率系数，根据可比企业的价值以及比率系数计算估价对象的企业价值。其常见的方法包括市盈率法、市销率法、市净率法，三种价值乘数的公式具体可以参见本书第二章第三节[①]。从我国国内外互联网企业价值评估市场法的应用来看，现有的研究，包括 Blodget（1998），Steve Harmon（2012），莫

---

① 以下所有方法的公式均参见第二章第三节。

菲、宋政（2014），潘锐荣（2015），丛聪（2016）等国内外专家学者的研究，普遍是考虑互联网企业的特殊性，利用投影追踪法、综合非财务指标等方法将市场法中的相对比率系数进行修正，进而来评估互联网企业的价值，这些研究从某个角度拓宽了互联网企业的价值评估思路。但是，由于该方法固有的局限性，其对移动互联网企业仍然有不适用性，主要体现在以下两个方面：

（1）尽管市场法需要依赖可比企业来进行价值评估，但对于我国移动互联网行业来说，目前正处于快速发展的新兴市场，有的企业成长较快，但是迅速衰败的也很多。同时，企业与企业之间盈利模式、发展战略以及商业模式等均不同。因此，采用市场法来对待评估对象进行评估，一方面合适的可比企业很难找到，另一方面很容易造成评估价值过高或过低。

（2）市场法中常用的价值乘数对于移动互联网企业来说并不适用。首先，对于市盈率法来说，移动互联网企业同互联网企业一样，在初期主要是采用"烧钱"模式吸引用户的注意力，这时就难以适用市盈率法；其次，对于市净率来说，市净率法适用于企业拥有大量资产尤其是净资产的企业，而移动互联网企业的资产构成以无形资产和非财务资产等为主，此时，市净率法也不太适用。

二、收益法

企业的价值不仅取决于企业的账目价值，还取决于企业未来的收益，这是收益法的核心理念。在（移动）互联网企业研究中，常用的收益法包括贴现现金流量分析法、经济增加值法、剩余收益法。

1. 贴现现金流量分析法

贴现现金流量分析法（DCF）的研究思路是基于企业经营稳定的假设前提，将企业未来的现金流量进行折现，并累计相加，从而得出企业价值。其在实际应用中的难点在于需要对前 n 年的现金流进行预测，而从 n+1 年开始则假设现金流的稳定不变或有规律增长，而这对很多企业来讲，往往是很难实现的。具体来说，其对移动互联网企业评估的局限性在于：

（1）DCF 分析法用于未来现金流量稳定的企业的价值评估，而众所周知，移动互联网企业所面临的环境纷繁复杂，不稳定、不确定因素较多，未来现金流极其不稳定，而贴现现金流量的持续经营的假设规定，会使移动互联网企业的价值评估过高或过低，会造成极大的偏差。

(2) DCF 分析法忽略了移动互联网企业价值的特有因素。对于移动互联网企业来说，网站点击率、访问量、品牌知名度、人力资源状况、技术创新等这些因素是移动互联网企业能否生存和发展的关键因素，影响到企业价值大小。而这些因素又难以量化，因此难以采用 DCF 法进行衡量分析。

(3) DCF 分析法忽略了无形资产带来的贡献。移动互联网企业的价值来源除了企业现有资产、经营状况带来的收益以外，更主要的是企业创新商业模式、战略资源、人力资源、组织学习能力等几方面带来的价值收益，而 DCF 分析法很难考虑到这些非财务因素对企业价值的影响。

2. 经济增加值法

经济增加值法，即 EVA 法，该方法的研究思路是将企业税后经营收入扣除掉资本成本，从而得出经济增加值。其中，资本成本为权益类资本成本与债务资本成本的加权平均值。如果计算结果为正值的话，则表明企业价值有增加，否则，则没有。该方法的局限性在于：

(1) 税后经营净收入来源于企业利润表，属于会计利润，容易被操作和粉饰，因此，在利用该法进行分析时，往往会缺乏客观性和可靠性。

(2) 同 DCF 分析法一样，EVA 分析法同样忽略了企业创新商业模式、技术创新、战略资源等因素对企业价值的衡量，没有考虑到企业非财务因素的影响，因此，其评估出来的结果也会偏高或者偏低，容易有误差。

3. 剩余收益法

剩余收益法，也称为 RIV 模型或 Ohlson 模型。作为一种新兴的评估模式，剩余收益法直接利用财务报表的数据，经过数学推导，认为企业价值等于净资产的增加值加上未来超额收益的贴现值。该方法对于移动互联网企业价值评估的局限性在于：

(1) RIV 模型的应用难点在于对于会计收益的调整。RIV 基于全面的净盈余假设，其要求的收益必须均来源于利润表中，对于那些未通过利润表而直接记入资产负债表的损益类项目，需要将其调整记入综合收益表，这在新会计准则调整中比较困难。

(2) 剩余收益及持续期限的预测。与 DCF 预测一样，RIV 模型同样需要对企业的剩余收益以及持续期间进行科学合理的预测，而这合理的预测划分也是难点之一。对于移动互联网企业来说，其生命周期本身就不稳定，未来预期收益也时常处于变动之中，因此，剩余收益、持续期限的预测就显得尤为困难。

三、实物期权法

实物期权法又称为 Black–Scholes 期权定价模型，该方法是对贴现现金流量法进行改进得来的，将企业视为一项期权，通过计算企业期权进而得到企业的市场价值。期权定价法的主要缺陷在于：一是在很多严苛假设前提下进行的，这些假设条件包括选定的期权价格符合正态分布的特性、市场不存在无风险套利、持续性的期权价值波动、借贷利率是无风险利率、期权到期前企业投资回报具有一致波动性等，而这些严苛的假设条件对于移动互联网企业来说，很难同时达到，因此，利用实物期权法来进行价值评估往往就会造成评估价值出现过高或过低的偏差。二是虽然期权定价法在理论中被很多学者应用于互联网企业的价值评估中，但是因为其固有的假设条件、评估过程、计算方法等的复杂性，其在实务当中应用很少，因此，该方法缺乏实践的验证。

四、客户价值评估法

与传统方法不一样，客户价值评估法主要从客户价值的角度来衡量（移动）互联网企业的价值，其理论基础包括菲利普的顾客价值让渡理论、迈克尔的买方价值理论、劳特朋的 4Cs 理论以及客户生命周期价值理论（CVBC），主要理论模型包括基于客户价值的理论模型、用户流量估值模型、梅特卡夫定律等。该类方法突出了（移动）互联网企业风险大、不确定性多、可变性高等特点，从互联网企业核心资源——客户入手来对互联网企业进行估值，有一定的适用性。但是，对于移动互联网企业来说，由于只从单一层面来进行企业估值，就难免忽略了移动互联网企业的非财务因素对企业价值的影响。

五、生命周期法

很多国内外学者在进行互联网企业价值评估时，基于生命周期理论来进行评估，将某个企业进行从"摇篮到坟墓"全生命周期的阶段划分，或直接针对某个阶段的互联网企业进行价值评估。基于生命周期理论的企业价值评估，考虑到了不同阶段的企业特点，提出有针对性的评估方法，但是也有一定的局限性，一方面，由于移动互联网企业本身生命周期不确定性较强，阶段与阶段之间区分较为困难，对其进行阶段性的划分，带有较强的主观性；另一方面，在现有关于生命周期的价值评估研究中，缺乏有效的、统一的评价模型，各个模型的结果各有各的侧重点，表达的模型结果侧重点也各不相同。

六、组合评估法

在现有的（移动）互联网企业的价值评估研究中，常用的组合评估方法包括贴现现金流量法与实物期权定价法组合法、经济增加值与实物期权法、集成实物期权法等。这类组合方法建立在几种评估方法的基础上，能更有效地进行价值评估，但也同时具备了基础模型的共同弊端，例如，贴现现金流量模型（DCF）流量难以估计、实物期权定价模型（B-S模型）前提假设条件过于严苛等（见表3-1）。

表3-1 现有价值评估方法对比探析

传统价值评估方法		特点及适用性	局限性
市场法	市盈率法	也称为相对价值评估法。基于可比企业价值以及比率系数来进行待评估企业的价值评估 市盈率法适用于净收益为正、周期性较强的企业；市净率法要求企业净资产为正；市销率法则适用于高速增长，暂无利润或利润少的企业	对于移动互联网企业来说，一方面，难以找到可比企业；另一方面，难以用同一价值系数标准对移动互联网企业进行价值评估
	市净率法		
	市销率法		
收益法	贴现现金流量法	在经营稳定的假设前提下，对企业未来的收益现金流进行折现	对于移动互联网企业来说，持续经营的假设很难成立，且忽略了无形资产、非财务因素的影响
	经济增加值法	用税后经营净收入扣除资本成本来求得企业经济增加值，从而来评估企业价值	在税后经营净收入的衡量上带有较强的主观性，同时忽略了移动互联网企业非财务因素的影响
	剩余收益法	用企业净资产价值增加值与未来超额收益的折现值之和来表现	对于移动互联网企业来说，其经营不确定性因素较多，剩余收益与持续经营期间的预测较为困难

续表

传统价值评估方法		特点及适用性	局限性
实物期权法	二项式模型	将企业视为一项期权，引入金融学的二项式或B-S模型来对企业价值进行评估	需要在严苛的假设条件下进行，对于移动互联网企业来说，难以同时达到；同时，该种方法更多地应用于理论层面，缺少实践层面的应用
	B-S模型		
客户价值评估法	基于客户的企业价值评估模型	基于客户价值来进行评估	仅从单一层面来对互联网企业进行价值评估，忽略了移动互联网企业财务因素、其他非财务因素等指标的影响
	用户流量估值模型		
	DEVA模型		
	引入非财务指标的DEVA模型		
	梅特卡夫定律		
生命周期法	基于生命周期的价值评估	对企业价值进行生命周期的阶段性划分，围绕不同阶段不同特点，选择不同的评估方法	生命周期阶段的划分本身较为困难，带有较强的主观性，且现有研究缺乏统一的模型
组合评估法		将主流的几种评估方法进行组合来对企业价值进行评估，评估更全面	组合带有两面性，缺陷在于有可能同时具备了组合评估方法的共同弊端

第五节　移动互联网企业价值评估新模型的构建

一、评估思路与模型设计

1. 评估思路

综合现有（移动）互联网企业价值评估的相关方法，各项方法有其在特定条件下的适应性，但各项方法在移动互联网企业的评估上，仍然存在这样或那样的局限性。特别地，现有针对移动互联网企业的价值评估方法的相关文献还比较少,且现有研究大多只从单方面的影响因素出发,例如,客户价值,而缺少系统的、考虑非财务因素影响的综合方法来进行移动互联网企业价值评估。因此,本书试图选取传统价值评估方法之一——主流的贴现现金流量法,从企业价值评估理论出发,引入平衡计分卡理论,考虑非财务因素对企业价值的影响,构建改进的DCF模型。具体地,本模型的评估思路如下:

第一步,引入考虑长期与短期、静态与动态相结合的综合性平衡计分卡理论,从财务、客户、内部流程、学习与成长四个维度,考虑影响移动互联网企业价值的财务与非财务因素,重新构建移动互联网企业评估指标体系。

第二步,构建并选取各项指标,尽量选取定量的评估指标,一方面便于比较,另一方面更为客观和具有说服力;而对于确定没有办法定量化的指标,则采用德尔菲法进行量化处理。随后,利用层次分析法,通过YAAHP软件,确定各项指标之间的权重。

第三步,运用排队打分法、综合指数法或功效系数法,将平衡计分卡下的综合评估指标体系转化为综合评价指数,以该综合评价指数为纠偏系数。

第四步,利用贴现现金流量分析法计算移动互联网企业现有价值与潜在价值。在这里,本书选取的是自由现金流量,所对应的贴现率是综合资本成本率。

第五步,在第四步计算基础上,以纠偏系数对传统方法计算出来的企业价值进行修正,得出移动互联网企业的最终价值。

2. 模型设计

根据上述思路,本书构建的移动互联网企业价值评估模型如下所示:
$$V' = DCF \times (1 + \alpha)$$
其中:V′表示企业价值;DCF表示通过自由现金流量法计算的企业价值;α表示综合调整系数。

二、企业现有价值的测算

本书在移动互联网企业价值计算过程中,先对待评估的移动互联网企业现有价值进行评估。本书采用的方法为现金流量折现法。该方法是常用的、成熟的一种企业价值评估方法,通常先预测移动互联网企业在前n年的现金流,从而利用财务管理中的复利现值公式迅速计算其价值,后假设从第n+1年开始,企业现金流量是保持不变的,企业进入可持续发展阶段,也就是进入有规律的增长阶段。现金流量折现法包括股权现金流量折现法以及自由现金流量折现法。以及实体现金流量折现法,本书采用的是最后一种。由于企业最终收益的索取者是企业股东,股东权益的价值即为企业的价值,债权人的价值是排除在外的。因此,在计算完企业价值后,将企业价值扣除债务价值之后,便得到股权价值,即股东未来收益的现值。其计算公式如下所示:

$$V = \sum_{t=1}^{n} \frac{CF_t}{(1+k)^t} + \frac{CF_{n+1}}{(1+k)^n} - D$$

其中:V 表示公司的现有价值;CF_t 表示待评估企业前 n 年中 t 年的自由现金流;CF_{n+1} 表示待评估企业第 n+1 年的自由现金流;k 表示加权资本成本率;D 表示待评估企业现有债务价值。

1. 实体现金流量的测算

本书在计算实体现金流量时,采用的公式如下:
实体现金流量 = 税后经营净利润 + 折旧与摊销 - 经营营运资本增加 - 资本支出
         = 税后经营净利润 - (经营营运资本增加 + 净经营性长期资产增加)
         = 税后经营净利润 - 净经营资产净投资

其中:税后经营净利润 = 营业总收入 - 营业总成本 - 税金及附加 - 销售费用 - 管理费用 + 投资收益 - 经营利润所得税;净经营资产净投资 = 经营营运资本增加 + 净经营性长期资产增加;由于经营营运资本 = 经营性流动资产 - 经营性流动负债,因此,经营性营运资本的增加 = 本年经营营运资本 - 上年的经营营运资本;由于净经营性长期资产 = 经营性长期资产 - 经营性长期负债,因此,净经营性长期资产的增加 = 本年经营性长期资产 - 上年的经营性长期资产。

由于近年来移动互联网企业所处的环境发生了翻天覆地的变化,其环境呈现不稳定、预测难的特点。在这种情况下,要对移动互联网企业未来几年的营业收入、营业成本、净营运成本、净经营性长期资产增加等几个项目进行预测就显得极为困难。因此,本书选择移动互联网企业最近几年来的营业收入作为基数,利用趋势分析,先预测移动互联网企业未来几年的营业收入,并根据营业成本、期间费用、税金及附加、净经营资产投资等几个项目占营业收入的比重,分析未来营业成本、期间费用等占营业收入的比重,从而推算出未来几年营业成本等的预测值,再利用公式推导出未来几年的实体现金流量。

2. 预期折现率的测算

折现率主要用于将未来有限期的收益进行还原或转换为现值所采用的比率。

由于本书采用现金流量测算法来计算现值过程中,所采用的现金流量是实体现金流量,因此,其所对应的折现率也应为加权资本成本率。加权资本成本率的计算公式如下:加权资本成本率=债务比重×税后债务资本成本+股东权益比重×股权资本成本率。

其中:债务与股东权益比重通过查询样本企业的资产负债表而获得;税后债务资本成本比率=短期负债比重×短期借款利息率+长期负债比重×长期借款利息率。股权资本成本率是折现率计算的难点。本书采用资本资产定价模型(CAPM)来估算普通股资本成本,普通股的资本成本等于无风险报酬率加上风险报酬率。其计算公式如下:

$$K_c = R_F + \beta(R_M - R_F)$$

其中:R_F 表示无风险报酬率;R_M 表示股票市场的平均报酬率;β 表示该股票的 β 系数。

资本资产定价模型中,应用的难点在于各项系数的规定。本书对各项系数具体做如下规定:

(1)无风险收益率 R_F 的规定。无风险收益率具体是指不考虑除通货膨胀以外的其他风险,对企业时间价值和通货膨胀进行补偿的一种收益率。一般地,由于国债的高稳定性以及固定的收益率,基本不包括除了通货膨胀以外的其他风险,因此,国债的到期收益率被称为无风险收益率天然的替代者。本书采用2018年央行发行的五年期国债利率作为无风险利率。

(2)市场平均收益率 R_M 的确定方法。市场平均收益率为股票市场的整体投资收益率,包括无风险收益率和风险收益率。其中,风险收益率是投资者期望的高于无风险收益率部分,是市场的风险溢价。本书市场收益率选取近五年来沪深300指数的平均收益率。

(3)股票 β 系数的确定方法。β 系数衡量的是各只股票的风险系数值。由于本书选择的研究对象主要针对上市公司,因此,本书 β 系数值通过同花顺等网站来直接获取。

另外,由于利用资本资产定价模型计算出来的成本率,考虑的风险主要是财务风险,忽略了经营风险,因此,我们进一步在资本资产定价模型基础上,考虑了经营风险,因此,股权资本成本率=无风险收益率+(市场收益率-无风险报酬率)×企业风险系数值+企业特定风险。

3. 待评估企业债务价值的测算

对于待评估企业现有债务价值,本书直接以待评估企业2018年年末资产负债表中债务的价值来衡量。

三、构建移动互联网企业综合评价指标体系

1. 评估指标选取的理论渊源

1989年，罗伯特·S.卡普兰（Robert S. kaplan）与戴维·P.顿（David P. Norton）提出了平衡计分卡体系，该体系与传统只看重财务指标的绩效管理方法不同，强调财务指标与非财务指标相结合。平衡计分卡理论从财务维度、内部流程维度、客户维度以及学习与成长维度来关注企业的价值来源，注重关注企业自身的优势是什么，能够继续提高并创造企业价值，强调股东如何看待我们，顾客如何看待我们。该理论平衡了长期与短期、财务与非财务、动因与结果、组织内部群体与外部群体、领先与滞后等指标，不仅考虑企业的现有的财务结果，更在一个前瞻性的理论高度下，突破传统的绩效管理方法，不断投资于客户、员工、供应商、组织流程和技术革新等方面，以获得持续不断的发展动力。因此，该理论突破了传统的财务会计衡量模式，克服了传统单纯注重财务指标的管理方法的缺陷，适应了信息社会发展的时代要求。按照该理论，企业业绩来源包括财务、内部流程、顾客、学习与成长。每一方面的核心内容如下：

（1）财务维度。财务维度关注股东如何看待我们。单纯依靠财务指标来进行企业业绩评价带有局限性，股东财富最大化的企业财务管理目标的实现与企业财务业绩是息息相关的。股东财富最大化，体现在企业各项战略的执行与实施能否有效改善企业的盈利，能否有效提高企业的营业收入、资本报酬率与增加经济增加值，能否快速提高企业的销售额、创造尽可能多的现金流量等。

（2）内部流程维度。内部流程维度关注企业的优势是什么。企业只有不断地改善自身的业务流程，才能向客户按时交货，及时满足顾客的相关要求，吸引并留住目标细分市场的顾客，努力实现股东要求卓越财务回报的期望。因此，企业要明确自身的核心竞争力，集中精力于提高顾客满意度的相关业务流程，并将其转化为具体的衡量指标，例如，单位成本、管理能力、产出比率、生产周期、售后保证等。

（3）客户维度。客户维度关注客户如何看待我们。提升客户满意度，创造让客户满意的服务和产品，是企业能获得持续不断收入的根本来源。客户维度所体现的价值在于，企业相关职能单位的管理者能够精准把握客户需求，实施恰当

的客户和市场战略，从而实现财务回报最大化。在顾客维度，常用的衡量指标包括顾客满意度、客户保持率、新客户增加比率、顾客忠诚度、客户盈利率等。

（4）学习与成长维度。学习与成长维度关注企业能否继续提高并创造企业价值。为了弥补企业现有实际与突破性业绩之间的差距，单纯依靠财务维度、内部流程维度与客户维度三方面是不够的，更主要的还在于要关注企业的学习与成长，注重员工的学习与技术再造，注重企业组织与流程的再创新，持续投入，持续开发新产品，进入新市场，开发新客户。唯有如此，才能提高企业经营效率、增加股东价值，实现企业的可持续发展。在该层面，企业评价的指标包括再培训投资、员工满意度、关键员工流失率、员工培训与技能等，以及围绕这些指标的相关驱动因素。

总而言之，平衡计分卡与传统的只注重财务指标的管理方法不一样，该评估体系包含了财务指标与非财务指标、长期目标与短期目标、动因性指标与结果性指标、企业组织内部群体与外部群体、领先指标与滞后指标五个方面的平衡。第一，平衡计分卡的四个维度除了考察财务层面之外，还关注了客户、内部流程、学习与成长几个层面，不仅从定量指标来考察企业的价值，还从定性指标来进行考察，内容与结构均完整全面，自成体系；第二，平衡计分卡将战略管理理论引入企业绩效考核，既注重短期的财务目标，又战略性地引入学习与成长、客户等长期的目标，注重战略的规划与实施；第三，平衡计分卡也在努力寻求因与果之间的平衡，既注重高效完成战略的动因，又注重目标管理的结果；第四，对于平衡计分卡来说，外部群体是股东与客户，内部群体是员工和内部业务流程，平衡计分卡通过四个维度，将几方面糅合在一起，重视这几项群体在战略执行过程中利益的实现，平衡了组织内部群体与外部群体的利益；第五，承前所述，平衡计分卡注重财务、客户、内部流程、学习与成长这四个方面，其中财务层面为滞后性的指标，其通过资产负债表、利润表、现金流量表等，依托一定的财务指标来反映企业过去一个年度的财务状况，而客户、内部流程等则是领先指标，注重企业应该如何关注业绩的改善，如何实现可持续发展，因此，平衡计分卡平衡了领先指标与滞后指标。

当然，平衡计分卡也有其一定的局限性。例如，在平衡计分卡的四个维度中，每个维度里面均囊括了多项指标，多项指标从某个角度来说体现了全面性、系统性，但是指标太多有可能束缚了经营者的决策能力。另外，在选取指标时，有可能所选择的指标与企业业绩不具有显著相关性，这就使决策者在决策时存在判断的难点。此外，平衡计分卡也要求企业在经营管理过程中达到一定的要求，管理能力太差的企业也无法直接运用平衡计分卡。尽管平衡计分卡有一定缺陷，但瑕不掩瑜，其仍然不失为企业做绩效评价、价值评估的有效衡量标尺。

2. 评估指标设置原则

为有效进行移动互联网企业的价值评估，结合平衡计分卡的相关理论，围绕移动互联网企业本身资产结构轻资产化、商业模式、盈利模式特殊化等几个特点，本书拟建立一套科学、合理的移动互联网企业价值评估指标体系，以达到评估目的。当然，在指标建立之前，有必要理清评估需要遵循的各项基本原则。

（1）全面性。在构建综合评价指标体系中，各项影响移动互联网企业价值的因素均要考虑到，体现全面性的指导原则。基于平衡计分卡理论来构建的指标体系，综合体现了财务与非财务、静态与动态、组织内部与外部等各方面的因素，既全面又有代表性，有效避免了以偏概全。

（2）科学性。科学性要求评估指标的构建既满足信度的要求又满足效度的要求。信度要求根据该指标所构建的评估体系的结果能够有效满足一致性的要求；效度则强调基于该评估指标所得出的结果有其准确性，准确地反映了移动互联网企业的真实价值，有其理论与实践的指导意义。

（3）独立性。独立性原则要求指标在选取过程中，需要注意各项指标之间是否是独立而不交叉重复的。如果指标之间出现了重合性，要注意观察是否需要将多个指标合并成一个指标，或指标与指标之间是否有包含关系，是否需要将某个指标细化放入该指标的下一层级中。

（4）适用性。指标的选取也不能太过于烦琐复杂，难以获得、难以理解，且该类指标在不同企业、企业的不同时段之间具有可比性和差异性，这是指标选取过程中适用性的要求。

（5）定量与定性相结合。围绕平衡计分卡所设计的各项指标，各项影响因素既有定性指标也有定量指标，特别地，对于一些难以进行量化的定性影响因素，没有必要将其牵强地进行量化，可以进行描述性分析。

3. 评估指标选择

企业价值评估结果是否合理，关键在于能否建立一套全面、科学、独立、可行的评估指标体系。一套复杂的评估系统，在其指标体系中，各项指标的构建、各个层级关系的梳理均需要进行反复的验证修整。在本书中，我们将评估指标分为初选与指标体系再评价两个步骤。遵循平衡计分卡的综合性绩效评估理论，按照评估指标的具体原则，本书将移动互联网企业的评估指标分为财务维度、内部流程维度、客户维度以及学习与成长四个维度。其中财务维度又细化为盈利潜力与融资能力两部分，内部流程维度包括管理能力、营运能力以及创新能力，客户维度则从现有客户以及潜在客户进行详细论述，学习与成长维度同样从现有员工的培训以及对潜在员工的吸引力两方面来论述。具体包含以下几个方面：

(1) 财务维度。

1) 盈利潜力。盈利潜力主要是反映移动互联网企业的现有盈利能力以及未来潜在能力。反映一家企业盈利潜力的指标非常多，本书我们将用销售净利率、权益报酬率以及销售收入增长率来进行衡量。其中：

销售净利率＝净利润/销售收入×100%

权益报酬率＝净利润/股东权益总额×100%

销售收入增长率＝增加的销售收入/上一年的销售收入总额×100%

2) 资金与融资能力。资金与融资能力，即企业的偿债能力，一般通过企业的资金结构来进行衡量，而企业间不同的资金结构则反映了企业不同的治理与战略效能，体现了企业所面临的财务风险，从而影响到企业价值的大小。在本书中，我们选取的企业资金与融资能力的指标为流动比率、资产负债率。

流动比率＝流动资产/流动负债

资产负债率＝负债总额/资产总额

其中，流动比率一般从短期角度来衡量企业的偿债能力，资产负债率则反映了企业的长期偿债能力。

(2) 内部流程维度。

1) 营运能力。企业的营运能力即企业资产的周转速度。对于移动互联网企业来说，在其资产中，无形资产占比比较大，产品较少以实物形式来体现。本书选取的营运能力指标主要有总资产周转率以及应收账款周转率。

总资产周转率＝销售收入/总资产平均余额×100%

应收账款周转率＝销售收入/应收账款平均余额×100%

2) 管理能力。管理强调在特定的内外部环境下，以人为本，充分调动企业内外部资源，通过决策、计划、组织、领导与控制，从而达到既定的组织目标的过程。移动互联网企业的管理对象主要包括企业的战略管理、经营管理、风险管理以及企业文化，一支优秀的管理团队会影响企业的战略与经营、企业风险值、企业的文化凝聚力，进而影响到企业最终的价值。其中，由于战略管理与经营管理很难通过直接观察来获得，本书选取企业营业收入差异率来进行定量衡量，企业相比较于同行业其他企业、企业以往年份的营业收入增长,可以从某一角度来衡量企业的战略管理与经营管理能力;企业β系数将企业的风险值同市场平均水平的系统风险进行对比,可以有效衡量移动互联网企业的风险管理能力;最后,文化凝聚力作为企业文化的归根点,企业拥有了文化凝聚力,企业文化营造便达到了目的。因此,本书以企业营业收入增长率、企业的β值以及企业文化凝聚力来衡量移动互联网企业的管理能力。

营业收入差异率 = 营业收入差异值/行业平均营业收入

β = 企业的风险系数值/市场的系统风险(若β = 2,则表示企业收益率的变动性为整个市场平均收益率变动的两倍)

文化凝聚力定性指标,通过调查问卷获得,文化凝聚力越强,员工越有归属感,企业的文化管理越有效,越有利于企业价值创造的最大化。

3)创新能力。从企业内部流程维度来讲,一家企业创新能力的强弱会直接影响到企业的内部流程,是企业内部流程效率的重要方面。特别地,移动互联网企业作为高科技行业,其创新能力的强弱直接关系其生存发展。本书以研发人员占比、研发投入占比以及研发费用增长率三个指标来进行一家移动互联网企业的创新能力的衡量。

研发人员占比 = 企业研发人员总数/员工总数

研发投入占比 = 研发投入总额/企业投入

研发费用增长率 = 研发费用增长额/上一年度的研发费用总额

(3)客户维度。因为梅特卡夫定律的作用,移动互联网企业具有典型的"用户递增效应",即用户人数与企业价值会呈放大效应,用户数为X,企业价值有可能为X的几何级倍数。因此,从客户维度来讲,移动互联网企业现有客户的保持率以及潜在客户的吸引力是成功的关键所在。在"用户为王"的移动互联网企业中,企业与企业之间的竞争从某种程度上讲,体现为用户和流量竞争。在本书中,我们用独立用户访问量、滞留时间、重复访问频率来衡量企业现有客户的报酬率,用新用户增加率来衡量移动互联网企业的未来市场潜力。

1)老用户。

独立用户访问量 = 每天访问网站的独立 IP 数

一个独立用户对应一个 IP 地址,IP 数越多,反映了该网站的产品和服务对于用户来讲越有吸引力,直接反映了用户的需求程度。因此,使用网站的独立 IP 数能够准确反映移动互联网企业现有客户的保持率以及市场占有率。

滞留时间 = 用户在某一网站上的平均停留时间

若某用户在移动互联网企业 APP 上平均滞留时间越长,说明该企业提供的产品和服务越有广度和深度,该 APP 的网站吸引力越大,越能提供令客户满意的产品和服务,从而为企业带来更多的价值。该指标可以通过 Alexa 网站查询得到。

第一,重复访问频率。重复访问频率是指用户访问移动互联网企业 APP 的次数,体现了用户的忠诚度,用户若偏好某项 APP,并且经常访问该 APP,则反映用户对该 APP 的忠诚度越高,用户对该移动互联网企业所生产的产品和服务越有依附性偏好,用户对该企业越忠诚,而用户对企业越忠诚,用户转化价值则越大。本书用人均页面浏览量来表示该指标。

第二,转化率。转化率用于衡量 APP 开始走业务流程,最终形成用户的比率值。一般地,完整的 APP 转化业务流程为用户登录—商品挑选—支付方式选择—订单确定与提交。一方面,转化率可以显示有多少人打开 APP,并最终走完了上述四个步骤;另一方面,可以提示移动互联网企业用户在哪个步骤选择退出流程,可以有利于移动互联网企业进行相应的技术提升。

2)新用户。

第一,新用户增加率。新用户增加率主要用来衡量对于移动互联网企业来说,本年新增加的用户数,用本年新增加用户数除以前一年新增加的用户数来表示。

第二,新用户留存率。新用户留存率用于统计一段时间内,新增用户中再经过一段时间后仍选择启动该 APP 的用户比率,其是验证产品用户吸引力很重要的指标。新用户留存率包括次日、7 日、14 日以及 30 日留存率,次日留存率即某一统计时段(如今天)新增用户在第二天(如明天)再次启动应用的比例;7 日留存率即某一统计时段(如今天)新增用户数在第 7 天再次启动该应用的比例;14 日和 30 日留存率以此类推。本书选取 7 日留存率。

(4)学习与成长维度。本书的学习与成长维度主要选取了员工培训与企业对潜在员工的吸引力两项指标,移动互联网企业对现有员工培训投入越多,越重视员工的学习与成长,现有员工对企业则越忠诚,而企业培训投入越多,则越能吸引潜在员工加入移动互联网企业当中来,企业的价值则越大。在本书中,我们用员工培训费比率、员工保持率和新员工增加率等几个指标来衡量企业的学习与成长维度。

1)员工培训。

员工培训费比率=员工培训费用/销售收入×100%(该指标用于衡量员工培训与销售收入之间的变化关系)

员工生产率提高率＝改进的员工生产率/原员工生产率×100%

2）企业吸引力。

员工保持率＝企业本年年末员工数量/上期末员工总数×100%（该比率用于衡量企业人员保持情况，可以反映企业人员流失的情况）

新员工增加率＝企业新增加员工数量/企业本年度工资册上名单数量×100%（该指标从某种程度上可以衡量企业引进新人才的力度）

员工满意度：利用调查法得出评价值。

总而言之，本书将移动互联网企业综合评价指标体系归纳整理如表3－2所示。

表3－2　移动互联网企业综合评价指标体系

总目标	一级指标	二级指标	三级指标
移动互联网 企业价值评估	财务维度	盈利潜力	销售净利润率 权益报酬率
		资金与融资能力	流动比率 资产负债比
	内部流程维度	营运能力	总资产周转率 应收账款周转率
		管理能力	销售收入增长率 企业的β值 企业文化凝聚力
		创新能力	研发人员占比 研发投入 研发费用增长率
	客户维度	老用户	独立用户访问量 滞留时间 重复访问频率
		新用户	新用户增加率 新用户留存率
移动互联网 企业价值评估	学习与成长维度	员工培训	员工培训费比率 员工生产率提高率
		企业吸引力	员工保持率 新员工增加率 员工满意度

四、指标处理

1. 定性指标量化处理

根据前文构建的综合评价指标体系，本书引入模糊评判法，将难以量化的定性指标进行量化处理，这些指标主要包括管理能力中的文化凝聚力、学习与成长维度中的员工满意度等。具体处理步骤为：首先，确定各项指标的影响因素；其次，确定评判等级 $L = \{L_1, L_2, L_3, L_4, L_5\} = \{$很好、较好、一般、较差、差$\}$；最后，利用德尔菲法确定各项评价指标的评判等级。本书邀请了在互联网类企业价值评估的研究上有丰富经验的教授、企业高管等形成专家团队，具体包括 2 名企业高管、4 名博士生导师、3 名硕士导师和 1 名博士研究生，通过面对面、电话交流或邮件等方式来形成专家打分表，从而构造分析矩阵权重和各项指标的打分。出于数据统计的方便程度考虑，各个专家的隶属程度用专家团队中赞成数与总数之间的比重形成小数来表示。例如，评判等级 $L = \{L_1, L_2, L_3, L_4, L_5\} = \{0.2, 0.1, 0.4, 0.2, 0.1\}$，表示在某一指标打分过程中，有两人认为"很好"，1 人认为"较好"，4 人认为"一般"，两人认为"较差"，1 人认为"差"。接下来，对各个评判等级赋予相应的数值，将评判等级权数与分值进行加权平均，即可得到定性指标的定量化结果。

2. 指标的无量纲化处理

无量纲化处理主要是将指标进行标准化处理，以便于分析比较。本书在具体移动互联网企业价值评估过程中，由于指标与指标之间有很大的差距，有的是定性指标，有的是定量指标，带有量纲和数量级的指标直接进行比较，容易导致数值较高的指标在整个综合评价指标体系中的重要性较强，因此，需要对综合评价指标进行标准化处理。

五、层次分析法下的指标权重确定

1. 层次分析法介绍

层次分析法，即 AHP，是一种将与决策有关的各项元素进行包括目标、准则、方案等各项层次的划分,并在细分的基础上进行定性结合定量分析的决策方法。该方法最早于20世纪70年代由美国运筹学家萨蒂所提出,是一种确定层次权重的决策分析方法。首先,AHP的主要内容是将一个复杂的多目标决策问题看作一个系统;其次,将该目标进行分解,分解为多个目标或准则,在此基础上,再将其分解为多指标(或准则、约束)的若干层次;最后,通过定性指标模糊量化方法,AHP方法可以算出层次单排序(即权重)以及总排序,并将此作为目标(多指标)、多方案优化决策的一种系统方法。总而言之,AHP分析法按照一定的逻辑原理,将各个指标分解成不同层次,由低到高,两两比较每一层次的不同指标,算出分值,构造出判断矩阵,再在该判断矩阵基础上,求出其特征值和特征向量,判断其是否通过一致性检验,只有通过一致性检验的特征向量和特征值才是各指标的权重。在求出每层中各指标权重之后,我们可以依次计算不同层次的不同比重。

2. 层次分析法应用步骤

(1)建立层次结构模型。利用层次分析法,第一步在于分析者对于所分析的问题必须要有清楚的认识,要理清其涉及哪些因素,再在此基础上,将决策问题进行层次化,即将一些类似属性的因素进行分类,按照因素与因素之间的分类关系进行层次分解,每一层次的因素既拆分了上一层次的因素,又归纳总结了下一层次的因素。一般地,决策问题可以分为目标层、中间层、方案层三个基本层次。目标层即为方案要达到的总体目标,中间层为分目标层次,方案层是最底层次,也称为措施层和方案层。具体地,层次分析法的结构模型如图3-3所示。

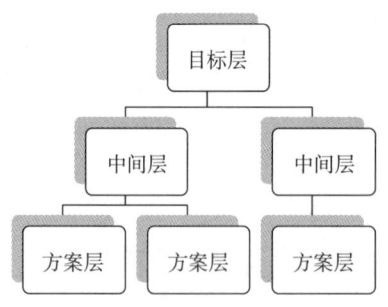

图3-3 层次分析法结构模型

(2)构造判断矩阵。通过(1)得出来的估值模型及因素与因素之间的各项隶属关系,进行判断矩阵的构造。判断矩阵是根据因素与因素之间不同的影响程度,在各个层次中,通过两两比较判断其相对适用性,并邀请前述专家评估团在赋予一定分值后进行加总平均,从而得到权重判断矩阵。

另外,判断矩阵一般采用9级标度法来进行赋值,定量化其对比判断。例如用1、3、5、7、9或1/3、1/5、1/7、1/9来标示一个因素相比于另外一个因素的重要程度,由此便形成了一个判断矩阵 A = [a_{ij}],如图3-4所示。具体地,9级标度法赋值表如表3-3所示。

$$A = (a_{ij})_{n \times n} = \begin{bmatrix} a_{11} & a_{12} & a_{13} & a_{14} & \cdots \\ a_{21} & a_{22} & a_{23} & a_{24} & \cdots \\ a_{31} & a_{32} & a_{33} & a_{34} & \cdots \\ a_{41} & a_{42} & a_{43} & a_{44} & \cdots \\ \vdots & \vdots & \vdots & \vdots & \end{bmatrix}$$

图3-4 判断矩阵 A

表3-3 9级标度法赋值表

$a_{ij} = 1$	元素 i 与元素 j 对上一层次因素来说同样重要
$a_{ij} = 3$	元素 i 比元素 j 稍微重要
$a_{ij} = 5$	元素 i 比元素 j 重要
$a_{ij} = 7$	元素 i 比元素 j 重要得多
$a_{ij} = 9$	元素 i 比元素 j 极其重要
$a_{ij} = 2n$,n 为整数	元素 i 与 j 的重要性介于 2n-1 与 2n+1 之间
$a_{ij} = 1/n$	当且仅当 $a_{ij} = n$

(3)判断矩阵的一致性检验。在构造完判断矩阵之后,紧接着便是求出矩阵的特征向量,并对该矩阵进行一致性检验。一般地,只有通过一致性检验的矩阵特征向量的特征值才是每一层次所对应的指标的权重。该步骤非常关键,可以将定性指标转化为定量指标。检验若是通过,则特征向量归一化后便是权向量(这里的归一化处理是指将各个因素进行无量纲化处理,由有量纲变为无量纲,简化计算,缩小量值),而倘若一致性检验没有通过,则需要对判断矩阵进行重新构造。

在一致性检验过程中,需要计算一致性指数 CI,其公式计算为 $CI = \dfrac{r-n}{n-1}$,若 CI = 0,则说明有完全的一致性;若 CI 接近于 0,判断矩阵有满意的一致性;若 CI 越大,判断矩阵不一致越严重。

为了衡量 CI 的大小,需要引入随机一致性指标 RI,RI 的数值计算如表 3-4 所示。

表 3-4　一致性指标 RI

n	1	2	3	4	5	6	7	8	9	10	11
RI	0	0	0.58	0.90	1.12	1.24	1.32	1.41	1.45	1.49	1.51

定义一致性比率,$CR = \dfrac{CI}{RI}$,一般地,用 0.1 来衡量一致性比率,当 CI < 0.1 时,矩阵有令人满意的一致性,权数分配合理,否则,需要调整判断矩阵,一直到测试通过为止。

(4)排序加权。将特征值和特征向量通过一致性检验之后,可以将指标进行排序加权。正常地,上一层指标的权重可以用其下一层指标的权重之和来衡量。

(5)总排序一致性检验。对于排序的权重结果需要进行一致性检验,通过检验的结果便可以应用到实际的决策中了。

六、综合调整系数的确定

本书在移动互联网企业价值评估的计算过程中,引入综合调整系数,即 V = DCF × (1 + α) 中的 α。在所选定的移动互联网企业折现自由现金流量计算的基础上,进行财务与非财务、定性与定量、静态与动态、长期与短期的综合全面的调整。该系数计算原理简单、容易操作和理解,综合考虑影响移动互联网企业价值的各方面因素,方法清晰、直观。其具体的计算过程是:首先,统计方案层中每个指标的得分情况;其次,利用层次分析法计算得来的权重,加权平均之后,可以得到移动互联网企业价值评估的调整系数 α。α 的计算公式如下:

$\alpha = W_{B1} \times B1 + W_{B2} \times B2 + W_{B3} \times B3 + W_{B4} \times B4$

其中:

$B1 = W_{C1} \times C1 + W_{C2} \times C2$

$B2 = W_{C3} \times C3 + W_{C4} \times C4 + W_{C5} \times C5$

$B3 = W_{C6} \times C6 + W_{C7} \times C7$

$B4 = W_{C8} \times C8 + W_{C9} \times C9$

$C1 = W_{C1} \sum_{i=1,2,3} W_{di} \times m_{di}$

$C2 = W_{C2} \sum_{i=4,5} W_{di} \times m_{di}$

……

$C9 = W_{C9} \sum_{i=21,22} W_{di} \times m_{di}$

C3~C8 以此类推。

在各项公式中 α 表示估值综合得分结果，W_{Bi} 表示一级指标相对于目标层的权重，W_{Ci} 表示二级指标相对于一级指标的权重，W_{di} 表示三级指标相对于二级指标的权重，m_{di} 表示三级指标无量纲处理后的结果。

七、移动互联网企业评估价值的计算

因此，在具体分析了移动互联网企业的特点，并对其价值评估的难点进行分析的基础上，本书根据移动互联网企业的特殊性建立了综合的价值评估指标体系，并在对指标进行量化处理、无量纲化处理、层次分析法权重确定等基础上，从点到线，由线到面，最终确定移动互联网企业的价值 = DCF × (1 + α)，从而为本书第四章的综合模型的实证研究分析提供理论依据。

第四章
移动互联网企业价值评估实证研究

本书以平衡计分卡为理论基础,从四个维度考核移动互联网企业的综合价值,构建移动互联网企业的新型价值评估模型。在本章,本书将选取 A 股上市的 20 家典型移动互联网概念的上市公司进行企业价值评估的实证研究,以验证理论模型。

第一节 样本选择及数据获取

本书所设置的综合评估指标体系对于我国目前大部分的移动互联网企业均具有一定的适用性,是通用性的综合估价方案。本书样本企业的定量指标,以我国 A 股主板上市企业数据为样本数据,数据来源于新浪股票、国泰安数据库等。定性指标主要包括管理能力中的企业文化凝聚力和企业吸引力中的员工满意度,通过调查问卷等方式获得,利用专家评分法来进行定量化。

本书所选取的样本企业涵盖广泛,包括电子商务、电子通信、新闻资讯、计算机应用、通信服务、通信设备等多个行业,从这些行业中选取了有一定规模且盈利状态较为稳定、在行业中有一定地位的代表性企业。此外,出于财务历史数据、客户访问量、员工满意度等非财务数据搜集整理的需要,本书所选取的上市公司均有一定的年限限制。具体地,本书所选取的我国中小板上市的移动互联网企业如表 4-1 所示。

表4-1 选定的20家样本企业

序号	股票代码	公司名称	序号	股票代码	公司名称
1	000676	智度股份	11	002467	二六三
2	000851	高鸿股份	12	002491	通鼎互联
3	002095	生意宝	13	300051	三五互联
4	002104	恒宝股份	14	300077	国民技术
5	002115	三维通信	15	300136	信维通信
6	002123	梦网集团	16	300467	迅游科技
7	002127	南极电商	17	600498	烽火通信
8	002148	北纬科技	18	600718	东软集团
9	002261	拓维信息	19	600745	闻泰科技
10	002396	星网锐捷	20	603189	网达软件

第二节 企业折现价值的计算

贴现现金流量法是收益现值法中主要的一种。该方法是通过对企业一定期间的现金流量进行预测，进而得到企业价值的一种估值方法。一般地，贴现现金流量法将企业收益分成预测期和稳定期两个阶段，首先，前n年的收益增长通常是不稳定的，评估者先对企业未来前n年的收益，通过销售百分比法、线性回归分析法等几种方法和技术进行预测；其次，从第n+1年开始，企业增长进入持续稳定期，此时，评估者可以获取其持续稳定增长的固定增长率；最后，对两段期间的现金流量进行折现计算，从而得到企业最终的折现价值。具体公式请参见本书第三章第三节。

由于本书篇幅的限制，本章节在企业折现价值的计算过程中，对于所选定的20家典型的移动互联网上市公司无法一一详尽进行描述，因此，此处将选取其中一家企业——星网锐捷来进行关键步骤的展开。

具体地，以2018年12月31日为评估基准日，选择星网锐捷2014~2018年的财务报表数据（财务报表的数据通过新浪股票等网站获得），基于一定的假设前提，综合考虑上市公司的营运、盈利和发展能力，从而对该公司未来2019~2023年的主营业务收入的增长率进行预测，并结合利用销售百分比法对其他数据进行预测,从而以这些预测的数据进行实体现金流量的计算。年报具体数据请参见附录二。

本书在折现现值的计算上,采用的是实体现金流量法。具体计算实体现金流量的公式如下:

实体现金流量 = 税后经营净利润 + 折旧与摊销 - 经营营运资本增加 - 资本支出

= 税后经营净利润 - (经营营运资本增加 + 净经营性长期资产增加)

= 税后经营净利润 - 净经营资产净投资

其中:税后经营净利润 = 营业总收入 - 营业总成本 - 税金及附加 - 销售费用 - 管理费用 + 投资收益 - 经营利润所得税。净经营资产净投资 = 经营营运资本增加 + 净经营性长期资产增加。

由于经营营运资本 = 经营性流动资产 - 经营性流动负债,因此,经营性营运资本的增加 = 本年经营营运资本 - 上年经营营运资本。

由于净经营性长期资产 = 经营性长期资产 - 经营性长期负债,因此,净经营性长期资产的增加 = 本年经营性长期资产 - 上年经营性长期资产。

一、实体现金流量的预测

1. 营业收入的预测

本书首先归纳总结 20 家代表性移动互联网企业的 2014~2018 年的营业收入(样本企业五年营业收入数据详见附表 1-1),从中分析公司历年的发展概况,再结合行业基础数据和趋势线对上市公司未来几年的营业收入进行预测。按照此思路得出的样本企业未来几年的营业收入预测结果如表 4-2 所示。

表 4-2 样本企业营业收入预测　　　　　　　　单位:万元

公司名称 \ 年份	2019	2020	2021	2022	2023	稳定期
智度股份	813675.91	870633.22	983815.54	1147308.50	1378752.78	1516628.06
高鸿股份	238404.67	278499.54	288199.59	297476.96	321191.82	353311.00
生意宝	46286.83	51054.09	55477.44	61931.68	71966.21	79162.83
恒宝股份	198448.52	232986.39	239200.13	241855.12	298755.29	328630.82

续表

年份 公司名称	2019	2020	2021	2022	2023	稳定期
三维通信	370907.98	424225.50	484912.59	579403.34	699846.96	769831.65
梦网集团	289420.70	299405.71	464619.26	495981.06	538510.36	592361.39
南极电商	359631.12	396532.89	530757.58	631601.52	783944.96	862339.46
北纬科技	24423.77	20773.40	22999.93	33228.22	36603.14	40263.46
拓维信息	138462.13	161787.02	216472.69	235484.50	249414.01	274355.42
星网锐捷	1232966.20	1516823.87	1864639.44	2339584.39	2772706.92	3049977.62
二六三	96492.91	99288.60	115825.59	115850.06	128723.59	141595.95
通鼎互联	529245.20	630092.99	723455.13	738947.89	776172.81	853790.10
三五互联	20885.47	21314.13	26680.15	27882.04	32873.79	36161.17
国民技术	67243.22	69723.56	73879.32	75786.47	85917.12	94508.83
信维通信	757547.01	1219223.52	2263049.40	3221418.48	4414541.52	4855995.67
迅游科技	126459.52	213716.58	235088.24	265649.71	326749.15	359424.06
烽火通信	3049312.65	3836689.09	4937794.87	5988759.24	6892926.56	7582219.22
东软集团	719489.99	723591.08	731622.94	747938.14	752069.01	827275.92
闻泰科技	1774074.97	1795896.09	2029362.59	2496115.98	2845572.22	3130129.44
网达科技	20653.22	21582.61	23303.26	23536.29	24157.19	26572.91

具体地，我们选取星网锐捷为案例来解释营业收入的预测。首先，从星网锐捷历年财务报表中，选取星网锐捷2014~2018年5年的营业收入。其具体金额如表4-3所示，其中2014年的环比增长额是相对于2013年而言，2013年的营业收入为327616.3万元。

表4-3 星网锐捷2014~2018年的营业收入情况

年份	2014	2015	2016	2017	2018
营业总收入（万元）	364168.67	451650.51	568765.83	770513.56	913157.18
环比增长额（万元）	36552.40	87481.84	117115.32	201747.73	142644.79
增长率（%）	11.16	24.02	25.93	35.47	18.51

由表4-3及图4-1所示,星网锐捷最近几年来的营业收入基本保持两位数的增长率,其中,2017年的增速最快,2018年增速有所放缓。快速的增长与星网锐捷长期坚持以企业研究院为核心、开放合作的自主创新体系是分不开的。星网锐捷现有员工中40%以上是研发技术人员,每年持续将10%左右的销售收入投入研发,2017年研发投入达到9.97亿元。截至2018年底,公司累计申请专利总数达2912项。与中科院计算所、清华大学、北京大学、浙江大学、华中科技大学、厦门大学、中山大学、福州大学等著名科研院所建立长期产学研合作,与Intel、Microsoft、VMware携手创立联合实验室,与Citrix、华为、浪潮、支付宝等国内外著名厂商广泛开展多层次、全方位的技术合作,在相关产品领域开展前沿研究,保证企业的技术领先与研发的前瞻性[①]。

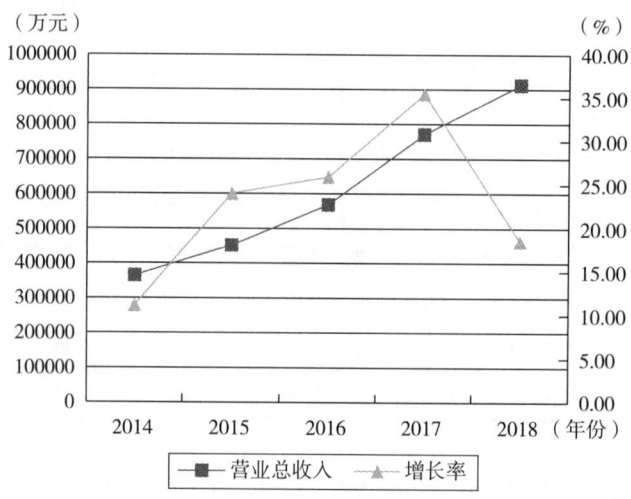

图4-1 星网锐捷近5年来营业收入增长走势

基于强大的创新能力,星网锐捷在网络通信、交换机、云计算终端、支付终端、无线接入、宽带接入等各个产品领域均保持了独特的领先优势,同时进入智慧网络、智慧云、智慧社区等多个应用领域,并成功打入欧洲、美洲、非洲、大洋洲的近百个国家和地区。未来,随着5G时代的到来,星网锐捷的网络支付设备、客户应用系统以及网络支付终端三大主业将迎来增长的高点,其主营业务收入将呈爆发式增长,并逐步趋于稳定的态势。具体地,本书利用二阶段模型,对

---

① http://www.star-net.cn/index.php?sn=about,摘选自星网锐捷官网。

星网锐捷的主营业务收入进行预测。

第一阶段的预测期为 2019～2023 年，该阶段星网锐捷将迎来高速增长。在当前主营业务收入增长率的历史数据基础上，结合各证券机构目前发表的最新预测数据，采用算数平均法，我们预测星网锐捷未来五年的主营业务收入增长率分别为 20.02%、23.02%、22.93%、15.47%、18.51%。

第二阶段的后续期为 2023 年之后，进入智能互联、万物互联的行业背景，移动互联网的竞争趋于放缓，星网锐捷的发展速度将逐步放慢，进入一个稳定发展的阶段，预测增长率为 10%。

具体地，星网锐捷未来营业收入预测如表 4-4 所示。其中，2019 年的数值为 2018 年营业收入×（1+35.02%）计算所得，其他年份以此类推。稳定期总营业收入为 2023 年预计营业收入×（1+8%）/8% 计算所得。

表 4-4 星网锐捷未来营业收入预测

类别＼年份	2019	2020	2021	2022	2023	稳定期
营业收入（万元）	1095992.62	1348315.77	1657491.56	1913924.42	2268245.39	2449705.02
营业收入增长率（％）	20.02	23.02	22.93	15.47	18.51	8.00

2. 其他各项财务数据的预测

对于其他财务数据的预测，本书的预测方法是：首先，计算案例公司各项主要指标历史上的营业收入占比，具体可以参阅附录中各个样本企业资产负债表和利润表中相关数值来进行计算；其次，通过平均值和趋势线的分析，预测未来几年的值。

具体地，我们选取星网锐捷为典型案例来阐述上述样本企业各项主要财务指标的营业收入占比。根据星网锐捷历年的财务报告，可以计算出星网锐捷 2014～2018 年各年主要指标营业收入占比，如表 4-5 所示。

（1）营业成本预测。与其他轻资产型的移动互联网企业不一样，星网锐捷的主营业务是研发、生产和销售企业级网络通信系统设备及终端设备，这使得星网锐捷公司相比于其他公司来说，营业成本占比比较高，基本保持在 50%～70%。随着未来几年星网锐捷公司的业务扩张，预计营业成本占整个主营业收入的比重将保持稳中有所回升。因此，本书将 2019～2023 年营业成本占营业收入比例均值估计为59%。

表4-5 星网锐捷2014~2018年各年主要指标营业收入占比 单位:%

年份 类别	2014	2015	2016	2017	2018
营业成本占比	55.01	54.31	56.67	61.57	67.43
税金及附加占比	0.92	0.80	0.95	0.83	0.66
销售及管理费用占比	29.03	37.76	36.01	31.89	15.84
经营营运成本增加占比	7.66	10.21	12.67	16.28	15.42
净经营性长期资产增加占比	-0.78	0.38	-0.20	0.92	0.48

(2) 税金及其附加预测。对于星网锐捷这类企业来讲,其税金及其附加部分主要为企业的城市维护建设税、房产税、城镇土地使用税、印花税等。从星网锐捷2014~2018年历史数据来看,该部分值占比为0.66%~0.95%,基本保持在1%以下。未来几年,随着星网锐捷营业收入的稳步增长,该部分值预计基本保持不变。因此,本书将2019~2023年税金及其附加的营业收入占比估计为均值0.83%。

(3) 销售费用、管理费用等期间费用占比的预测。如表4-5所示,星网锐捷各年销售及管理费用占比在一定比例内有所波动,其中,2015年占比较高,为37.76%,但到2018年下降到15.84%。这说明星网锐捷虽然最近几年销售收入持续增长,但各项费用的支出自2015年以后有所降低,到2018年下降到15.84%。因此,结合各年历史数据的均值以及趋势线分析,我们预测未来几年的销售费用和管理费用占营业收入比重分别为20.38%、23.58%、23.41%、18.99%和20.62%。预计到稳定期,这两项费用的占比稳定为25.00%。

(4) 经营资产净投资。经营资产净投资包括短期营运资本的增加以及净经营性长期资产的增加,两者之和反映了企业投资现金的总体支出。出于分析的简化,营运成本主要体现为企业短期经营活动的支出,经营性长期资产表现为企业购置固定资产、无形资产以及其他长期资产等的支出。因此,本部分数据选自星网锐捷2014~2018年的现金流量表,以现金流量表中的经营活动现金流出项目数据来计算营运资本的增加,以购建固定资产、无形资产和其他长期资产所支付的现金为基础来计算净经营性长期资产。例如,2014年的营运成本的增加由2015年的经营活动现金流出额扣除2014年的经营活动现金流出额来获得。由表

4-5可以看出，星网锐捷最近几年营运资本的支出与净经营性长期资产的支出均不是很有规律，波动比较大，其中，2017年经营营运资本增加额度较高，且在净经营性长期资产上也有大额支出。在本书中，我们分别取营运资本的增加额与净经营性长期资产的增加额 2014~2018 年各年的均值作为预测依据，即12.45%和0.16%。

3. 未来实体现金流量预测

根据前述几项重要指标的预测以及实体现金流量的计算公式，即实体现金流量 =（营业收入 - 营业成本 - 销售费用 - 管理费用 - 税金及其附加）×（1 - 所得税税率）- 营业成本增加 - 净经营性长期资产增加，可依次得出样本企业未来几年的实体现金流量预测。我们以星网锐捷来做具体计算，星网锐捷未来五年及其稳定期的实体现金流量计算如表 4-6 所示。

表 4-6　星网锐捷未来实体现金流量预测的计算

类别＼年份	2019	2020	2021	2022	2023	稳定期
增长率预测（%）	20.02	23.02	22.93	15.47	18.51	8.00
（1）预计营业收入（万元）	1095992.62	1348315.77	1657491.56	1913924.42	2268245.39	2449705.02
营业成本占比（%）	59.00	59.00	59.00	59.00	59.00	59.00
（2）预计营业成本（万元）	646635.52	795506.15	977919.83	1129215.19	1338264.52	1445325.68
税金及其附加占比（%）	0.83	0.83	0.83	0.83	0.83	0.83
（3）税金及其附加（万元）	9119.25	11218.71	13791.22	15924.88	18873.02	20382.86
销售及其管理费用占比（%）	20.38	23.58	23.41	18.99	20.62	25.00
（4）销售及其管理费用（万元）	223403.02	317883.84	387966.59	363486.35	467601.82	612426.26
（5）税后经营净利润（万元）	200572.22	206929.04	256977.87	374900.65	410243.08	343702.45
经营营业成本增加占比（%）	12.45	12.45	12.45	12.45	12.45	12.45
净经营长期资产增加占比（%）	0.16	0.16	0.16	0.16	0.16	0.16
（6）经营营运成本增加（万元）	136451.08	167865.31	206357.70	238283.59	282396.55	304988.28
（7）净经营长期资产增加（万元）	1753.59	2157.31	2651.99	3062.28	3629.19	3919.53
（8）实体现金流量（万元）	62367.55	36906.42	47968.19	133554.78	124217.33	34794.65

其中，(5)税后经营净利润=[(1)预计营业收入-(2)预计营业成本-(3)税金及其附加-(4)销售费用及其管理费用]×(1-所得税税率)求解而得，所得税税率此处取星网锐捷2014~2019年历年的平均税负水平7.2%。(8)实体现金流量=(5)税后经营净利润-(6)经营营运成本增加-(7)净经营长期资产增加。

二、折现率的计算

1. 税后债务资本成本率的计算

通过相关资料查询得到近年来中国人民银行发布的历年贷款利率基准调整表，如表4-7所示。

表4-7 中国人民银行贷款利率基准调整表　　　　　　　　　　单位:%

调整时间	六个月以内（含六个月）	六个月至一年（含一年）	一至三年（含三年）	三至五年（含五年）	五年以上
2015.03.01	5.35		5.75		5.9
2015.05.11	5.1		5.5		5.65
2015.06.28	4.85		5.25		5.4
2015.08.26	4.6		5		5.15
2015.10.24	4.35		4.75		4.9
2016.01.01	4.35		4.75		4.9
2017.01.01	4.35		4.75		4.9
2018.10.01	4.35		4.75		4.9

出于简化，本书在税前债务资本成本率的计算上，选用2018年的数据作为基础来进行计算。通过查询星网锐捷2018年度财务报告，我们获悉2018年度星网锐捷流动负债累计值为267121.01万元，非流动负债累计值为6355.24万元，在央行公布的2018年度银行贷款基准利率基础上，我们选取4.35%作为短期负债的债务资本率，中长期平均贷款利率4.67%作为长期负债的债务资本率。从而，我们得到税前税后债务资本成本为：

$$K_{税前} = 4.35\% \times \frac{267121.01}{267121.01+6355.24} + 4.67\% \times \frac{6355.24}{267121.01+6355.24}$$
$$= 4.36\%$$

$K_{税后} = K_{税前} \times (1 - 所得税税率) = 4.36 \times (1 - 15\%) = 3.7\%$

因此，样本企业税后债务资本成本率如表 4 – 8 所示。其中，流动负债与长期负债的值均取自各个样本企业 2018 年度资产负债表。

表 4 – 8　样本企业税后债务资本成本率

公司名称	流动负债（万元）	长期负债（万元）	短期借款资本成本率(%)	长期借款资本成本率(%)	加权税前债务资本成本率(%)	税后债务资本成本率(%)
智度股份	201306.51	1155.58	4.35	4.67	4.35	3.70
高鸿股份	446497.81	36055.03	4.35	4.67	4.37	3.72
生意宝	40398.27	248.77	4.35	4.67	4.35	3.70
恒宝股份	25008.20	1770.98	4.35	4.67	4.37	3.72
三维通信	176760.53	34891.89	4.35	4.67	4.40	3.74
梦网集团	203255.56	4035.27	4.35	4.67	4.36	3.70
南极电商	78434.57	63.42	4.35	4.67	4.35	3.70
北纬科技	9020.08	1033.52	4.35	4.67	4.38	3.73
拓维信息	45437.43	21330.57	4.35	4.67	4.45	3.78
星网锐捷	267121.01	6355.24	4.35	4.67	4.36	3.70
二六三	53937.54	1936.19	4.35	4.67	4.36	3.71
通鼎互联	435086.11	85316.90	4.35	4.67	4.40	3.74
三五互联	15740.06	33961.52	4.35	4.67	4.57	3.88
国民技术	174163.07	6795.62	4.35	4.67	4.36	3.71
信维通信	211228.58	139959.21	4.35	4.67	4.48	3.81
迅游科技	47094.00	8344.09	4.35	4.67	4.40	3.74
烽火通信	1749441.00	98100.53	4.35	4.67	4.37	3.71
东软集团	409505.03	46760.08	4.35	4.67	4.38	3.73
闻泰科技	1313100.02	8025.17	4.35	4.67	4.35	3.70
网达软件	9089.63	1629.70	4.35	4.67	4.40	3.74

2. 股权资本成本率的计算

本书在股权资本成本率的计算上，采用了资本资产定价模型（CAPM），风险收益率=无风险收益率+(市场收益率-无风险报酬率)×企业风险系数值。另外,由于此处的风险主要是财务风险,忽略了经营风险,我们进一步在风险收益率的基础上,考虑了经营风险,因此,股权资本成本率=无风险收益率+(市场收益率-无风险报酬率)×企业风险系数值+企业特定风险。其中,无风险收益率我们选取2018年央行发行的五年期国债利率4.27%,市场收益率则选取近5年来沪深300指数的平均收益率7.45%,星网锐捷公司目前正处于企业生命周期的成熟期,企业发展进入持续上升并持续稳定时期,该阶段企业的经营与财务风险均较小,结合移动互联网行业相关风险平均值,本书确定其企业风险值为5%。由此计算出股权成本为:

r=5.32%+0.98×(7.45%-4.27%)+5%=12.39%

其他样本企业按照此思路来进行计算,可以得出样本企业的股权资本成本率如表4-9所示。

表4-9 样本企业股权资本成本率

公司名称	无风险收益率(%)	市场收益率(%)	风险收益率(%)	β风险值	股权资本成本率(%)
智度股份	4.27	7.45	3.18	0.99	12.42
高鸿股份	4.27	7.45	3.18	0.97	12.35
生意宝	4.27	7.45	3.18	0.98	12.39
恒宝股份	4.27	7.45	3.18	0.99	12.42
三维通信	4.27	7.45	3.18	1	12.45
梦网集团	4.27	7.45	3.18	1.06	12.64
南极电商	4.27	7.45	3.18	1.02	12.51
北纬科技	4.27	7.45	3.18	0.99	12.42
拓维信息	4.27	7.45	3.18	1.02	12.51
星网锐捷	4.27	7.45	3.18	0.98	12.39
二六三	4.27	7.45	3.18	0.96	12.32
通鼎互联	4.27	7.45	3.18	0.99	12.42
三五互联	4.27	7.45	3.18	0.96	12.32
国民技术	4.27	7.45	3.18	1.04	12.58
信维通信	4.27	7.45	3.18	0.98	12.39

续表

公司名称	无风险收益率（%）	市场收益率（%）	风险收益率（%）	β风险值	股权资本成本率（%）
迅游科技	4.27	7.45	3.18	0.99	12.42
烽火通信	4.27	7.45	3.18	0.99	12.42
东软集团	4.27	7.45	3.18	0.99	12.42
闻泰科技	4.27	7.45	3.18	1.01	12.48
网达软件	4.27	7.45	3.18	0.98	12.39

3. 折现率的计算

利用加权资本平均成本率，企业折现率＝债务比重×税后债务资本成本＋股东权益比重×股权资本成本率，星网锐捷2018年财务报表数据显示，其企业总资产为699910.88万元，负债总额为273476.25万元，从而

$$WACC = \frac{426434.63}{699910.88} \times 12.39\% + \frac{273476.25}{699910.88} \times 3.7\%$$

同样地，通过选取样本企业2018年的财务报表数据，得出样本企业加权资本成本率如表4-10所示。

表4-10 样本企业加权资本成本率

公司名称	负债总额（万元）	股东权益（万元）	税后债务资本成本率（%）	股权资本成本率（%）	加权资本成本率（%）
智度股份	202462.10	586503.71	3.70	12.42	10.18
高鸿股份	482552.84	391458.12	3.72	12.35	7.59
生意宝	40647.04	109060.30	3.70	12.39	10.03
恒宝股份	26779.17	198272.25	3.72	12.42	11.38
三维通信	211652.42	246172.33	3.74	12.45	8.42
梦网集团	207290.83	457480.55	3.70	12.64	9.85
南极电商	78497.99	376426.88	3.70	12.51	10.99
北纬科技	10053.61	117274.45	3.73	12.42	11.73
拓维信息	66768.00	249607.86	3.78	12.51	10.67
星网锐捷	273476.25	426434.63	3.70	12.39	8.99

续表

公司名称	负债总额（万元）	股东权益（万元）	税后债务资本成本率（%）	股权资本成本率（%）	加权资本成本率（%）
二六三	55873.73	198080.12	3.71	12.32	10.43
通鼎互联	520403.01	517203.27	3.74	12.42	8.07
三五互联	49701.58	51172.47	3.88	12.32	8.16
国民技术	180958.69	140532.85	3.71	12.58	7.58
信维通信	351187.79	370499.37	3.81	12.39	8.21
迅游科技	55438.09	222853.97	3.74	12.42	10.69
烽火通信	1847541.54	1073955.36	3.71	12.42	6.91
东软集团	456265.12	901725.65	3.73	12.42	9.50
闻泰科技	1321125.19	373093.96	3.70	12.48	5.63
网达软件	10719.33	79439.96	3.74	12.39	11.36

三、企业折现价值的计算

根据上文预测的数据，代入折现现金流量的公式 $V = \sum_{t=1}^{n} \frac{CF_t}{(1+k)^t} + \frac{CF_{n+1}}{(1+k)^n} \cdot \frac{1}{k-g}$，则可以求得星网锐捷未来折现现值为 2388950 万元。如下式及表 4-11 所示。

$$实体价值 = \frac{62367.55}{(1+8.99\%)^1} + \frac{36906.42}{(1+8.99\%)^2} + \frac{47968.19}{(1+8.99\%)^3} + \frac{133554.78}{(1+8.99\%)^4} + \frac{124217.33}{(1+8.99\%)^5} + \frac{34794.65}{(1+8.99\%)^6} \times \frac{1}{8.99\% - 8\%} = 2388950（万元）$$

表 4-11 星网锐捷折现价值的计算

年份	2018	2019	2020	2021	2022	2023	稳定期
实体现金流量（万元）		62367.55	36906.42	47968.19	133554.78	124217.33	34794.65
加权资本成本比率（%）	8.99						
稳定期增长率（%）	8.00						
折现现金流量（万元）		57221.16	31066.90	37046.51	94634.91	80755.50	20753.93
实体现值（万元）	2388950						

同理,本书得出各个企业折现价值如表4-12所示:

表4-12 样本企业折现价值 单位:万元

公司名称	运用DCF法计算出来的市值	公司名称	运用DCF法计算出来的市值
智度股份	834120.95	二六三	891345.06
高鸿股份	459276.42	通鼎互联	1006531.04
生意宝	600711.28	三五互联	415632.73
恒宝股份	456076.52	国民技术	450961.67
三维通信	738890.94	信维通信	3120867.44
梦网集团	1006124.61	迅游科技	455678.76
南极电商	2418502.69	烽火通信	3908651.42
北纬科技	260153.72	东软集团	1902233.05
拓维信息	608823.88	闻泰科技	2004433.44
星网锐捷	2388950.32	网达软件	340754.56

第三节 企业综合调整系数的计算

一、建立层次结构模型

根据本书第三章所构建的综合指标体系,本书利用层次分析方法所构造的层次模型如图4-2所示,其中A是目标层,B与C是中间层,D是方案层。

二、构造判断矩阵并计算权重

依据层次分析法的计算思路,建立完层次结构模型之后,需要开展矩阵判断操作,根据不同方案层次开展要素研究操作,以上一层要素为目标,在每层要素中进行目标选择,而后开展比较分析活动,了解它们对于上一层的重要性程度,并且对分析的结果作出判断,最后依照1~9的标度对它们的重要性赋予数值。

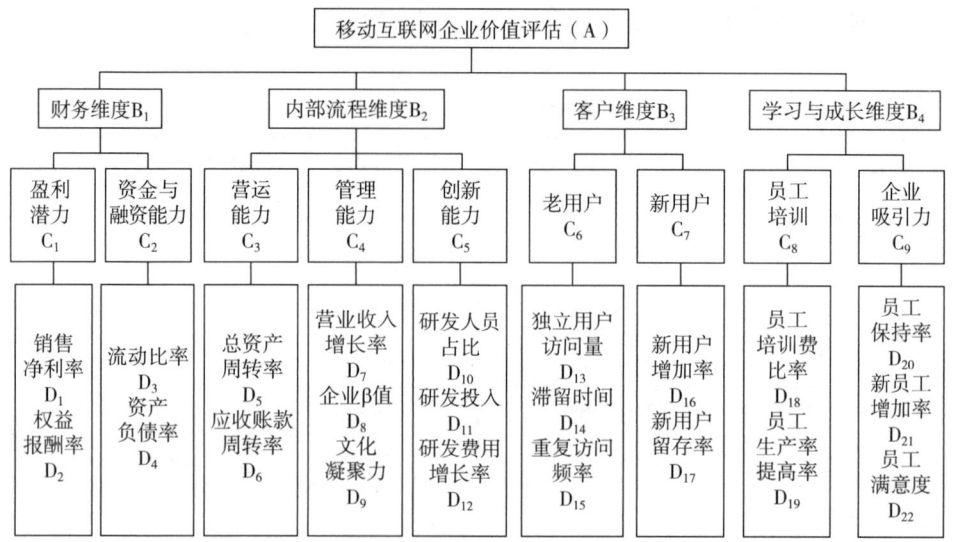

图4-2 移动互联网企业价值评估层次模型

1. 中间层B对目标层A的矩阵判断及其权重

中间层B中主要有财务维度、内部流程维度、客户维度、学习与成长维度四个维度。各项维度与企业价值评估目标层A的矩阵和权重如表4-13所示。

表4-13 B-A判断矩阵及权重

价值评估	财务维度	内部流程维度	客户维度	学习与成长维度	Wi
财务维度	1	0.3333	0.2	0.5	0.0809
内部流程维度	3	1	0.25	3	0.2291
客户维度	5	4	1	5	0.5732
学习与成长维度	2	0.3333	0.2	1	0.1168

2. 中间层C对$B_1 \sim B_4$的判断矩阵及其权重

第二中间层对第一中间层的各项判断矩阵和权重如表4-14~表4-17所示。

表4-14 C-B_1判断矩阵及权重

财务维度	盈利潜力	资金融资能力	Wi
盈利潜力	1	3	0.75
资金融资能力	0.3333	1	0.25

表4-15 C-B_2判断矩阵及权重

内部流程维度	营运能力	管理能力	创新能力	Wi
营运能力	1	0.5	0.2	0.1179
管理能力	2	1	0.25	0.2014
创新能力	5	4	1	0.6806

表4-16 C-B_3判断矩阵及权重

客户维度	老用户	新用户	Wi
老用户	1	3	0.75
新用户	0.3333	1	0.25

表4-17 C-B_4判断矩阵及权重

学习与成长维度	员工培训	企业吸引力	Wi
员工培训	1	3	0.75
企业吸引力	0.3333	1	0.25

3. 方案层D对中间层C_1~C_9的判断矩阵及其权重

结果如表4-18~表4-26所示。

表4-18 D-C_1判断矩阵及权重

盈利潜力	销售净利润率	权益报酬率	Wi
销售净利润率	1	0.2	0.1667
权益报酬率	5	1	0.8333

表4-19 D-C_2 判断矩阵及权重

资金融资能力	流动比率	资产负债比	Wi
流动比率	1	0.25	0.2
资产负债比	4	1	0.8

表4-20 D-C_3 判断矩阵及权重

营运能力	总资产周转率	应收账款周转率	Wi
总资产周转率	1	0.25	0.2
应收账款周转率	4	1	0.8

表4-21 D-C_4 判断矩阵及权重

管理能力	企业β值	文化凝聚力	销售收入增长率	Wi
企业β值	1	0.3333	0.5	0.1593
文化凝聚力	3	1	3	0.5889
营业收入增长率	2	0.3333	1	0.2519

表4-22 D-C_5 判断矩阵及权重

创新能力	研发人员占比	研发投入	研发费用增长率	Wi
研发人员占比	1	0.25	0.5	0.1373
研发投入	4	1	3	0.6232
研发费用增长率	2	0.3333	1	0.2395

表4-23 D-C_6 判断矩阵及权重

老用户	独立用户访问量	滞留时间	重复访问频率	Wi
独立用户访问量	1	3	2	0.5247
滞留时间	0.3333	1	0.3333	0.1416
重复访问频率	0.5	3	1	0.3338

表4-24 D-C_7 判断矩阵及权重

新用户	新用户增加率	新用户留存率	Wi
新用户增加率	1	0.3333	0.25
新用户留存率	3	1	0.75

表4-25 D-C₈判断矩阵及权重

员工培训	员工培训费比率	员工生产率提高率	Wi
员工培训费比率	1	3	0.75
员工生产率提高率	0.3333	1	0.25

表4-26 D-C₉判断矩阵及权重

企业吸引力	员工保持率	新员工增加率	员工满意度	Wi
员工保持率	1	0.3333	0.5	0.1638
新员工增加率	3	1	2	0.539
员工满意度	2	0.5	1	0.2973

4. 中间层、方案层相比于目标层的权重

结果如表4-27~表4-29所示。

表4-27 方案层中要素对价值评估的排序权重

备选方案	权重
独立用户访问量	0.2256
重复访问频率	0.1435
新用户留存率	0.1075
研发投入	0.0972
员工培训费比率	0.0657
滞留时间	0.0609
权益报酬率	0.0506
研发费用增长率	0.0373
新用户增加率	0.0358
文化凝聚力	0.0272
员工生产率提高率	0.0219
应收账款周转率	0.0216
研发人员占比	0.0214
资产负债比	0.0162

续表

备选方案	权重
新员工增加率	0.0157
营业收入增长率	0.0116
销售净利润率	0.0101
员工满意度	0.0087
企业 β 值	0.0073
总资产周转率	0.0054
员工保持率	0.0048
流动比率	0.004

表 4-28　第一个中间层中要素对决策目标的排序权重

中间层要素	权重
客户维度	0.5732
内部流程维度	0.2291
学习与成长维度	0.1168
财务维度	0.0809

表 4-29　第二个中间层中要素对决策目标的排序权重

中间层要素	权重
老用户	0.4299
创新能力	0.156
新用户	0.1433
员工培训	0.0876
盈利潜力	0.0607
管理能力	0.0461
企业吸引力	0.0292
营运能力	0.027
资金融资能力	0.0202

三、一致性检验

构建出判断矩阵后,对影响因素进行赋值,进而获得了每个指标的权重。但是在实际应用中,不免出现类似于 C_1 的权重高于 C_2 的权重,C_2 的权重高于 C_3 的权重,而 C_3 权重却比 C_1 权重高这样前后矛盾的情况,为了检验各个不同元素之间的协调性,在整个过程中,元素权重的一致性检验往往发挥十分关键的影响作用。一致性检验完成后,后续计算活动才能顺利实施(见表 4-30)。

表 4-30 各维度一致性比率及其 λ_{max}

层级	各项维度	一致性比率	λ_{max}
A 层级	价值评估	0.0600	4.1603
B 层级	财务维度	0.0000	2.0000
	内部流程维度	0.0238	3.0247
	客户维度	0.0000	2.0000
	学习与成长维度	0.0000	2.0000
C 层级	盈利潜力	0.0000	2.0000
	资金融资能力	0.0000	2.0000
	营运能力	0.0000	2.0000
	管理能力	0.0518	3.0539
	创新能力	0.0176	3.0183
	老用户	0.0517	3.0538
	新用户	0.0000	2.0000
	员工培训	0.0000	2.0000
	企业吸引力	0.0089	3.0092

四、指标打分以及综合调整系数 α 值的计算

在综合调整系数的计算上,首先,本书对各类指标进行标准化、格式化的无量纲化处理;其次,财务定量指标主要包括反映盈利潜力的销售净利率、权益报酬率和销售收入增长率,反映资金融资能力的流动比率、资产负债率,反映营运能力的总资产周转率、应收账款周转率等各项指标,以行业绩效标准平均值为基

准,将样本企业历年实际值(取 2014~2018 年五年平均值)与其进行对比,进行极差值、较差值、平均值、良好值、优秀值的等级打分。非财务的定量指标主要包括反映管理能力的营业收入增长率、β 系数值,反映创新能力的研发人员占比、研发投入、研发费用增长率。反映新老用户维度的各项指标值以及反映员工培训、企业吸引力的各项指标数值,则利用从 Wind 数据库、各样本企业历年财务报表数据等途径所获得数据,取样本企业 2014~2018 年的平均值与行业平均值进行表 4-31 和表 4-32 所示的评级打分。而定性指标主要为文化凝聚力和员工满意度,则根据历年指标绩效情况,邀请相关领域的专家教授进行打分。

表 4-31 无量纲化打分

-1	-1~-0.5	-0.5~0	0~0.5	0.5~1	1
极差值之下	极差值和较差值之间	较差值和平均值之间	平均值和良好值之间	良好值和优秀值之间	优秀值以上

表 4-32 星网锐捷综合调整系数 α

各项指标	Wi	Mi	C 层次加权得分	C 层次权重	B 层次加权得分	B 层次权重	综合调整系数 α
销售净利率 D_1	0.1667	0.6					
权益报酬率 D_2	0.8333	0.5					
盈利潜力 C_1			0.5167	0.0607			
流动比率 D_3	0.2	0.2					
资产负债率 D_4	0.8	-0.21					
资金与融资能力 C_2			-0.1280	0.0202			
财务维度 B_1					0.0288	0.0809	
总资产周转率 D_5	0.2	0.2					
应收账款周转率 D_6	0.8	0.5					
营运能力 C_3			0.44	0.0270			
企业 β 值 D_8	0.1593	0.7					
文化凝聚力 D_9	0.5889	0.5					
营业收入增长率 D_7	0.2519	0.95					
管理能力 C_4			0.6452	0.0461			
研发人员占比 D_{10}	0.1373	0.9					

续表

各项指标	Wi	Mi	C层次加权得分	C层次权重	B层次加权得分	B层次权重	综合调整系数 α
研发投入 D_{11}	0.6232	0.98					
研发费用增长率 D_{12}	0.2395	0.88					
创新能力 C_5			0.9451	0.1560			
内部流程维度 B_2					0.1891	0.2291	
独立用户访问量 D_{13}	0.5247	0.5					
滞留时间 D_{14}	0.1416	0.34					
重复访问频率 D_{15}	0.3338	0.45					
老用户 C_6			0.4607	0.4299			
新用户增加率 D_{16}	0.25	0.5					
新用户留存率 D_{17}	0.75	0.2					
新用户 C_7	Wi		0.2750	0.1433			
客户维度 B_3					0.2370	0.5723	
员工培训费比率 D_{18}	0.75	0.6					
员工生产率提高率 D_{19}	0.25	0.8					
员工培训 C_8	Wi		0.6500	0.0876			
员工保持率 D_{20}	0.1638	0.2					
新员工增加率 D_{21}	0.539	0.1					
员工满意度 D_{22}	0.2973	0.6					
企业吸引力 C_9			0.2651	0.0292			
学习与成长维度 B_4					0.06467917	0.1168	
综合调整系数 α							0.1891

以星网锐捷为例,按照本书第三章综合调整系数 α 的计算公式,本书得出的星网锐捷综合调整系数 α 值的计算过程如下:

表4-32中,各项值的计算如下,

C 层次各项加权得分 $C_j = w_{cj} \sum_{i=1,2,\ldots} w_{di} \times m_{di}$

如 $C_1 = 0.1667 \times 0.6 + 0.8333 \times 0.5 = 0.51667$,$C_2 \sim C_9$ 以此类推。

B 层次各项加权得分为:

$B1 = W_{C1} \times C1 + w_{C2} \times C2$

$B2 = W_{C3} \times C3 + w_{C4} \times C4 + w_{C5} \times C5$

$B3 = W_{C6} \times C6 + w_{C7} \times C7$

$B4 = W_{C8} \times C8 + w_{C9} \times C9$

如 $B_1 = 0.51667 \times 0.0607 + (-0.128) \times 0.0202$

α 计算公式为：

$\alpha = w_{B1} \times B1 + w_{B2} \times B2 + w_{B3} \times B3 + w_{B4} \times B4 = 0.0288 \times 0.0809 + 0.1891 \times 0.2291 + 0.2370 \times 0.5723 + 0.0647 \times 0.1168 = 0.1891$

其他样本企业 α 值的获得同理计算可得，如表 4-33 所示。

五、企业价值评估结果

在企业折现价值和综合调整系数 α 值计算基础上，本书获得样本企业最终的价值评估值，如表 4-33 所示。

表 4-33　样本企业评估值

公司名称	运用 DCF 法计算出来的市值（万元）	α	评估值（万元）
智度股份	834120.95	0.2132	1011955.54
高鸿股份	459276.42	0.6721	767956.10
生意宝	600711.28	0.3412	805673.97
恒宝股份	456076.52	0.7312	789559.67
三维通信	738890.94	0.3120	969424.91
梦网集团	1006124.61	0.1124	1119213.02
南极电商	2418502.69	0.6734	4047122.40
北纬科技	260153.72	0.9012	494604.25
拓维信息	608823.88	0.7512	1066172.38
星网锐捷	2388950.32	0.1891	2840700.83
二六三	891345.06	0.1209	999108.68
通鼎互联	1006531.04	0.2908	1299230.27
三五互联	415632.73	0.7754	737914.35
国民技术	450961.67	0.1087	499981.20

第四章 移动互联网企业价值评估实证研究

续表

公司名称	运用 DCF 法计算出来的市值（万元）	α	评估值（万元）
信维通信	3120867.44	0.0023	3128045.44
迅游科技	455678.76	0.5423	702793.35
烽火通信	3908651.42	0.6709	6530965.66
东软集团	1902233.05	0.7754	3377224.56
闻泰科技	2004433.44	0.1901	2385476.24
网达软件	340754.56	0.2054	410745.55

其中，评估值 = 折现 $DCF \times (1 + \alpha)$。

第四节　实证结果分析

根据上文实证结果数据，本书利用 SPSS 14.0 对企业评估价值与企业市值进行相关性分析，结果如表 4-34、表 4-35 以及图 4-3 所示。

表 4-34　总市值与评估值相关性分析

		总市值	评估值
总市值	Pearson 相关性	1	0.931**
	显著性（双侧）		0.000
	N	20	20
评估值	Pearson 相关性	0.931**	1
	显著性（双侧）	0.000	
	N	20	20

注：**表示在 0.01 水平（双侧）上显著相关。

表 4-35　相关性

序号	公司名称	总市值（万元）	评估值（万元）
1	智度股份	924120.07	1011955.54
2	高鸿股份	568176.30	767956.10

续表

序号	公司名称	总市值（万元）	评估值（万元）
3	生意宝	618911.28	805673.97
4	恒宝股份	447866.12	789559.67
5	三维通信	610576.02	969424.91
6	梦网集团	907068.69	1119213.02
7	南极电商	3019490.60	4047122.40
8	北纬科技	349278.51	494604.25
9	拓维信息	595514.88	1066172.38
10	星网锐捷	1226055.14	2840700.83
11	二六三	971584.44	999108.68
12	通鼎互联	990319.22	1299230.27
13	三五互联	233393.80	737914.35
14	国民技术	433824.47	499981.20
15	信维通信	2205820.98	3128045.44
16	迅游科技	455630.06	702793.35
17	烽火通信	3053814.76	6530965.66
18	东软集团	1514449.39	3377224.56
19	闻泰科技	1836601.73	2385476.24
20	网达软件	277324.80	410745.55

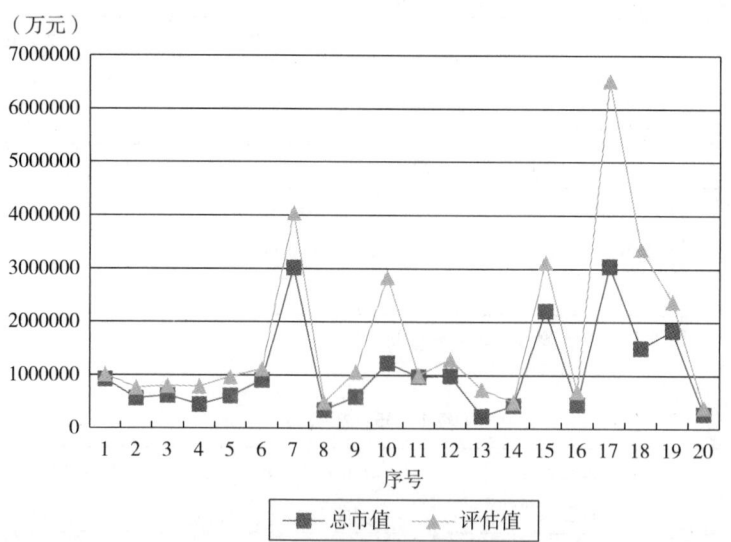

图4-3 总市值与评估值折线

由图4-3相关性分析结果可知，根据层次结构分析方法计算而得的综合调整系数来对移动互联网企业价值进行综合调整，进而得出的移动互联网企业评估价值与这20家样本企业的上市市值相关性非常高，两者拟合所得的R，Adjusted-R^2，F值和T值均通过了显著性检验，有较高的拟合程度。这说明了本书提出的综合调整折现价值评估法很好地评估了移动互联网企业的价值，模型得到了验证。

总而言之，本书提出综合调整折现价值评估法，从企业平衡计分卡理论出发，综合考虑了影响企业的内部与外部、静态与动态、短期与长期、财务与非财务的各项因素，从而对按照传统方法计算而得的企业折现价值进行综合系数的调整，该理论模型将在一定程度上为企业价值的评估提供更为充分、有价值的信息。

第五章
移动互联网企业价值创造原理及驱动因素

第一节 移动互联网企业价值创造的原理

对于企业而言,其生存的目的是价值创造,价值创造也是企业的各方利益相关者获取各自在企业的经济利益的主要途径。主要表现在:企业经营者在企业内部进行各项价值创造活动,实现企业的价值创造,是期望其投资的项目净现值大于零。从企业的所有者角度考察,除了需要掌握企业经营者现时对企业现有资源的使用效率及价值创造能力之外,还需要在此基础上正确判断企业在未来时点对相关资源的适用效率及价值创造能力。因此,从以上两个角度来看,不论是企业经营者还是所有者,都有必要掌握企业的价值创造原理及价值创造的评估方法。

本章将在前述四章价值评估论述的基础上,通过探讨企业价值评估与价值创造两者之间的关系,分析移动互联网企业价值创造驱动因素,并提出移动互联网企业价值创造的有效途径。

一、企业价值创造

关于企业价值创造的理论,学术界已有诸多论述。主要有以穆勒利润三要素理论为代表的古典利润理论,新古典利润理论,熊彼特创新理论,以企业内在成长论、企业持续竞争优势理论为代表的企业能力理论,等等。1998 年,Collis 和

Montgomery 提出,价值创造是合作战略的根本。2003 年,谢恩和李恒提出,价值活动的创新和重构是各类组织关系形成的主要原因,并在此基础上论述了以企业资源为基础的企业联盟价值创造。2004 年,刘淑莲对企业价值创造和价值评估提出了两种价值模式与六大驱动因素。2008 年,陈志斌认为,企业价值创造的重要环节是现金流战略管理的成效。

本书定义的价值创造是指提高企业资本创造能力与经营绩效水平的手段与途径。由于企业将价值创造提升到战略高度时,为企业股东创造价值是企业经营者的首要任务,因此,价值创造往往被误认为是为股东创造利益的途径,而忽略了除股东以外的其他利益相关者,从而受到质疑。事实上,企业是由一系列契约集合而成的,这些契约包含了股东、债权人、管理者、员工、客户、政府以及上下游企业。对于企业而言,股东是一系列契约中最后被补偿的利益相关者,其对企业剩余价值拥有要求权。因此,当一个企业以创造价值为最终的目的时,那么其股东只有在企业为其他的利益相关者提供价值之后,才拥有企业创造的剩余价值。所以当企业的首要任务是为股东创造价值时,先为其他利益相关者提供价值是完成这一目标的唯一途径。

企业间的竞争在全球化的进程中愈显激烈。在这样的大背景下,拥有更多资本的企业,就在市场上拥有更多机会。众所周知,资本的最大特性是逐利,正因为这一特性,对企业提出了更高的不断进行价值创造的要求。任何一家企业,要创造出更多的价值,满足资本的逐利性,就要不断创造利润。这就要求企业一方面不断开拓新的市场新的项目,另一方面须想方设法降低企业的经营成本和获取资本的成本,从而在资本市场及商品市场上站稳脚跟。对于企业来说,集合体中的契约利益相关方,不仅缔结契约,也是企业这个大型机器中的重要齿轮,价值创造观并非单纯为股东服务,亦服务于各个利益相关方。管理者不断利用各方资源开拓市场,把企业的蛋糕做大,而非仅仅将现成的蛋糕分割排序重新分配,这才是企业作为实体经济主体的价值创造观念。

二、价值创造能力

企业利润的增长体现了其盈利能力的高低。而利润是一个动态的概念,是指企业在一定时期内收入与费用间的差额。换句话说,企业在一定时期内收入与费用差额的大小,体现了其在此期间的盈利能力。因此,对企业价值创造能力进行衡量时也基于此认为企业创造能力的大小体现在企业一定时期内在价值增长量的多少。但值得注意的是，企业价值是个静态时点而非动态时期的概念，是指企业未来的收益通过折现，在某一时点上计算出的价值。出于两者的不同，需要对企业价值进行转换，将静态转换为动态，时点数转换为时期数。针对这个问题，可以进行如下处理：一种方法是将后一时点的价值减去前一时点的价值后的差额作为这一时期内企业创造的价值；另一种方法是将这一时期企业获得的收益与相应所投入的成本进行比较，得出的差额为本期增加的价值。综上可知，企业未来各期投入与产出的对比决定了企业未来各期的净收益，当企业在某一时期产出与投入的差额为正值时，该期的净收益为正值，通过折现得出企业价值，表明该企业创造了价值。若数值越大，表明企业价值创造能力越强。反之，如果两者差额为负值，表明企业价值创造能力弱，换句话说企业在损毁价值。以上的投入是指当期的人力、物力资本成本在货币形式的表现，而产出则是指货币性表现出的收益。

企业的盈利能力与企业价值创造能力是既有区别又有联系的关系。两者一般而言呈正比关系，即盈利能力强的企业价值创造能力也较强。但也可能存在特殊情况，表现为在一定时期内企业盈利能力较弱，但价值创造能力却较强。其原因在于两者计算时存在对象差异的问题。例如，盈利能力的计算是根据国家颁布的会计准则进行的，在计算利润时剔除了股权资金成本，首要考虑债务资金成本。而当考察企业价值创造能力时，这两类资金的成本都要在产出计算时予以剔除。此外，价值创造能力排除了企业非正常的收益与支出，而当考察盈利能力时，考虑对象包含了非正常损益。以上两种差异导致了企业盈利能力与企业价值创造能力得出的结果与其实质存在差异，因此两者应予以区别。

企业的能力集中体现在其价值创造能力。例如，我国学者别晓竹、侯光明（2005）提出了价值创造能力的三维结构，即业务层面的组分能力（Component Capabilities）、支持层面的结构能力（Architectu Capabilities）及发展层面的动态能力。组分能力与企业价值链上某个或某几个业务环节的优势有关；结构能力是指企业有效确定、复制、整合与管理组分能力的能力；动态能力反映企业适应环境变化发展的能力，是指企业改变其作为竞争优势基础的能力。傅俊元、丁慧平（2007）认为，企业价值创造能力表现为四个方面的能力：市场识控能力、组织管理能力、技术创新能力和网络合作能力。池国华（2009）认为，股东价值创造能力主要反映在营销能力、营运能力与研发能力上。

本书认为，企业价值创造能力是指在一定时期内，企业在内部环境及外部环境的相互作用下，在适应其变化的基础上，通过内部资源配置，建立良好的公司治理结构,在适宜的公司战略基础上,充分发挥企业核心竞争力,以此表现出来的一种内在价值数量上的增长。

三、企业价值评估与价值创造之间的关系

在本书的前四章,我们花了大篇幅来介绍企业的价值评估,那么,企业价值评估与价值创造两者之间又有什么关系呢?事实上,有效衡量企业价值,是实现企业价值最大化的必要途径,这就涉及对企业价值的评估。价值评估的作用在于向外部投资者展示对该企业价值度量的结果,只有在企业经营或投资所创造的价值大于其投入的资本时,才能起到为投资者创造增量价值的作用。大量的理论研究表明:价值创造与价值评估是一种相辅相成的因果关系。两者是价值管理的核心,而价值管理的本质就是基于价值创造的战略管理以及现金流管理。

综上可知,企业价值评估是对价值创造预期结果的度量。企业在价值管理活动中,运用价值评估来对企业的公开市场价值进行分析和衡量,并在此基础上提供有效信息,以利于投资人和企业经营者作出有效决策。价值管理的具体对象是能够驱动企业价值增值的各种价值活动及要素。要促进企业价值的管理乃至价值链的管理,就应通过企业价值评估具体分析其价值运动的过程和规律,进一步明确企业的哪些活动创造价值及创造的价值量如何,哪些活动损害企业的价值或不创造价值,损害的价值量为多少。通过以上分析,在促进企业价值链及价值管理的同时,能够客观准确地得出价值评估的结果。因此,对企业价值创造预期结果的度量具有模糊性,即价值评估是并非绝对正确的一个数字。实质上,价值评估与价值管理最大的相同点在于都离不开价值创造这个关键核心。价值管理的核心是对创造价值活动的管理,而价值评估本身虽不创造价值,但它度量企业的价值活动,其根本出发点在于价值创造活动,对企业价值创造活动进行修正,有助于企业进行价值创造。

近年来,学者对企业价值以及价值评估的认识不断深化,普遍认为,企业价值评估已不仅是对公司价值创造的预期结果进行度量,也是对企业在价值创造过程中的相关信息、价值管理的手段和途径进行深入分析。企业价值评估对企业价值活动的影响是多方面的,也可认为是其驱动因素。通过价值评估,可以进一步分析企业哪些业务为企业创造价值,哪些业务不能为企业创造价值,甚至是对企业价值造成损害,并明确所创造的价值在整体价值中的比重如何。在价值评估的理念指导下,可以科学、可靠、客观地明确价值评估的结果,并有效促进企业价

值链的管理和价值管理水平提升。因此，本书认为，价值创造是价值评估的动因，而价值评估是价值创造的结果，两者紧密相关。价值评估为企业提供的信息是价值创造赖以发展的依据基础，失去了企业价值评估，价值管理就没有了决策的科学根据。

第二节　移动互联网企业价值创造的驱动因素

对于移动互联网企业而言，其价值创造的驱动因素有很多，但本书认为，资本运营能力及创新能力是其能够创造价值并获得超额回报的必要驱动因素，也是移动互联网企业价值创造最重要的驱动因素。原因在于资本运营及创新能力所赋予企业的有利条件能够使其在短期、长期产生出净现值大于零的项目，换句话说，在两种驱动因素之下，移动互联网企业价值创造所提供的预期报酬率超过金融市场必要报酬率。

一、资本运营

众所周知，资金是企业创办和发展的源泉。近几十年来，我国的移动互联网企业多为民营企业，其中部分为家族企业，大部分移动互联网企业分布局限，规模较小，资信情况也不理想，另外，企业拥有的固定资产也相对不充足。因此，当企业因发展需要筹集资金、向银行申请流动资金贷款或长期抵押担保贷款时，常由于规模的局限、资信不良或无合适的抵押资产而无法从银行获取贷款资金，这极大地限制了企业的发展。而资本运营是企业能够解决这一矛盾的关键。同时，它作为企业提高自身经营管理水平的途径和方式极为有效。资本运营包含并购、重组、拆分上市等，通常企业通过并购等方式取得对方企业的股权之后，与之相融合的包括了两家企业的管理制度、文化等多方面。此外，企业对不同行业、不同地区企业的选择性收购，能够有效扩大企业规模、提升企业形象。

二、创新能力

移动互联网一直是我国政府十分重视的行业之一。在这个互联网更新换代速度极快的时代,创新活动是移动互联网企业经营发展的重中之重。传统意义上的企业创新能力是指企业进行科技创新与开发的单一技术性能力,然而企业的产品创新,不仅需要强大的研发能力作为支撑,还要求企业管理者充分利用内外部各方面资源,合理进行资源配置,因此对移动互联网企业的资源管理能力和组织协调能力提出了更高的要求。在这样的背景下,唯有将企业研发出的资源及内外部创新资源进行合理整合规划,并配套相适应的组织结构,才能更好地进行企业的创新活动,体现其创新能力。本书认为,移动互联网企业的创新能力除了科技研发能力,还包括企业对创新资源的战略分配能力以及企业是否提供了与创新活动性质相匹配的创新组织结构。而具有更强资源管理能力和灵活组织结构的移动互联网企业,才能充分运用有限的资源更有效地开展创新活动,发挥出更大的创新优势。

第三节　资本运营与移动互联网企业价值创造

全世界范围内资本运营是从 20 世纪 90 年代兴起的,其主要方式是兼并收购、企业重组等,使企业规模不断扩大,成为企业扩张的主要方式之一。综观世界上著名的大规模企业,几乎没有一家不是通过资本运营扩张发展起来的。其发展史中必定包含了某种程度的兼并、收购等运作方式。较有名的有美国的杜邦公司、西屋公司、迪士尼公司等。此后十年,兼并的案例比比皆是,且以大型上市公司为主,金额巨大,动辄以百亿美元计。进入 21 世纪,兼并收购的金额已有超过千亿美元的,如美国在线和时代华纳合并为世界媒体巨人,交易总额高达 1840 亿美元,创造了历史最高纪录。同时,以惊人速度增长的还有企业并购的总规模。从单纯的企业生产经营到资本运营,国外大型企业的企业经营核心已定位于资本运营,并将资本运营定义为企业提高价值的有效手段。大规模的世界范围内企业的并购和重组,使大量企业取得了不菲的业绩和高速的发展。

同样,近年来,为加快移动互联网企业的迅猛发展,移动互联网企业纷纷采取上市、风险投资、并购、联盟、成立合资公司等资本运营模式,募集企业发展的原始资本,进一步拓展市场,提升竞争力。据中商产业研究院整理数据,2012 年,国内移动互联网行业迎来爆发期,行业投融资数量达 129 件。2013 年、2014 年持续增长,行业私募股权投融资事件分别达 135 件、150 件。其中,2014 年为近几年最高峰。从投资轮次来看，2012~2018年，在移动互联网行业投融资轮次中，天使轮投资占比最多，达46%，投融资事件为282件；其次为A轮投融资，占比达33%，项目达204件；B轮投融资事件有59起，占比为10%；PreA轮和种子投资事件各有16起；C轮投融资有13起。由此可见，考虑资本运营所能带来的资本保值增值的强大功能，我国移动互联网企业正试图以各种资本运作方式来改变行业竞争格局，推动该行业的产业链化和生态化发展。

一、资本运营、生产经营及其与企业价值创造

1. 资本运营与生产经营

资本运营是指公司把所拥有的各种社会资源、各种生产要素，即所拥有的各种资本，视为可以经营的价值资本，通过流动、收购、兼并、重组、参股、控股、交易、转让、租赁等各种途径优化配置，进行有效营运，以实现最大限度增值目标的经营活动。换句话说，资本运营就是企业通过对其现有资本及资金运动进行一系列统筹和经营，以达到资本最大限度增值的目的。资本运营理论以建立并培育企业核心能力为导向，以期在市场上获得长期的竞争优势，并认为要达到这一目的必须将企业内部管理和外部交易两种策略有效结合，而作为企业外部交易战略运用的资本运营，其最普遍、最复杂的运用形式包括了兼并、收购、重组三种。通过合理的资本运营，企业可以在短时间内发展壮大，并且可以获得通过自身努力无法获得的资源，美国经济学家、诺贝尔经济学奖获得者乔治·斯蒂格勒曾经说过，综观世界上著名的大企业、大公司，没有一家不是在某个时候以某种方式通过资本运营发展起来的，也没有哪一家是单纯依靠企业自身利润积累发展起来的。

企业经营与资本经营不一样。企业经营指的是企业的生产经营，是以法人资产保值增值和股东财富最大化为目的，对具体的资产和其他相关生产要素进行管理、配置和运用，使其发挥出最大的功效，以尽可能低的投入创造出尽可能高的产出的过程。企业经营是企业为保持持续、稳定、健康发展，实现企业的经营目标，通过对市场环境、宏观条件、本行业发展趋势和地区同行业的动态分析，研究确定本企业的经营目标和使命。一般来说，企业生产经营所追求的是专业化和特色化，集中在经营者所擅长的资产经营领域内从事资产经营活动，创造出最大的生产利润。企业生产经营的这些特点要求经营者必须具备包括人力资本在内的

各项具体生产要素的组合与配置能力；对具体的产品市场与要素市场状况和前景的了解和预测能力。可以看出，企业生产经营作为国民财富的创造过程，是国民经济活动中最基本的内容。从财务会计的角度讲，这些活动主要涉及资产负债表左侧的各项内容。而要实现企业的经营，必须使企业的资本放大、增值，在经济运行中处于较高层次，获得超额利润。因此，资本运营是我国社会主义市场经济体制建立过程中提出的新的经济范畴。企业是资本的载体，资本是企业的血液。搞好资本运作，合理地筹措资本，有效地运用资本，不断地增加资本积累，提高资本运作的效率和效益，才能使企业充满活力。

资本运营与生产经营都属于企业经营的范围，二者既有区别又有密切联系。生产经营是以产品为经营对象，从实物形态去运作企业资源，包括物资采购、产品生产、商品定价、市场营销等价值链环节；而资本经营则以资本价值为对象，从价值形态去运作企业资源，包括资本筹措、资源配置、资产重组、营运杠杆等价值环节。生产经营和资本经营是资源增值过程中的两个阶段，生产经营是资本经营的物质基础和前提条件，资本经营是生产经营的深化延伸和必需手段。如果说资本经营是企业的"外功"，那么生产经营就是提高企业可持续发展的潜力的"内功"，真正的企业高手应是"内外兼修"的。从根本上来讲，资本运营收益是产业利润的一部分，表现为资本经营之前和之后企业利润的差额，往往通过资本收益率来反映资本增值情况。比较而言，资本经营是一种"可增长技能"，具体表现为收购、兼并、重组、分拆、合并、置换、变现等多种手段，对价值化（资本化或证券化）的企业自愿进行存量调整、实现质量优化、促进增量扩大。因而，企业一旦具有这种技能，就会在较短时间内拥有不同寻常的竞争优势，获得难以想象的资本增值，甚至会收到四两拨千斤的神奇功效。因此，资本经营已成为现代企业经营中不可或缺的形式，甚至作为一种独立的经营形式成为某些企业独特的核心能力和竞争优势。当然，如果一个企业进行纯粹的资本经营，那么就过于冒险而难以形成稳固的实业基础，甚至形成"泡沫经济"和价值虚增。

翻开世界上任意一家著名企业，特别是长寿企业的历史，都不难发现其共同点：①都是股票上市公司，资源具有高度的流动性；②都是生产经营和资本经营高度互动结合的产物，通过不断的收购兼并活动迅速成长起来。从20世纪60年代开始至今，李嘉诚财团的形成过程，正是以其旗下的长实集团与和记黄埔集团为核心而展开的一系列购并史。

总而言之，生产经营与资本运营两者之间的关系如下：

一方面，企业生产经营是资本运营的基础和最终归宿。首先，在企业生产经营和资本运营的发展变化过程中，企业生产经营是资本运营的基础，资本运营服务于企业生产经营，需要符合企业生产经营的发展战略和发展方向。其次，资本运营的最终目的是实现资本的增值，但是资本运营本身并不创造价值，从创造价值的角度看，资本需要通过资本所有者的投资活动和企业的筹资活动进入企业，在企业内根据选定的投资项目转化为资产，用于某种生产经营活动。因此，对企业而言，资本运营的收益主要来源于生产要素优化带来的经营利润，其实质是企业生产经营所创造财富的二次分配。

另一方面，资本运营是企业生产经营发展到一定阶段的客观要求。市场竞争规律是市场经济的一条重要规律，优胜劣汰、适者生存是竞争的基本法则。企业生产经营成本是决定企业市场竞争力的一个重要因素，生产经营成本的高低是衡量企业竞争能力的一个重要标准，在某种程度上企业的竞争是企业生产经营成本的竞争。因此，各个企业为了提高市场竞争力，都力图降低生产经营成本，而资本运营是企业降低成本、提高市场竞争力的重要途径。企业通过资本运营，既降低交易费用，又利用自己的各种优势，在更大的范围内支配生产要素，实现优势互补，追求规模经济效应和范围经济效应，使资源的配置更加优化高效，节约成本，提高竞争力。

2. 资本运营与企业价值创造

作为企业资本化经营方式的资本运营，指的是企业运用流动性较强的价值形态，比如金融市场上的证券形态来运作企业内外部资源，从而达到在短期内促使企业资源增值的目的。如果把资本化经营比喻为企业经营金字塔的塔尖，那么证券化经营就是企业资本化经营的塔尖。这样的运作方式能使得企业具有价值化的资源资本化、证券化，增强其在市场上的控制力和竞争力，使得市场流动性加大，市值得到最大程度的增长，使企业不断扩张，资本回报率不断增强。

资本运营作为一种可增长技能，通过兼并、收购和重组等几种方式，能够使得企业达到资本扩张和增值的目的，对企业内外部资源增值的功效极大，即所谓的"四两拨千斤"。资本运营可以快速增强企业资产的流动性和变现能力，从而大大提高企业资产的市场价值。在证券市场上，由于"财富效应"，企业市值远高于企业账面价值，并且市值不断增值，增值幅度不断提高。另外，在金融市场上，衍生工具的出现使得证券经营集合财富的能力大大增强，且速度远超过其他任何领域。这使得企业能进一步快速扩张并积累财富。进一步，利用杠杆原理，资本运营强调利用有效资源控制更多资源，甚至利用少数资本控制全部财富，与此同时,提高变现能力,通过降低控股比例,获得更多的现金,从而放大控制倍数,以更小的资本掌握企业资源和财富的控股权,并且使公司全体股东受益,使其财富迅速增加,并提高企业市值。最后,在证券市场上,可以通过资产配置,建立流动性资产组合,其在风险规避能力上具有无可替代的作用,通过规避内外部风险引发的财务危机,从而达到企业资源的保值增值。总而言之,资本经营已成为企业提高核心能力和竞争优势的一把利剑,其杠杆效应使得企业资本能够在短时间内迅速增值,从而获得竞争能力。

近年来,由于商品服务市场趋于向金融市场靠拢,企业股票价值与账面价值之间差额不断扩大。因此企业在不断加大主营业务价值增值投入的同时,也要重视提高其以股票价格为中心点的金融价值,并使二者之间产生良性循环与互动。以通用电气资本公司(GEC)为例,在其从事资本化经营的5年间(1994~1999年),在全球范围内兼并约3000起,从而成为世界一流的非银行金融机构。GEC的经营理念是,与"生养"企业相比,"收养"企业显得更为有利。通用电气资本公司设立了目的在于追求企业融合的一体化公司团队,并把并购企业的过程记录在册,从而逐渐形成了企业"融合模式"的诀窍,实现了"并购—提高业绩—并购"的资本经营良性循环。同样,以并购小企业闻名的思科公司,专注于并购成长阶段的中小企业,能力统一达到世界一流水平。可以说,并购是思科公司在15年内市值就一度领先全球的助推器。纵观思科公司并购历史,从并购量来说,在1990~2000年的十年里,思科并购了62家中小企业。从绩效来看,1990~1997年,思科的并购绩效居于行业前列,远远高于平均水平,并在1993~1996年连续三年呈递增态势。此外,被并购企业50%的CEO在并购后仍然在思科就职,员工流动率并未随着并购而增加,仅为6.75%,远低于行业20%的员工流动率。思科并购的成功取决于其先进的并购理念和方法。第一,思科将目标公司定位为具备核心技术的中小企业,进行高效率且细致的选择,并以股票进行支付,投资该企业10%的股权,购买其正在研发的产品,等到企业核心技术研发成功之际将其全面收购,再运用思科在生产、融资等方面的优势快速将新产品推向市场销售。第二,思科每一起并购都采用相同的并购方式,且流程统一,这样的方式使得并购团队的工作人员通过数次并购逐渐累积经验,从而避免了员工操作风险。第三,企业高度重视并购整合的全过程,在并购前就对目标企业进行有效评估,并成立了整合委员会,使得整个并购过程能够拥有高层次的平台,快速进入到并购正常状态,从而提高并购整合效力。思科的成功证明了在不断变迁的知识经济时代,发展壮大企业的最好方式就是并购。因此,可以说高质量资本运营水平是思科成功的关键因素。

一般地，资本运营体现为股票上市、控股扩张、收购兼并、跨国投资经营等各种有效合理的方式，这些方式各有各的优缺点，可以有效促使企业成长为科技水平领先、市场占有率高、多元化经营效益可观的优势企业。以上市为例。企业通过公开发行股票募集社会闲散资本，是资本运作的高级形式。上市最明显的优点在于获取资金。非上市公司通常资金有限，也就意味着它们为维持自身运营提供资金的资源有限。公司能够通过上市获得大量的资金进而初步成长。通过公开发售股票（股权），一家公司能募集到可用于多种目的的资金，包括增长和扩张、清偿债务、市场营销、研究和发展以及公司并购。不仅如此，公司一旦上市，还可以通过发行债券、股权再融资或定向增发（PIPE）再次从公开市场募集到更多资金。另外，上市可以帮助公司获得声望和国际信任度。伴随公司上市的宣传效应对于其产品和服务的营销非常有效。而且，受到更多的关注常常会促进新的商业或战略联盟的形成，吸引潜在的合伙人和合并对象。从私人公司向上市公司的转变还会增进公司的国际形象，并增加顾客和供货商与公司长期合作的信心。一个在国际资本市场上市的公司将在中国国内获得显著的品牌认同。这些对于企业的成长相当重要。同样地，以兼并收购为例，兼并指两家或者更多的独立企业、公司合并组成一家企业，通常由一家占优势的公司吸收一家或者多家公司。收购指一家企业用现金或者有价证券购买另一家企业的股票或者资产，以获得对该企业的全部资产或者某项资产的所有权，或对该企业的控制权。兼并收购可以扩大企业生产经营规模，降低成本费用。通过兼并收购，企业规模得到壮大，能够形成有效的规模效应。规模效应能够带来资源的充分利用和充分整合，降低管理、原料、生产等各个环节的成本，从而降低总成本。此外，通过兼并收购，可以提高企业市场份额，提升企业在行业中的战略地位。规模大的企业，伴随生产力的提高、销售网络的完善，市场份额将会有比较大的提高，从而确立企业在行业中的领导地位。最后，通过兼并收购跨入新的行业，企业可以实施多元化战略，分散投资风险。随着行业竞争的加剧，企业通过对其他行业的投资，不仅能有效地扩充企业的经营范围，获取更广泛的市场和利润，而且能够分散因本行业竞争带来的风险。例如，前述所举的通用电气资本公司与思科公司便是充分运用了并购效应的例子。

总而言之，资本运营至少在以下几个方面对企业发展做出了贡献：

第一，有利于完善企业制度。企业制度是企业产权制度、组织形式和经营管理制度的总和，是一个以产权制度为基础建立起来的企业组织形式和经营管理制度体系。企业制度的变革与完善，是企业内在成长的标志，资本运营带来的规模扩大、市场占有率提高等企业成长的外在效果，要求企业适时改革和完善企业制度，建立推动企业健康、有序、可持续发展的制度体系，调整企业与内部员工及外部经济主体之间的经济关系。

第二，有利于优化企业资本结构，盘活企业存量资本。一般来说，企业的资本结构是股权和债权的资本比例关系，反映着企业内部的权益关系。资本结构是否合理，不仅关系着企业正常的生产经营活动，而且对企业的发展、壮大起着不可忽视的作用。合理的资本结构会使企业投入的资本起到"四两拨千斤"的效果，而有效的资本运作方式恰恰能优化企业的资本结构，降低资金成本。经过一段时间生产经营的企业，或多或少都会存在一些不可用、无须用或很少用的闲置资产，这些闲置资产长期被置于生产经营活动之外，不仅会占据企业一定的人力、物力资源，形成资源浪费，而且会造成企业资金沉淀，影响企业经营效益。资本运作能够通过资本交易等方式，将无用资产转换成可用资产，进而提高资本收益水平。

第三，有利于扩张企业规模。作为企业成长的表现形式之一，企业规模的扩张，需要通过优化配置企业内部资源，运用收购、兼并、融资租赁等资本运营手段，整合企业内外部资源，获得企业发展所需的重要资质和技术能力等竞争优势，形成规模经济，获取规模效益，实现企业的跨越式发展。

第四，有利于调整产业结构。为了适应不断变化的经济环境，企业必须以市场为导向，调整产业结构，提高企业自身的市场竞争能力。资本运营能借助资本市场，调整产业结构，优化企业生产经营，避免分散结构变化给企业发展带来的风险，实现企业向本行业或跨行业渗透、扩张的目的。

二、移动互联网企业资本运营方式

出于实现企业利润最大化和资本保值增值的目的，现有企业往往会选择将企业内外部的有形和无形资本采用流动、裂变、组合等方式加以运作，这便是所谓的资本运营。对于移动互联网企业来说，其资产以无形资本为主，属于轻资产型企业。因此，我们将移动互联网资本运营定义为狭义的、以无形资本运营为主的、包括投融资以及资本分配等活动的企业行为。主要资本运营模式包括：

1. 融资模式

移动互联网企业特殊的商业模式使得其在发展初期迫切需要大量外部资本的

投入。此时，企业往往会选择公司上市（IPO）、风险投资、质押融资、发行债券等融资方式来获取外部资金。其中，上市是指企业通过证券交易所首次公开向投资者增发股票，通过公开上市，移动互联网企业可以快速融到资金，并能为风险投资提供退出渠道；风险投资主要强调以私募方式融入资金，这种方式不仅能有效解决移动互联网创业企业初创期的资金需要，还可以协助移动互联网企业后续产品定位、产品结构优化、外部资源整合等；此外，移动互联网企业在发展过程中如遭受资金链断裂等危险时，也常常选择质押融资、发行债券等方式来融资，质押融资主要是指企业以实物资产、股票以及有效证券为质押来融资，以解决经营过程中的流动资金不足。发行债券则是指发行人以借贷资金为目的，向投资人要约发行代表一定债权和兑付条件的债券的法律行为。

2. 资本运用与投资模式

企业筹集资金的根本目的是实现资本规模的进一步扩大以及资本的增值保值，因此，有一定资金的企业要善于把握资本的运用与投资。对于移动互联网企业来说，资本的运用与投资模式主要有股权投资合作、收购与兼并、战略联盟等。其中，股权投资合作模式包括增资扩股、股权转让等。增资扩股是指公司新发行一部分股份，并将这部分股份出售给新股东或者原股东以使公司股份总数得到增加；股权转让则强调公司股东将自己的股份让渡给他人，使他人成为公司股东的民事行为。另外，收购与兼并又称为并购。收购是指一家企业为了获取另一家企业的部分或全部所有权，以现金、股票或有价证券等形式的资本购买另一家企业的资产来实现自身战略发展的需要；兼并是指吸收合并，通常地，由优势企业吸收一家或多家企业，并最终合并成一家企业。对于移动互联网企业来说，企业并购有利于参与各方整合自身的优势资源，积极参与产业链各角色之间的合作，如谷歌收购摩托罗拉移动、阿里巴巴竞购雅虎等。战略联盟是两家或者两家以上的企业为了达到共同的战略目标而采取的相互合作、共担风险、共享利益的联合行动，包括技术联合开发等，如谷歌与三星结成战略联盟合作开发 Andriod 系统手机。

三、资本运营对移动互联网企业价值创造的意义

1. 商业发展模式需要

与大多数生产型企业不同，移动互联网是"用户为王"的行业，其商业发

展模式表现为"发展用户+后期收费"。企业只有在前期以客户需求为导向不断研发、升级移动应用产品,并不断发展用户、积累用户,填补市场缺口,形成具有市场竞争优势的用户规模,才能在后期进入收费模式,实现商业利润。而在前期,由于移动互联网企业处于发展初期,资金及用户规模均不成熟,此时若能积极应用资本运营战略,则有利于企业后续稳定健康持续发展以及长期发展战略的制定。

2. 解决资金短板

资本运营战略的一个显著意义在于能够解决企业发展资金短缺的困境。尤其对于初创期的移动互联网企业来说,产品用户数量较少,商业模式不成熟,很多企业都处于"烧钱"模式,并未真正盈利,产品创新和运营推广需要巨大的资本金,要想继续发展,必须扩大用户规模,增强用户黏性,创造符合用户需求的优秀产品,不断创新产品功能,而所有这些都需要有充足的资金作为保障。譬如图片分享创业公司Instagram,其创业初期一度亏损270万美元,直到2012年Facebook以10亿美元的天价收购,该公司才没有被扼杀在创业阶段。而当移动互联网企业进入中后期,为了进一步开拓市场,推进业务的可持续发展,企业仍然需要通过风险投资或上市等资本运营手段来汲取企业后续发展所需的资金。

3. 扩大市场份额

对于移动互联网企业来说,其未来发展趋势是形成产业链,推进一体化,而这一过程势必会形成与硬件终端、软件应用、实体线下企业和传统企业的激烈竞争。与仅仅依靠企业内部自身发展模式相比,移动互联网企业在这一激烈竞争中若能适时推进资本运营战略,则能有效解决企业发展过程中面临的资金、技术、人才等紧缺资源,在激烈市场竞争中形成自身竞争优势,扩大市场份额,增强企业竞争力。具体地,一方面,企业可以通过发行股票、风险投资、发行债券等手段来融资,进而有效推动产品及业务模式创新、提升产品推广速度、扩大用户规模;另一方面,企业可以通过控股合并、收购、战略联盟、买壳造壳等资本运营手段来有效解决自身技术、产品、人才等方面的不足,与其他优势企业深入交流与合作,从而降低企业运营成本、提升企业运营效率,利用其他企业广泛汲取市场资源,开发新市场机会,实现资源互惠融通、有效共享,并最终实现移动互联网企业扩大市场份额、共赢的目标。

4. 形成共赢产业链条,推动行业发展

随着移动终端覆盖率的提高、技术普及性的加强、用户需求的提升,越来越多的企业包括通信运营商、电子商务、终端制造、应用商店、线上线下厂商等纷纷加入移动互联网行业，这使得移动互联网行业产业链条将被拉长，行业逐步趋于一体化。移动互联网企业面临这些新进入者一方面要形成自身优势，打造高质量的差异化的服务与产品，实现自身领域的圈地战略；另一方面更要强调与这些企业加强合作，互惠互利，优势互补，形成共赢产业链条。在这一过程中，恰当的资本运营战略可以实现以上要求。譬如，业界典型的"硬件＋软件＋服务"的苹果模式就是如此。苹果公司积极与其他移动互联网开发者合作，打破传统手机制造商单纯通过销售终端盈利的模式，有效结合移动终端与互联网服务，形成自身独特的运营模式并获得巨大成功，在硬件生产方面，其又积极与LG、三星等对手合作竞争，实现资源高效整合，迅速获得市场机会。

5. 建设开放合作平台，构筑互联网生态系统

开放的合作平台是移动互联网未来发展的趋势，生态化是其终极目标。很多优秀互联网企业正着力于构建自身的开放合作平台，如Facebook、腾讯等。移动互联网全生态链条人气平台的构建有利于以此为跳板，积极向各个传统链条发力并寻求突破，产业链条根据商业需要而延伸，并最终实现盈利。然而，移动互联网行业开放性、长尾性的特殊性使得移动互联网平台建设不能仅凭一家企业单枪匹马完成，势必需要通过战略联盟、并购重组等资本运营战略来共同搭建。唯有如此，信息生态平台才能更加多元化，应用程序接口才能更加开放，也才能吸引更多的开发者加入进来，以开放形态加强移动互联网产业链的相关企业合作，并最终促使整个移动互联网行业朝着更加良性、开放的方向发展，形成良性的产业生态系统。

应该说，资本运营贯穿于移动互联网企业生命周期的各个阶段。有效的资本运营战略能满足移动互联网特殊商业模式的需要，为移动互联网企业前期资本的积累和市场进入打下良好基础，帮助企业在中后期提升自身竞争力、迅速打开市场，开展与对手企业的竞争合作，形成产业链条，并最终实现移动互联网企业构建以开放合作平台为中心的移动互联网全生态系统。然而，资本运营并不是万能的，也存在一定的风险性。我国目前有很多移动互联网企业或者由于业务模式与资本模式不相关，或者由于估值过高、资本成本过高等而使得企业处于亏损甚至破产状态，典型案例如乐视网。乐视网信息技术（北京）股份有限公司（股票代码：300104.SZ）成立于2009年1月，由乐视移动传媒科技（北京）有限公司整体变更设立而成。其于2010年在中国创业板上市，是行业内全球首家IPO上

市公司,曾经是中国大型互联网公司中唯一的纯内资公司,中国A股最早上市的视频公司,市值曾居我国视频行业第一,中国创业板第一。然而,2019年8月29日,乐视网披露上半年报,其中营业额为2.54亿元,同比下滑74.75%,净利亏损达100.46亿元。营业额只有2.54亿元,为什么亏损会超过100亿元呢?原因主要在于此前乐视网违规对乐视体育股东及乐视云股东的担保案件。对此,乐视网在2019年半年报中说到,上市公司根据2019年上半年案件判决及进展情况,基于谨慎考虑,乐视网负担乐视体育、乐视云案件负债98亿余元。如果乐视网后期因上述案件被强制性执行,可能面临巨额债务无法偿还的状况,将直接影响公司经营稳定性及可持续性,甚至会导致破产倒闭。这一切都是乐视网在鼎盛时期疯狂融资和四处投资造成的恶果,如今这个隐患终于爆发了。

回顾一下,自2010年8月12日乐视网选择在深圳证券交易所创业板上市以来,乐视网通过股票质押、发行债券、引入风险投资、收购兼并、开展战略联盟等方式展开了一系列的资本运作。具体如下(见表5-1):

表5-1 乐视网鼎盛时期资本运营模式总结

年份	资本运营模式	类型
2011	股票质押融资	融资
	战略合作	资本运用与投资
2012	股票质押融资	融资
	战略合作	资本运用与投资
	发行私募公司债	融资
2013	股票质押融资	融资
	购买壳公司	资本运用与投资
	战略合作	资本运用与投资
2014	股票质押融资	融资
	风险投资	融资
	减持并借钱给上市公司	资本运用与投资
2015	股票质押融资	融资
	引入风险投资	融资
	减持并借钱给上市公司	资本运用与投资
	定向增发	融资

2011年7月到2012年底,CEO贾跃亭等多次用所持乐视网股票质押融资,

累计质押约25%股权，所获资金约为IPO募集金额的2倍（乐视网IPO募集7.3亿元）；随后，2013年2月8日到2014年7月3日，贾跃亭、贾跃芳又进行了总计26次质押和11次解押；2015年10月26日，贾跃亭再次解押5.37亿股，并将其中的5.07亿再次质押。通过频繁质押股票，乐视网获得了几百亿元资金。

2011年10月，乐视网与土豆网出资设立合资公司以共同开展国产影视剧网络版权的采购与销售业务。

2012年1月，为推进传统视频网站进军互联网电视，乐视网选择与CNTV合作，使乐视"盒子"获得广电总局的授权（即互联网电视牌照）。

2012年2月，乐视网与网易就视频服务平台的内容建设事宜达成《合作协议》，其中，乐视负责平台的技术支持，网易则需向乐视网支付累计保底经营收入1亿元。

2012年3月，乐视网与361°子品牌"尚"达成独家战略联盟，该品牌承诺未来4年在乐视网投资1亿元；随后，乐视网与国内知名品牌京润珍珠亦达成千万级的战略合作。

2012年5月10日，通过非公开发行公司债券，乐视网募集资金2亿元，成为首家成功发行私募公司债的创业板公司。

2013年，乐视网与富士康科技集团达成战略合作，将乐视TV超级电视以及互联网机顶盒产品等交由富士康代工。

2013年9月，利用现金和发行股份相结合，乐视网购买了《甄嬛传》制作公司花儿影视100%的股权，同时，以股份发行的方式购买乐视新媒体99.5%的股权，并募集配套资金，交易总额为15.98亿元。而后者是在乐视网停牌后的9月12日才新设立的壳公司，经过贾跃亭和红土创投的注资，壳公司将以3亿元的估值注入上市公司。

2014年9月，乐视影业完成3.4亿元的B轮融资，包括恒泰资本等多家投资方参与投资。

2014年12月，乐视网向证监会提交了定增1.3亿股、募集45亿元的再融资方案，不过该方案并未获准。直至2015年，乐视网重新提出再融资方案申请，并于9月获准定向增发并募集资金48亿元。

2014年12月，乐视网股东贾跃芳以转让股份的方式向公司提供金额不少于15亿元、期限不少于5年的免息贷款。

2015年5月，贾跃亭宣布减持股份以套现来获取资金的方式借钱给上市公司，并在随后的6月分两次减持套现25亿元。但该种资金募集方式引发极大争议，最终该年减持1.35亿股，套现57亿元。

2015年11月，乐视移动利用定向增发再融资5.3亿美金。

因此，移动互联网企业在积极运用资本运营战略的同时，也要注意防范其巨大风险，注重通过加强业务模式创新、培育及提升核心竞争力、树立资本运营风险意识、建立内部资本运营风险管控中心等途径来规避或降低企业资本运营风险，提升资本运营效率。

第四节　创新能力与移动互联网企业价值创造

一、创新能力

移动互联网企业可持续发展的核心竞争力驱动因素之一就是企业的创新能力。根据艾德勒和什拔（Adler & Shenbar，1990）的定义，企业的创新能力是指：第一，研发满足市场需求的新产品的能力；第二，将合适的技术应用到新产品开发过程的能力；第三，发展满足未来市场需求的新产品并拓展现有技术的能力；第四，应对竞争者创造的非预期的技术事件以及挖掘未来市场机会的能力。根据这一定义，企业创新能力主要强调适应外部市场环境和市场需求的技术创新能力。波利和克里斯坦森（Pauly & Christensen，1995）将创新资产分为以下四类：第一，科学研究资产；第二，过程创新资产；第三，产品创新资产；第四，美观设计资产。在这一定义中，增加了科学研究和后期产品美观设计的维度，然而这些定义都将企业创新限定在产品生产这一维度，而企业的创新活动所涵盖的范围远不止于此。

一般来说，具有创新能力的企业能够在更新换代率极高的时代通过整合企业内部资源快速生产出新的产品，来适应不断提高的市场需求。为了达到这一目的，对于移动互联网企业来说，其相比于其他类型的企业，更强调两大类创新能力：一是强大的商业模式创新能力，二是强大的技术研发创新能力。企业的创新活动只有在两者相互融合且有效合理战略规划的基础上，配之以相应的组织结构支持，才能够更好地进行和完成。

二、商业模式创新与移动互联网企业价值创造

1. 商业模式创新相关研究

随着企业间竞争越发激烈,现代企业竞争早已超出产品与技术的范围,独特的商业模式逐渐成为企业的制胜法宝,故商业模式的概念自提出之初就广受学界关注。Zott 和 Amit(2009)指出,一个商业模式是面向所有参与方的总的价值创造,是为通过开发商机而创造价值所设计的交易内容、结构和治理,商业模式的设计主题包括新颖性、锁定性、互补性和效率性。Teece(2010)指出商业模式的本质是定义企业向客户提供价值、吸引客户支付价值并将这些支付转化为利润的方式。Dasilva 和 Trkman(2014)基于资源观点和交易成本经济学分析了战略、动态能力与商业模式之间的关系,认为商业模式偏向于微观视角下定义公司如何运作。

关于商业模式创新,Chesbrough(2013)认为,价值主张、市场选择、活动选择以及企业如何获取价值的组合是解释竞争中商业模式创新成功的关键。Girotra 和 Netessine(2014)分析了商业模式创新的关键:确定所提供的产品或服务、做出决策的时机、确定决策者以及决策者选择这样做的动机。Schneider 和 Spieth(2015)从商业模式创新的前提条件、要素和过程、影响三方面对以往文献展开梳理与总结,随后提出了未来重点研究领域。Hacklin(2018)等采用案例编码分析方式,考察了不同程度产业价值迁移背景下企业应选择何种商业模式创新及其对后续企业绩效的潜在作用机制。

从国内关于商业模式创新的研究来看,国内研究集中于作用机理、影响要素、演进路径等方面。首先,在商业模式创新作用机理研究方面,刁玉柱和白景坤(2012)将商业模式创新分为企业战略分析、创新要素利用、收入模式设计三个组成部分,并通过多案例分析得出创新活动内部的因果联结机制是驱动商业模式创新的内在机理。王水莲和刘莎莎(2016)以海尔为例,通过扎根分析建立了商业模式创新演进的机理模型,剖析了商业模式的演进动力,确定了商业模式演进载体为组织结构、管理手段、运营机制、企业战略和关系资本。其次,在商业模式创新的影响因素方面,曾萍和宋铁波(2014)从内外要素集成角度出发,构建了企业社会资本、治理结构、技术创新能力与 IT 基础驱动商业模式创新的理论模型,并通过实证研究得出上述因素均对商业模式创新具有正面作用。易加斌

等（2015）基于知识视角，以高新技术企业为对象，对信任、知识共享、组织学习和商业模式创新的内在关系进行实证研究，结果表明组织学习对商业模式创新具有显著的正面作用，信任和知识共享通过组织学习对商业模式创新产生作用。最后，在商业模式创新路径方面，李长云（2012）将新信息技术当作商业模式创新的内生变量，提出了三条商业模式创新路径，分别是基于学习机制，基于信息、知识、价值三流互动匹配机制，基于知识管理机制的商业模式创新路径。李飞（2013）等构建了零售企业商业模式创新的理论框架，以海底捞为例得出商业模式创新路径包括两条，一是由外到内的顾客价值—营销模式—关键流程—重要资源，二是由内到外的重要资源—关键流程—营销模式—顾客价值。

2. 移动互联网时代的商业模式创新

在移动互联网经济时代，传统制造业企业受到巨大冲击，以供给为导向的传统商业模式逐渐走向消亡，以需求为导向的互联网商业模式创新与企业价值创造慢慢出现。此时，企业能否克服惰性进行转型而不是沉迷于过往的成功，是企业能否适应经济发展的关键因素。当企业现有模式难以适应当前经济的发展，不能为企业提供足够的成长空间时，企业应适当地进行战略转换及组织结构改进，创造出适应当前互联网经济时代的商业模式，同时，商业模式的改变也必定会引起企业价值创造体系发生变化。经济环境及政策方针对于商业模式的创新存在重大影响，因此，商业模式创新往往是对外部环境的适应性反应。

在全面移动互联网化时代，移动互联网的职能发生了变化，由原来的生活工具职能转变为生产要素职能，驱使商业生产模式发生了巨大的变化。传统的制造业商业模式在移动互联网的作用下，将组织模式创新、知识创新、技术创新和移动互联网相互结合，从而形成一个新的价值创造、传递与获取的体系。相比于传统商业模式，移动互联网时代的商业模式在生产方式、销售渠道和信息沟通等方面已经呈现了不同的背景环境，这就倒逼移动互联网企业进行创新。具体地，在生产方式方面，与传统制造业强调大众营销，利用少数产品的大规模生产供给市场不一样，互联网经济时代强调激发和释放消费者的个性需求，由消费者不同的个性需求来倒逼生产端生产不同性能的产品，商业模式由大规模生产向多品种、小批量生产转变，供给导向变为需求导向。在销售渠道方面，与传统制造业主打线下销售不一样，移动互联网联通了线上线下，不再需要过分依赖他人渠道或经销商进行销售和配送，而是强调线上销售。针对广大的互联网用户，消费者可以通过线下体验然后利用手机客户端进行线上购买，直接促成交易实现，这一方面扩大了销售量，另一方面通过互联网媒体增大了企业或品牌的知名度。进一步，通过线上销售，移动互联网企业缩短了从生产商到消费者的产品供应链长度，避免了中间供销商价差和线下门店固定支出成本。在信息沟通方面，传统商业模式下，生产所需要的信息主要通过简单的市场调查及经销商反馈，由于信息传递的滞后性，厂商缺乏有关市场需求的直接真实信息，致使厂商生产不足或过量，错失市场时机或者积压存货。移动互联网的出现使得消费者的真实需求信息通过计算机网络快速传达，厂商的信息同时也快速传达给消费者，信息的有效沟通更加便于双方做出正确决策。

因此，在移动互联网时代，由于企业在生产方式、销售渠道、信息沟通等方面都显示了与传统企业不一样的特点，所以移动互联网企业的商业模式呈现了与传统企业不同的创新点。

（1）移动互联网企业商业模式的创新点。

不同于传统的产品、技术、工艺或组织上的创新，商业模式创新是一种新型的创新形态，企业通过商业模式创新，可以在行业中获得竞争的优势。全世界大部分企业家都把商业模式创新看作企业获取竞争优势最核心、可持续发展的方法和途径。熊彼特提出，创新是把一种生产要素和生产条件的"新结合"引入生产体系，具有五种形态：开发新产品、推出新生产方法、开辟的新市场、获得新原料来源、采用新产业组织形态。商业模式的创新点体现为：

第一，商业模式创新更倾向于企业经济方面的因素。商业模式创新即使涉及技术、产品和工艺的创新，并非纯粹的技术性创新，大部分也与其所蕴含的经济因素、市场价值和经济可行性有关。

第二，商业模式创新涉及多种要素同时发生较大的变化，因此其更倾向于系统和根本，而非单一因素的变化。因此，商业模式创新对组织结构战略调整有较大的需求。其往往伴随技术突破、产品或工艺的创新，是一种涉及多种因素的集成创新。

第三，商业模式创新更注重创造价值的增加，其角度更为开放，并常常伴随着企业内部效力的提高和成本的降低，给企业带来更大的竞争优势，为企业在该行业中地位的不断提高提供基础和途径。

（2）移动互联网思维下商业模式整合。

互联网下的商业模式是企业借助互联网工具为企业创造价值，并在此过程中为企业创造盈利和可持续盈利的模式。在互联网产业兴起之初，所有深入接触互联网的商业领袖都认为它能为企业带来巨大的创造价值。随着互联网技术的不断开发、移动互联技术和搜索引擎的发展,这种观念为行业带来了更多样化的企业价值网络和生态模式,并引发了互联网企业对商业模式更深入的探讨。实质上,互联网思维下的商业模式的本质仍然是通过流量获取用户价值,通过用户创造商业价值。在移动互联网思维下,商业模式以移动客户端为信息载体,强调利用软件深入影响人的意识,这种影响相比于其他制度或规则,影响程度更为深远。在移动互联网思维下,商业模式主要体现为直接销售模式、中间平台商业模式、增值收费商业模式以及三方市场商业模式。

第一,直接销售商业模式。这一模式成本低、容量大,且经营的品种越多,未来的收益越大,它往往由自身独立的平台进行销售,依靠销售实物商品、网络商品或数字商品或者服务带来盈利。互联网电子商务的出现在很大程度上解决了在有限的销售利润下由于实体店经营成本过高、过度膨胀等问题带来的利润下滑的问题,并且给传统零售业带来了巨大的冲击。其最大的优势即是长尾效应。简单地说,任何看似需求极低的商品,只要销售成本大幅度降低,销售价格随之降低时,都会有人购买,其所占据的市场份额往往可以和主流产品的市场份额平分秋色。比如一家大型书店能摆放的图书量约为 10 万本,而当当网的销售量中,有 25%是来自排名这 10 万本书籍以后的书,并且销售量巨大。另外,我国的京东商城、凡客诚品等,都是依托互联网非实体店的虚拟特性,免去了实体空间的租赁或买卖成本,进而降低商品销售价格,并在此基础上丰富了商品种类,对实体店产生了巨大冲击。并且这种销售模式并不限于实体物品,还可经营教育培训、文学、彩铃等增值业务。

第二,中间平台商业模式。这种模式的特点是为买卖双方提供一个交易撮合的中间平台,并从中收取会员费、佣金、广告费等。没有地域和时间的阻隔,使得买卖双方的交易成本大大降低。在以这一模式为主要经营的互联网企业中,阿里巴巴无疑是行业翘楚。一方面,阿里巴巴及其旗下的网商集群,具有与电子商务直销企业相同的成本低、容量大的特点;另一方面,网商集群直接推动了各类网络平台的崛起,使得中小企业在经济上起到了比大企业更大的作用,从而进一步促进网商集群的可持续发展。

第三,增值收费商业模式。这种模式通过基础服务免费、增值服务收费来实现盈利。此模式的优势在于其加大成本服务 1%的用户的同时,其他 99%的用户服务成本几乎可忽略不计。现在的网络通信已十分发达,人们习惯用微信、QQ 等方式进行非即时通信,在这一方面,腾讯在国内可谓是一家独大,其增值收费的模式在于:微信的使用是免费的,而零钱的提现和信用卡还款却是收费的。

第四，三方市场商业模式。这一模式的特点是采用免费的信息内容来吸引用户，增加访问量，并以此作为吸引广告的主要模式。新浪的商业模式以广告收入为主，网易主打网络游戏，搜狐则是多元化齐头并进。优酷、爱奇艺、腾讯视频等以视频网站播放广告的形式以及会员制形式获取广告收入及会费收入。与传统媒体相比，这样的方式覆盖人群更广、更为精准。

3. 商业模式创新与价值创造

在移动互联网时代，创新的商业模式层出不穷，有效提升了企业盈利能力，并带来了企业竞争力的提高。正如国家会计学院副院长，厦门大学会计系教授、博士生导师黄世忠所言，在如今的互联网企业竞争市场中，产品质量是企业竞争的核心，同时也是互联网时代最具有创造思维的价值之一。马云的阿里巴巴是中国的电商代表，其最具有特色的地方是没有存货、工厂，不需要租用仓库和开设店面，并且和其他的物流企业保持着良好的合作关系。正是这种资本经营模式让阿里巴巴在中国的互联网企业中独占一席。因此，对于互联网企业而言，最基本的应当是如何确定自身企业的经营活动范围，以价值创造全景视角，理解其商业模式，把握战略方向和竞争态势。

作为"新经济"时代的移动互联网时代，强调网络化、合作化，处于这样背景下的企业，其产业环境面临着前所未有的变革与挑战，企业渐渐从以往独立竞争转变成了需要与其他企业协同创新，移动互联网作为新时代背景下价值创造的新载体，其关注重点也从个体转向整个网络，强调各个主体之间的协同合作。因此，突出整体与系统、注重客户需求的创新式商业模式则成为移动互联网企业价值创造的新源泉。Teece（2009）认为商业模式构成了企业价值创造、交付与获取机制的设计或架构。与传统商业模式不一样，商业模式创新点表现为对内容进行重新定义、以新方式定义结构，重新连接活动以及调整与活动缔约方的权利分割，并在上述三个要素基础上，对商业模式主体进行重新归纳，这样，每一种商业模式均能增强企业价值创造能力（Zott & Amit，2007，2012）。具体地，为了进一步阐述如何通过商业模式创新为企业创造价值，Amit 和 Zott 教授对商业模式做了清晰的解构，认为商业模式创新来源于对上述内容、结构与系统三个要素的改变：第一，增加活动系统的内容，指企业选取或增加新的业务活动。例如在20世纪90年代初，IBM公司从早期的硬件供应商逐渐转变为专业服务供应商，增加了包括业务咨询、IT服务、解决方案等一系列新的活动。直至2009年，

IBM 高达 960 亿美元的收入中有一半以上来自这些活动。第二，改变活动系统的结构，指企业以新的方式对业务活动进行连接和排列。例如著名的在线旅游公司 Priceline 将客户与供应商连接的传统预订模式创新地调整为逆向拍卖模式，即先由客户定义出行方案及准备支付的价格，再由系统为其匹配合适的供应商，直至满意为止。早在 1998 年成立之初，创始人便为其独特的 "Name Your Own Price" 模式申请了专利。第三，改变活动系统的治理，指针对任何业务活动，企业改变一个或多个参与方。例如，特许经营模式就改变了活动系统的治理。日本企业家 Toshifumi Suzuki 早在 20 世纪 70 年代就意识到，美国的特许经营模式非常适用于日本政府对零售网点营业面积、营业时间有严格规章制度的情况，便将 7-11 引入日本，并以专业管理及本土化的方式打造新的零售活动系统，为企业创造价值①。另外，商业模式也有利于技术创新发挥其经济效应，使得客户需求得到最大程度的满足，从而有利于价值创造与提升。由此可见，商业模式创新是移动互联网时代企业价值创造的源泉（Zott et al.，2011），这也是现有研究普遍得出的结论，甚至，对于某些特定领域，商业模式创新有可能超越创新的产品和服务，对企业竞争优势的提高有更为重要的作用（Amit & Zott，2001，2007；Martins et al.，2015）。例如，Zott 和 Amit（2007）在其论文中，选取了 59 家欧美电子商务公司为典型案例，实证研究结果证实了商业模式创新对企业资源合理配置与价值创造提升的重要作用。Brettel 等（2012）同样证实了效率型和新颖型的商业模式在 426 家欧洲中小型企业中发挥的重要作用，有助于企业降低交易成本和交易风险，从而有力地提升了企业价值。Wei 等（2014）以 176 家中国公司的数据进行实证分析，认为商业模式设计与利用式创新、探索式创新的匹配能促进企业技术创新，进而提高企业的价值创造能力。具体来说，创新式的商业模式对于企业价值创造的主要作用体现在：有利于企业契合、挖掘并满足消费者需求；能对移动互联网企业业务流程进行重新塑造；有效提升企业收益模式；重构企业战略效应。

当然，在 Amit 和 Zott 的研究中又对"企业如何结合自身情况，提升商业模式创新成功的可能性？"的问题做了解答，确定了商业模式创新中四个相互关联的主要的价值驱动因素，即商业模式创新有四个着力点：①"新颖"（Novelty）：是指在整个业务活动系统中呈现一定程度的革新性，即上文提及的，在"活动系统的内容""活动系统的结构""活动系统的治理"方面有所创新。②"锁定"

---

① 通过商业模式创新实现持续的价值创造 [EB/OL]. http://www.e-how.cn/business-model-innovation-bring-about-continuous-value-creation/.

(Lock-in):是指通过特定的活动来提高转换成本或强化激励,从而将商业模式的利益相关者维系在活动系统中。例如,雀巢公司下属的咖啡品牌 NESPRESSO 生产和销售一种新的、低成本的咖啡机以及配套的咖啡胶囊,客户一旦购买了 NESPRESSO 咖啡机,就需要相应地购买 NESPRESSO 的咖啡胶囊。该"锁定"商业模式为 NESPRESSO 创造的利润不仅来自咖啡机销售,也来源于咖啡机拥有者在使用咖啡机时对咖啡胶囊的需求。③"互补"(Complementarities):是指让商业模式体系内的活动相互依存、联结,以创造更多的价值。例如,作为一家线上拍卖及购物平台,eBay 要正常运转的关键是建立一个即使卖家没有信用卡服务权限,也允许买家使用信用卡支付的机制。因此,eBay 通过收购在线支付公司 Paypal 来提供该支付功能,从而促成那些本来无法完成的交易。换言之,在 eBay 的活动系统中,Paypal 的加入发挥了增值效应。④"效率"(Efficiency):是指重组活动以降低交易成本。例如以零售折扣闻名的沃尔玛设计了一系列业务活动来支持其低成本战略,其中最重要的一项活动是高度精密的物流管理流程(如交叉配送等)。这些流程使沃尔玛保持了低于竞争对手的成本,为其在行业中提供了一项重要的竞争优势。企业在设计商业模式时,如能充分考虑这几项驱动因素,将大大提升该商业模式创造价值的潜力。Amit 和 Zott 的研究还发现,这些驱动因素之间存在显著的协同性,如果将几项驱动因素结合在一起,将能发挥出更大的增效作用①。

三、技术创新与移动互联网企业价值创造

1. 技术创新

国内外组织或学者对于技术创新的定义存在多种见解。如经济合作与发展组织(OEDC)认为技术创新包含新产品和新工艺,以及原有产品和工艺的显著的技术变化。英国科技政策专家 Freeman 将技术创新定义为新产品、新过程、新系统或新服务的首次商业性转化过程。许庆瑞(2014)对创新的资源禀赋、动力源、能力、行为与绩效之间的内在联系展开系统性探究,从创新能力体系与创新动力体系两方面搭建了企业技术创新体系的双核模型。百文晓(2018)采用 1999 年国务院发布的技术创新定义,认为技术创新是指企业应用创新的知识和

---

① 通过商业模式创新实现持续的价值创造 [EB/OL]. http://www.e-how.cn/business-model-innovation-bring-about-continuous-value-creation/.

新技术、新工艺,采用新的生产方式和经营管理模式,提高产品质量,开发生产新的产品,提供新的服务,占据市场并实现市场价值。傅家骥教授在他的著作中提出了技术创新的概念,他认为:"技术创新是企业家抓住市场的潜在盈利机会,以获取商业利益为目标,重新组织生产条件和要素,建立起效能更强、效率更高和费用更低的生产经营系统,从而推出新的产品、新的生产(工艺)方法、开辟新的市场、获得新的原材料及半成品供给来源或建立企业的新组织,它是包括科技、组织、商业和金融等一系列活动的综合过程。"

可以看出,技术创新应该是经济学体系的一个分支。不同于发明创造等科技行为,技术创新是一种经济行为,是把发明创造或其他科技成果引入生产体系,满足市场需求,将发明创造的成果引入生产制造体系,并制造出产品,从而引起制造体系产生震荡效应,其目的是获取超额利润。

2. 技术创新与价值创造

创新理论认为,技术创新是企业获得持续竞争力的内生性源泉,对企业的成功起着关键性作用。一方面,公司进行技术创新可以形成企业的核心竞争力,提高企业的经营业绩。研发投入带来的技术创新可以增加企业的知识存量,降低企业的生产成本,进而提高企业的经营利润,该研究结论可以参见 Falk(2012)、肖丁丁(2011)、吴晓云(2015)等学者的实证研究。另一方面,成力为、戴小勇(2012)的研究表明,当公司加大在研发活动方面的投入,即向市场传递了积极的信号,影响投资者对本公司的发展预期。因此,研发投入较多的公司往往具有较强的竞争力与较多的业务增长点。根据信号传递理论,当公司向市场传递信息时,市场会根据信息做出反应,从而引起公司股价的变化。由此可知,当公司加大研发投入时,投资者往往会认为这类公司具有较好的发展前景,经营业绩的增长空间较大,因而会增加对该类公司的投资。这一点也得到了很多实证研究的证实。Hana(2004)以韩国上市公司为例进行实证研究,采用相关数据对其 R&D 投入与公司价值相关性进行研究,实证研究结果表明,企业加大研发投入可以有效提升公司股价。Duqi(2012)选取的则是欧洲上市公司的实例,研究发现,投资者会根据公司的技术创新活动调整对该公司的估值。国内的学者颉茂华则选取了 2008~2013 年沪深股市的重污染行业的公司为研究样本,实证研究了 R&D 投入对公司估值的影响。研究结果表明,非环保性的研发投入与企业当期价值存在正相关关系,而且同下期价值也息息相关。

接下来,本书将着重探讨技术创新如何有效形成企业核心竞争力,提高企业经营业绩，进而创造并提升企业价值。在技术创新的条件下，企业价值增长的原理依然是立足于经济学中的资本形成过程。企业将资金和人力等生产要素投入到技术创新中，并通过创新行为得到产出，产出一方面通过市场活动获得利润，并通过资本化形成企业价值增长，另一方面提升了企业在遇到内外部条件变化时的抗风险能力，从而把握住企业成长的机会，而根据期权理论的观点，以期权形式存在的价值往往蕴藏着企业成长的机会。进一步分析，技术创新提升企业价值，同时还会增加企业价值量，从而表现为企业综合能力的提升。具体地，技术创新的作用原理表现为以下几个方面：

（1）基于技术创新，企业的实物资产价值得以增长。实物资产是企业资产的核心资产，也是创造企业价值的基本条件。在技术创新条件下，企业投入已有的现金流来获取未来更多的现金流，而未来现金流在所能维持期间内的资本化可表现为企业实物资产价值增长。企业实物资产价值增长是企业价值增长的一个重要部分。

（2）在技术创新下，企业实物资产价值以垄断高价、产品价值提升以及销量增加等方式在增长。在以价格和产品竞争为核心的商业竞争中，企业通过产品销售来增加未来的收入，因此在企业实物资产价值的增长中，技术创新主要表现在垄断高价、产品价值提升以及销量增加等。

首先，技术创新可以使创新企业获得垄断地位。企业通过技术创新生产出新产品，在其他竞争对手掌握制造原理前投入市场并进行销售，技术创新企业可以获得该产品一定时期内的垄断权。此时，技术创新企业享有产品价格定价权，可以通过制定高于同类产品或平均利润水平的垄断加价获取超额利润，使企业实物资产价值得到增长。另外，由于知识具有路径依赖以及创新中默会知识的存在，技术创新通过强化核心技术的"独立性机制"和"资源模仿障碍"，使其他竞争对手难以获知核心技术，有效地巩固了技术创新企业的垄断地位，并延长了其定价权的有效期，在较长时期间内带来企业实物资产价值的增长。可以说，技术创新强化了企业的竞争力，使其在市场中处于优势地位，获取了垄断高价。

其次，技术创新带来了产品价值的提升。一般地，产品价值提升是企业实物资产价值增长的具体形态，在技术创新条件下，产品的功能与实现此功能所需要投入的费用（成本）之间的关系发生了正向的变化。在实践中，这种关系一般有五种（见表5-2）。

在原产品功能不足、费用过高的情况下，技术创新的出现不仅可以丰富产品的功能，而且可以降低产品的成本，最终实现提升产品价值的最佳状态。例如，某项新技术应用在某个产品的设计研发或者生产工艺中，并实现了较大突破，将会降低生产成本，使产品的价值大幅提升。另外，在成本不变且功能有所增加，或成本降低且功能不变的情况下，技术创新都能提升产品价值。例如，在保持原有产品功能的前提下，新材料或新工艺的应用，都会促进产品成本的下降，增加产品价值；产品中各零部件的使用寿命若不一致，且个别零部件的使用寿命超出了产品的寿命，如果能减少这些零部件的使用寿命并与产品的寿命一致（功能不变），可以降低产品成本，增加产品价值。

表5-2　产品价值提高的基本状态

提高价值 V 的模式	一般应用场合	
	功能	费用
↑↑V = F↑/C↓	功能不足	费用可能过高
↑V = F↑/C→	功能不足	费用恰当
↑V = F→/C↓	功能恰当	费用可能过高
↑V = F↑↑/C↑	功能明显不足	费用有必要增加
↑V = F↓/C↓↓	功能过剩	费用明显过高

注：表中箭头的含义：↑表示提高，↑↑表示大大提高，↓表示降低，↓↓表示大大降低，→表示不变。

最后，技术创新进一步带来了产品销量的增加。技术创新导致的企业产品销量增加包括两个方面：一是原有产品通过技术创新升级后，抵消了原有产品无法满足用户需求、市场饱和、竞争加剧等因素，原有产品销量下降的可能性大大降低；二是技术创新会直接导致产品销量增加。

（3）在技术创新的带动下，企业的成长机会价值得以迅速增长。在西方经济学中，成长机会是企业拥有的、收益率水平高于市场平均水平的一种机会。根据经济学家迪克西特的观点，投资存在机会成本，换言之，当决策者无法确定投资项目的价值时，若盲目投资会丧失等待选择权，而技术创新可以增加企业在遇到内外部条件变化时的抗风险能力，增大了企业在投资项目时的选择余地，进而形成很多企业的成长机会。

与一般企业相比，技术创新企业具有技术密集、知识密集、高投入高产出、高风险高增长等特点，而企业的技术创新活动一般包括研发、中试、生产、商业化等进程，进而形成典型阶段化的成长机会。而随着人们逐渐意识到成长机会对技术创新推动企业价值增长的重要作用，投资者都预期技术创新企业未来的发展较好,代表了技术创新企业虽然现阶段还在投入阶段,但未来有可能形成获利能力的机会预期,从而带来企业价值增长。具体地,还可以从商品市场和资本市场两个方面分析基于技术创新的企业成长机会表现形式。

商品市场是企业获取利润的主要阵地,企业可以通过培育核心竞争力、扩大产品销售规模、增加企业未来现金流来提升企业价值,而技术创新是企业实现上述目标的主要方式。但是,技术创新本身存在着技术研发和市场应用的风险,因此在技术成果转化为利润之前,企业未来的现金流增加只是潜在的可能性,表现为技术创新企业的成长机会。总体而言,在商品市场上,技术创新企业的成长机会分阶段看,主要包括:技术已经研发成功,但技术产品的市场化还未开始,市场培育尚需时日;技术已经研发成功,但生产工艺还未成熟,尚需进一步改善;技术尚在研发中,未来可能取得突破并市场化。另外,技术创新还具有"互补性"和"协同性"特点,因此诸多技术创新企业在技术开发、工艺流程、市场营销以及信息分享等方面具有共同利益,愿意共同获取利润,所有的这些可能性在完全实现前,一般都可以认为是技术创新企业的成长机会。

资本市场是企业获取利润的又一阵地。随着企业价值管理理论的不断发展,企业管理者发现企业的利润不仅可以来源于销售产品或服务,而且企业还可以在资本市场上,通过采取兼并收购、资本重组、募集股本等资本运作手段,给股东创造更大的价值。在知识经济的环境下,技术创新的成果更多地表现为无形资产,并成为企业的核心竞争力,同时技术创新也不再局限于商品市场的活动层次,已经进入到资本运作的活动层面。企业若拥有一项预期良好的技术创新成果,可以帮助企业在资本运作中占得先机,促成企业的资本重组或兼并收购,还可以帮助企业成功进入资本市场,为股东创造财富,这些也都是技术创新企业的成长机会。

(4)在技术创新下,企业综合能力得以迅速增长。技术创新不仅能够提升企业的实物资产价值和成长机会价值,还会带来企业的综合能力增长。企业综合能力的提升实质上表现为企业实物资产价值和成长机会价值的增长,而企业实物资产价值和成长机会价值的增长则是企业综合能力增长的量化表现。根据企业价值理论,企业的获利能力决定企业价值的大小,本质上企业以核心竞争力为基础的综合能力体系是企业价值增长的动力,核心竞争力能够帮助企业在商品市场上保持竞争优势。换言之,企业价值不仅反映出企业内部管理机制的运行情况,而且反映出企业满足不同利益相关者不同要求的能力,体现出企业对各类资源的利用效率和配置能力,最终表现为企业的获利能力。

在技术创新条件下，企业的综合能力一方面依托自身的核心竞争力，形成竞争优势，另一方面不断更新核心竞争力，以保持企业长期的竞争优势，同时还需要协调基本经营能力与核心竞争力的关系，以实现企业的竞争优势，最终体现为企业价值增长。具体地，可以从以下方面把握技术创新条件下企业的综合能力：

第一，开发与获取核心竞争力必要专长与技能的能力。根据哈默和普拉哈拉德的概念，核心竞争力由一系列专长和技能共同构成。由于价值创造资源的稀缺性本质，企业在培育新的竞争力或提升已有竞争力时，一定会缺乏某些要素或专长，比如技术或者人才等要素，因此企业构建综合能力体系的首要环节是通过各种方式获取形成核心竞争力所需的专长和技能。另外，在时间维度的竞争上，由于企业形成核心竞争力需要较长的时间，因此尽快获取必要的能力才能真正形成核心竞争力。

第二，整合竞争力要素的能力。企业综合能力是由不同竞争力要素协同而成的整体能力，不仅包括企业的核心竞争力，也包括基本能力，缺一不可。所以，企业通过各种手段获取核心竞争力必要专长和技能后，将这些专长和技能与企业基本能力各要素有效整合就成为企业建立综合能力体系的关键环节。企业竞争力要素整合能力体现在企业内部管理的方方面面，是一个复杂的系统工程，需要找到培育企业竞争力的切入口和关键点，而技术创新正是形成企业竞争力要素整合能力的最好切入口。当企业拥有一些技术领域的专长后，需要在该技术领域不断提高相应能力，以保持领先地位，这就要求企业不断加大对该技术领域的资金投入，而且需要通过整合研发资源，建立起有效的研发制度；另外，为了支持产品的生产，要求企业协调产品研发部门与生产、销售部门的关系；最后，在产品营销阶段，要求企业协调产品研发部门与销售部门的关系，及时将市场信息共享，使研发活动与市场需求保持同步。因此，技术创新过程就是企业整合竞争力要素的过程，在企业产生技术创新成果的过程中，企业整合竞争力要素的能力也得到了有效锻炼和提升。

第三，企业核心竞争力变换能力。在外部环境快速变化的当今社会，企业核心竞争力被竞争对手效仿的难度不断降低，企业拥有以某种具体的专长和技能为基础的核心竞争力所形成的竞争优势的时间周期越来越短。为了保持长期的竞争优势，企业必须根据内外部环境和条件不断提升核心竞争力，甚至培育新的核心竞争力，这可以定义为企业核心竞争力的变换能力。从这个角度上看，企业能够不断升级核心竞争力、实现核心竞争力的变换，就能扩大企业价值持续增长的空间。

企业核心竞争力的更新一般有两种表现形式：一种表现形式是核心产品的更新。核心产品是介于企业核心竞争力与最终产品之间的一种中间产品，核心产品的更新升级相当于企业核心竞争力的更新。技术创新使企业的基础性专长和技能发生一定程度的升级，并建立核心产品库，企业通过核心产品的更新升级保持长期竞争优势。同时，通过核心产品的更新升级，企业规避了终端市场的激烈竞争，进一步强化企业的竞争优势。另一种表现形式是形成新的核心竞争力。从广义上看，形成新的核心竞争力有多种方式，包括生产工艺的改进、营销手段的优化、管理模式的变革等，这些都属于企业技术创新的范畴。而通过技术创新，企业通过生产和管理所表现出来的要素整合能力大大提高，在外部竞争中，企业在技术、成本等方面不断领先，这一切都代表着企业核心竞争力的不断提升。

3. 移动互联网下的技术创新

从某种程度上来说，移动互联网代表着一种全新的经济业态，依托移动互联网技术实现与传统产业（或新兴产业）的有效联合，以生产要素进一步优化、商业模式重构、业务体系更新等手段实现经济转型和升级，进而提升产业生产效率。在这样的大背景下，移动互联网的技术创新日新月异地发展着，并呈现了以创新为发展原动力、满足灵活化和个性化需求特点、技术创新带动组织虚拟化和网络化、技术创新推动协同创新网络形成等新特点。近年来，移动互联网领域出现的新技术包括区块链技术、虚拟现实技术、人工智能技术等。本书选取部分技术来进行简要阐述：①区块链技术。以比特币的区块链为例，你可以把区块链想象成一个比特币的公共账本，这个账本记载所有的交易记录，而账本是分块存储的，每一块包含着特定的交易记录，块与块之间由 ID 连接成一个链状结构，因而称为区块链，是比特币"不可伪造，不可盗取"特性背后的功臣。区块链技术对信息安全、数字货币意义重大，意味着在没有政府或某个企业信用为中心的背书下，用数字（算法）可以实现任意节点之间的相互信任，人类所有的规则都将建立在一个公开透明的数学算法（程序）之上，这里面的所有数据都能够互相"信任"，任何人都没有能力，更没有必要去质疑。这意味着人类可以无空间限制地进行空前的大规模合作，所有不同政治文化背景的人群可以获得共识，这是一个巨大的科技进步。②虚拟现实技术。虚拟现实指采用计算机技术为核心的现代高科技手段生成一种虚拟环境，用户借助特殊的输入/输出设备，与虚拟世界进行自然的交互，提供用户关于视觉、听觉、触觉等感官的模拟，让用户如同身临其境一般。虚拟现实技术就像《哆啦 A 梦》中的任意门，你可以借助它打开另一片天地，一个与现实世界平行的虚拟空间。它并非一种新的技术，在50年后的今天却又再次慢慢生长，力量不可忽视。未来，虚拟现实将会连接到社会生活的方方面面，人们口中谈论得最多的将不是"互联网+"，而是"VR+"，VR+购物，VR+社交，VR+房产，VR+游戏，VR+新闻，VR+教育，VR+体育，利用虚拟现实技术重新切入行业实现落地，将会带来丰富的想象空间，电影中的高科技场景也将成为现实。而目前，如何解决眩晕感、营造沉浸感、提升交互体验，是迫切需要解决的技术问题。当VR越来越便宜的时候，或许就离取代智能手机的地位不远了，也正如马化腾所预言，或许VR将成为下一代信息终端。③人工智能技术。人工智能技术已经来到了我们身边，用过苹果的Siri或者Android的语音助手的人应该都知道是怎么回事了，百度和谷歌正在大力研究的无人驾驶技术就是典型的人工智能技术应用的代表。目前人工智能虽然在单一技能上表现得较为出色，但这些尚属于弱人工智能层面，在更复杂、多技能维度的场景中仍有待提高，当未来深度学习算法、大数据运算、诊断系统等前沿科技发展到新阶段时，更高级别的强人工智能才会出现，人工智能机器能进行思考、计划、解决问题具备抽象思维，理解复杂概念时，机器具备了感情，拥有了喜怒哀乐，到那时候真正的人工智能时代才可以说真正来临。④全息技术。早在2014年公告牌音乐奖的颁奖仪式上，就曾用这种技术"复活"了天王迈克尔·杰克逊，2016年辽宁卫视春晚上也用此项技术展示了六小龄童的3D美猴王表演。利用全息技术投影的图像立体感强，具有真实的视觉效应，全息图的每一部分都记录了物体上各点的光信息，故原则上它的每一部分都能再现原物的整个图像，通过多次曝光还可以在同一张底片上记录多个不同的图像，而且能互不干扰地分别显示出来。比如通过一个设备投射出通话对象的全身立体图形，或是一个360度的3D图形。与虚拟现实技术不同的是，全息投影可以让用户不借助任何设备，看到逼真的虚拟图像，从某种角度说，全息技术是虚拟现实技术的终极版本。⑤生物识别技术。生物识别技术是指通过计算机与光学、声学、生物传感器和生物统计学原理等高科技手段密切结合，利用人体固有的生理特性和行为特征来进行个人身份的鉴定。由字母、数字和符号组成的密码常常让人头疼不已，生物识别技术正在取代传统的密码设置方式。目前主要的生物识别技术包括指纹识别、掌纹识别、虹膜识别、脸部识别、声音识别、静脉识别等，移动支付行业较多地使用了此技术。为保证安全性，未来复合的生物识别技术将逐步取代单一生物识别技术，成为主流。⑥支付标记化。支付标记化是使用一个唯一的数值来替代传统的银行卡主账号的过程，所有暴露在外的支付工具的标识信息是通过标记化系统在云端生成的一个标记化符号。相比于传输账户和信用卡号码，标记化技术将会在设备之间通过无线电传输复杂的代码，而这些代码只会使用一次，所以即使这些代码被恶意欺诈的第三方截取，代码也已经失效。这是把银行卡号转化为电子令牌的虚拟账号，不用联网、不用打开任何APP应用、不保存任何用户信息，在锁屏状态下即可支付，与二维码的扫码技术相比，更安全和便捷。一旦手机丢失，金融机构只需要给客户重新分配一个电子令牌就可，不必重新发卡。Apple Pay、Samsung Pay、Huawei Pay 等移动支付方案都采用了该项技术。⑦LIFI技术。即可见光无线通信技术，通过可见光频谱来实现无线数据的传播。简单地说，你在打开LED灯的同时，也打开了互联网连接，有灯光的地方就能上网，这简直是手机党的福音。LIFI技术具有抗干扰、抗截获、高速宽带接入等能力，在高性能计算机、相控阵雷达、船舶等装备通信领域具有重大应用需求和发展前景。然而由于自身技术瓶颈和产业联动等原因，目前尚处于实验阶段，量产仍需时日。国内主要由"可见光通信系统关键技术研究"团队主导研究，并已取得重大突破，将可见光实时通信速率提高至50Gbps，相当于0.2秒即可完成一部高清电影的下载，是当前公开报道的国际最高水平的5倍。目前看来，LED灯厂家、华为等通信企业和传统通信公司是最有可能提前布局该产业的①。

然而，面临着不断更新的移动互联网技术，对于移动互联网企业来说，如何有效把握、利用移动互联网新技术，实现协同创新仍是问题所在。从目前来看，移动互联网企业在技术创新过程中，面临的问题主要包括：①认识不足。一些传统企业受到经营理念、经营方式、思维惯性等方面的影响，对于移动互联网的出现以及爆发式的增长，仍持有怀疑和抵触的态度，从主观上也没有做到去积极地接受移动互联网。②行业壁垒的问题。在市场中存在一些企业对外开放程度较低，而准入程度较高的问题。在监管方面也存在着效率低下、协同机制不健全等问题。③技术支持问题。技术支持问题包括大环境以及企业自身的小环境，虽然我国目前的移动互联网技术已经在持续性地发展，但核心技术迭代速度减缓，很多产业链还处于缔造之中，尚未成熟。此外，企业自身科研投入不足等也导致无法对企业进行科技创新形成有力支持。因此，对于移动互联网企业来说，可以立足于目前的移动互联网大背景，以用户需求的获取与满足为导向，注重大数据资源的有效开发，依托创新知识的挖掘，打造网络化协同创新的技术创新管理模

---

① 艾媒咨询。

式。①重视企业的技术创新,加大研发投入。移动互联网企业应该加大研发投入,立足于技术创新,以创新作为企业成长的根本依托,从而帮助企业形成强大的学习能力,打造有竞争力的知识和人力资本,创造核心竞争力,帮助企业快速成长。②挖掘用户需求。移动互联网企业可以通过各种网络手段获取多种用户需求的渠道。网络服务器、用户查询内容、BBS 和用户投诉内容等途径都可以作为用户需求的来源渠道。譬如,企业利用网络服务器来分析用户的 Web 访问习惯,归纳出用户的兴趣和对某产品的潜在需求;记录用户通过网络查询的内容来直接获取用户的需求,因为,一般来讲,用户查询内容通常是用户最需要的;BBS 和用户投诉内容也可以反映出用户真实的需求,还可以收到用户对产品的评价和改进意见,从而企业可以在此基础上设计出不断满足用户以及市场需求的新产品。③在移动互联网时代,数据资源是最核心的资源。哪个移动互联网企业掌握了数据资源,就获得了核心技术。在信息技术飞速发展的年代,数据已经呈现了数量庞大、种类繁多、更新快速、真实准确和处理复杂等特点,呈自发式、爆炸式增长。大数据有改变商业核心逻辑的潜能,企业唯有对大数据资源进行开发和利用,才能有创造可持续竞争优势的能力。企业通过不断积累大数据,并将大数据进行重组分析,将其运用于企业生产运营过程,则信息技术和生产系统也得到不断重组。④注重创新知识的挖掘。创新知识的挖掘强调要从大数据中提取用户可理解的知识。对于科技企业来说,知识挖掘就是从大量数据中提取用户可理解的知识,并且规模越大,挖掘出来的知识越准确,更适用于企业的技术创新。在移动互联网的背景下,企业应当积极构建个性化获取机制,并从中获取有利于企业技术创新的知识。与此同时,多采用云计算虚拟技术进行信息存储,注重信息安全加密技术能力的小段提升。⑤网络协同创新。互联网企业是否有良好的发展前景取决于其是否能很好整合和协同网络平台。网络平台具有极大的灵活应变能力,为企业构建了扎实的技术创新基础,创造了高速的网络通道,可以为技术创新服务。对于互联网企业而言,最重要的一点还是要能适应市场的需求变化,在"互联网+"的基础下,有效地借助各大平台的优势来创造自身企业的价值基础。同时,协同创新平台涉及协同利益目标的创新主体,它是一种独特的、混合式的、跨机构的组织形式。通过协同创新机制的作用,这些部分相互影响相互促进,最终提升了移动互联网企业的技术创新能力。

第六章
移动互联网企业价值创造的路径探析

第一节 移动互联网行业发展现状

在物联网、大数据、云计算等信息技术和资本力量共同催化作用下,我国的移动互联网业务不断创新拓展,共享经济、数字支付、跨界电商等新兴业态不断孕育发展壮大,激发居民消费需求加快升级,对经济社会发展的支撑作用不断增强。进入2019年,我国的移动互联网行业发展出现新特点。

一、在技术层面

目前,我国4G网络建设全面铺开,5G、NB–IoT[①]等技术走在世界前列,提前布局6G技术。一方面,近几年来,通信运营商及铁塔公司大力发展4G网络,中国宽带通信质量得到了大范围的提升,4G宽带移动通信网络建设和数据流量业务保持着持续稳定的高速发展态势。此外,我国5G技术发展进入全面落实阶段,并着手部署6G网络研发。2016~2017年,我国出台了《"十三五"国家信息化规划》和《新一代智能发展规划》,国家由此完成了5G的顶层设计。随后,各部委也积极出台各项配套实施细则,引导政策落地。2017年11月,国

---

① NB–IoT(Narrow Band Internet of Things,基于蜂窝的窄带物联网),物联网领域的一个新兴技术,支持低功耗设备在广域网的蜂窝数据连接,也被称作低功耗光域网(LPWA)。

家发改委发布了《关于组织实施2018年新一代信息基础设施建设工程的通知》，为5G规模组网建设和应用示范工程规定了明确的指标。紧接着，2018年5月，中华人民共和国工业和信息化部、国务院国有资产监督管理委员会又出台了《关于深入推进网络提速降费加快培育经济发展新动能2018年专项行动的实施意见》，指出应进一步加强5G产业发展，促进宽带网络建设的演进升级。另一方面，随着2017年6月中华人民共和国工业和信息化部提出的《关于全面推进移动物联网（NB-IoT）建设发展的通知》，运营商们积极响应，NB-IoT网络进入快速部署阶段。5G、NB-IoT等技术，使得产业链上下游更好衔接，赢得了更多脱颖而出和弯道超车的机会。未来5G还将在视频内容消费、产业互联网、远程诊断、物联网、车联网等方面变革用户使用场景。

二、在用户规模方面

近几年来，我国移动网入网人数越来越多，用户使用时长越来越长，移动流量随着结构优化实现了爆发式增长。据中国互联网网络信息中心（CNNIC）发布的《第43次中国互联网网络发展状况统计报告》，截至2018年12月，网民规模达8.29亿，普及率达到59.6%，相比于2017年，提升了3.8个百分点，全年新增网民5653万；手机网民规模达8.17亿，全年新增网民6433万；网民中使用手机接入互联网的比例高达98.6%，增幅较2017年有所提升（2017年为97.5%）。具体地，近10年我国手机网民规模和手机网民占比如图6-1所示。此外，2018年，全年净增移动电话用户达到1.49亿户，总数达到15.7亿户，移动电话用户普及率达到112.2部/百人，比2017年末提高10.2部/百人。全国已有24个省市的移动电话普及率超过100部/百人。固定电话用户总数1.82亿户，比2017年末减少1151万户，普及率为13.1部/百人[①]。具体地，近18年来固定电话及移动电话普及率情况如图6-2所示。2018年，各种线上线下服务加快融合，移动互联网业务创新拓展，带动移动支付、移动出行、移动视频直播、餐饮外卖等应用加快普及，刺激移动互联网接入流量消费保持高速增长。2018年，移动互联网接入流量消费达711亿GB，比2017年增长189.1%，增速较2017年提高26.9个百分点。全年移动互联网接入月户均流量（DOU）达4.42GB/月·户，是2017年的2.6倍；2018年12月当月DOU高达6.25GB/月·户。其中，手机上网

---

① 中华人民共和国工业和信息化部.2018年通信业统计公报［R］.2019-01-25.

图6-1 2008~2018年我国手机网民规模及其占比

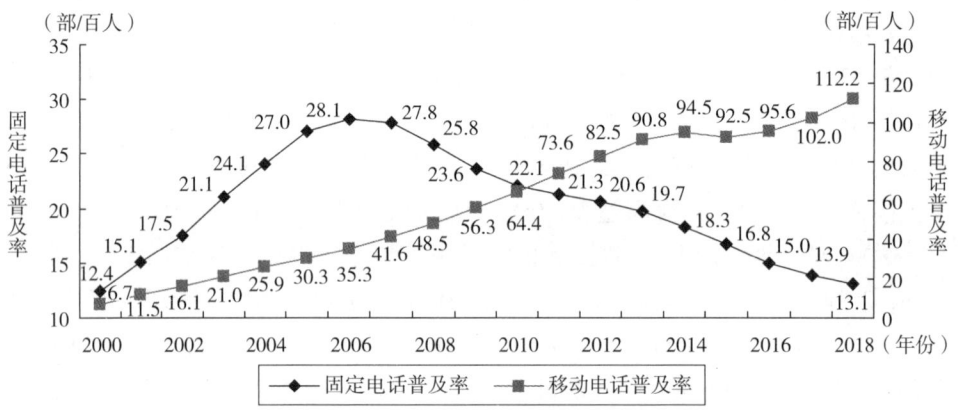

图6-2 2000~2018年固定电话及移动电话普及率发展情况

流量达到702亿GB，比2017年增长198.7%，在总流量中占98.7%（见图6-3和图6-4）。

三、在手机终端方面

我国手机市场繁荣，智能手机已经进入了存量竞争时代，国产品牌手机占全球一半市场。中华人民共和国工业和信息化部发布的数据显示，截至2018年12

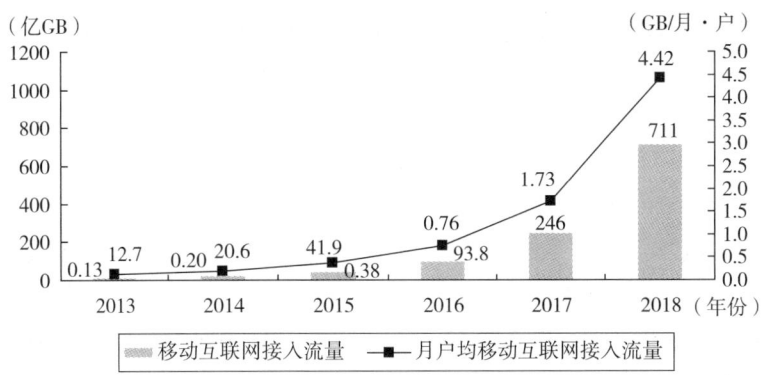

图 6-3　2013~2018 年移动互联网流量及月平均 DOU 增长情况

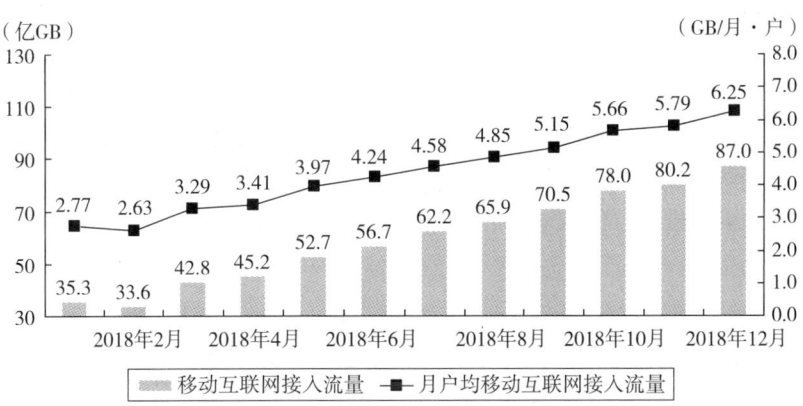

图 6-4　2018 年移动互联网接入当月流量及当月 DOU 情况

月,我国手机销售出货量约为 4.2 亿部,同比有所下降。原因是随着 5G 技术的来临,手机用户对于 5G 手机的到来比较期待,相比较而言,降低了对 4G 手机的购买欲望。而从品牌方面来看,目前我国手机销量基本被国内品牌占领,除高端市场苹果手机地位较为稳固之外,中低端市场基本是国内品牌的天下。整个市场为苹果、华为、小米、蓝绿五大厂商所垄断。未来,随着人工智能和专有器件技术的发展,2019 年的智能硬件设备的商业化前景将更为广阔,智能机器人、无人机和智能家居等智能硬件将迎来迅猛发展的历史机遇。

四、在移动应用方面

我国目前移动应用市场为全球最大,前景广阔,移动电商、移动支付、共享单车等创造了新的经济增长点①。数据显示，截至 2018 年 12 月 31 日，移动互联网应用程序数量缓步增长。2018 年，我国市场上监测到的 APP 数量净增 42 万款，总量达到 449 万款；其中我国本土第三方应用商店的 APP 超过 268 万款，占比 59.7%，苹果商店（中国区）移动应用数约 181 万款，占比 40.3%。具体如图 6-5、图 6-6 所示。游戏类应用规模保持领先。截至 2018 年 12 月底，游戏类数量应用约 138 万款，数量规模排名第一，排名第二至第四的分别是生活服务类、电子商务类应用和主题壁纸类应用，应用规模分别为 54.2 万、42.1 万和 37.4 万款。金融类应用增长至约 14 万款，较年初增幅超过 20%。具体各类移动应用程序 APP 占比如 6-7 所示。社交通信领域新上线应用数量占比居各领域前列，子弹短信、短视频社交、匿名社交等新业态引发了社交通信领域新一轮创新浪潮。八类应用下载量超过千亿次。截至 2018 年 12 月底，第三方应用商店分发累计数量超过 1.8 万亿次。游戏类、系统工具类、影音播放类、社交通信类应用下载量均突破 2000 亿次，分别达到 3099 亿次、3037 亿次、2358 亿次和 2012 亿次。日常工具类、生活服务类、互联网金融类、电子商务类应用下载量超过千亿次，分别为 1301 亿次、1189 亿次、1067 亿次和 1019 亿次，下载总量超过 500 亿次的应用还有资讯阅读类应用（958 亿次）和主题壁纸类（801 亿次）等②。

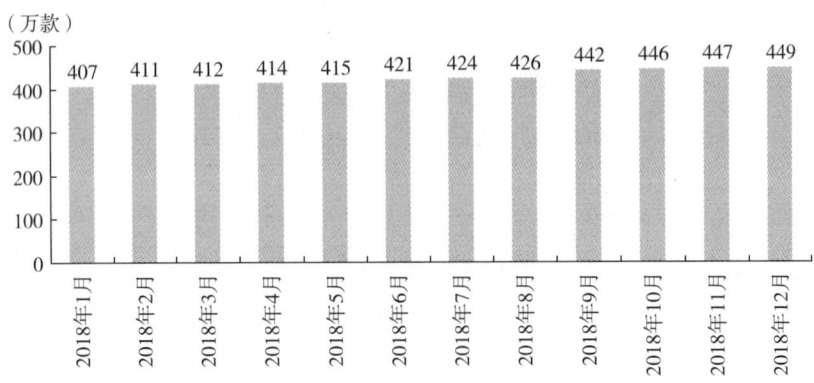

图 6-5 2018 年中国市场移动应用程序规模情况

---

① 余清楚，唐胜宏. 中国移动互联网发展报告（2018）[M]. 北京：社会科学文献出版社，2018.
② 2018 年互联网和相关服务业经济运行情况 [EB/OL]. 中商情报网，https://baijiahao.baidu.com/s?id=1624257750200270960&wfr=spider&for=pc, 2019-02-01.

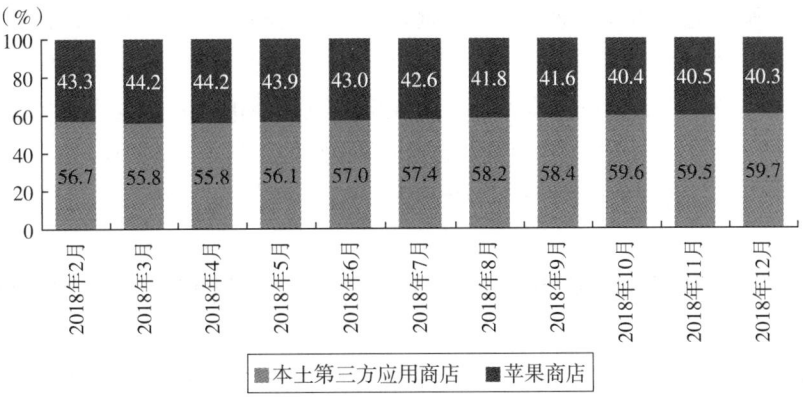

图 6-6　第三方应用商店与苹果应用商店 APP 数量占比

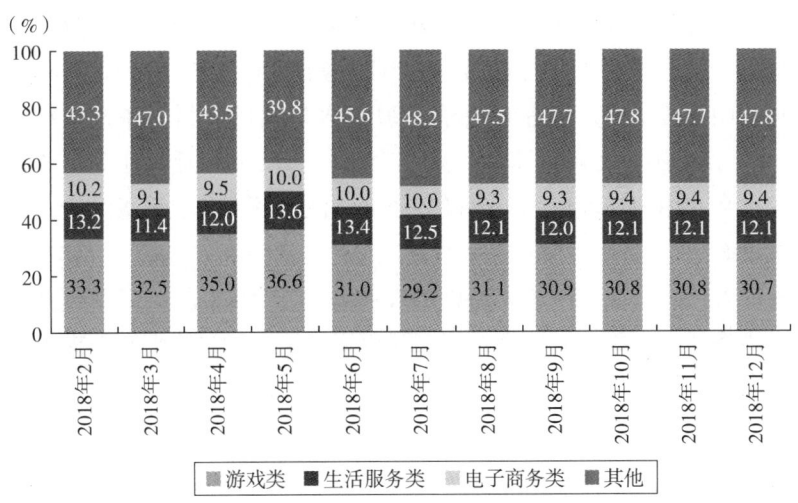

图 6-7　移动应用程序 APP 占比

第二节　移动互联网行业未来发展趋势

当前，我国移动互联网行业进入了全新发展阶段，移动互联网俨然成为最强大的信息消费市场、最活跃的创新领域以及最强的信息和通信技术力量。移动互联网具有强大的技术创新、应用创新、商业模式创新、盈利模式创新等优势，将从市场、资本、资源等各个层面介入传统行业，打破行业垄断，重新分配传统行业要素资源，优化传统产业结构，倒逼传统行业主动调整生产要素，促进商业模式创新，从而形成我国推动数字经济、进一步走出国门的驱动力量。未来从智能硬件、可穿戴设备，到虚拟现实、共享经济以及智能机器人将成为不可否认的现实，这类产品也会顺着移动互联网行业的发展路径，持续不断地向各个产业领域蔓延，从而带动经济环境乃至整个社会的变革。

一、移动互联网加速经济社会数字化转型，助推数字经济

移动互联网技术创新活跃。自20世纪80年代以来，移动互联网产业每隔10年便出现一次革命性技术，促进信息通信技术、产业和应用的不断革新，并为经济社会发展注入强劲的动力。从1G阶段到4G阶段，移动通信技术已经经历了四个阶段。随着移动互联网全面进入第五代移动通信技术（5G）阶段，代际越迁正在悄然发生。作为最尖端的技术，5G将给用户带来前所未有的连接高速、高质量物联网连接能力，将有效处理2020年及以后的海量设备连接和流量爆炸式增长。5G技术不仅在峰值速率、频谱效率、移动性和延时性等传统指标上带来突破，更会在用户体验速率、连接数密度、流量密度和能效等几个关键能力指标上有所创新。

当前，各个经济共同体的大趋势是数字化，各个国家增强经济创新和国际竞争力的有力途径也在于发展数字经济。2017年10月，党的十九大提出要发展数字经济、共享经济，培育新增长点、形成新动能。而在这一过程中，移动互联网技术便是经济社会数字化转型的关键动力。信息通信技术向各个行业融合与渗透，经济社会各个领域便会越来越向数字化转型升级。数字化知识和信息是关键生产要素，现代信息网络同能源网、公路网和铁路网一样，成为经济发展不可或缺的基础设施，推动经济结构优化，有效提升生产效率。未来，5G技术全面铺开，与云计算、大数据、人工智能、虚拟/增强现实等新兴信息技术手段有效融合在一起，将有效融合人和万物，为不同行业数字化转型打造坚实的基础，促进我国数字经济的繁荣发展。在用户体验方面，移动互联网技术将会带来新型互联网社交、虚拟现实游戏、超高清视频等用户新体验，使得人类交互模式实现进一步升级；在设备支持方面，移动互联网技术有效支持海量设备接入，将被大范围应用于智能城市、智能家居。

总之，移动互联网技术的大范围使用将有力促进大众创业、万众创新，助推数字强国，实现经济社会的数字化转型。

二、移动互联网改造传统产业,加速大规模垂直化

移动互联网的特点主要体现为能够实现广泛连接、精准定位、线上支付、移动社交等,由此对社会个体的生存和发展状态均能够重新塑造,从而对服务模式进行创新,革命化产业形态,对传统产业领域进行重新构造。

未来,移动互联网对于传统产业的影响将体现为互联网产业相关行业使用时长持续增长,向下深化机会增多,出现传统产业大规模垂直化产业新形态。所谓的垂直化产业新形态主要表现为:一方面,移动互联网巨头不断以并购、投融资等方法进行跨越原有界限的迅速发展,促进规模化的垂直行业新业态的形成。例如,以三大巨头为例,近年来,百度、腾讯、阿里巴巴(简称BAT)三大巨头不断对组织架构进行调整,提升2B业务的展开地位和发展速度。当然,三大巨头的突破方向有所区别:百度公司以AI技术切入,向各行各业输出AI能力,进一步促进产业智能化;阿里巴巴则在电商、金融和阿里云的技术基础上,加强对各行各业进行数字化改造;腾讯以腾讯云、AI、安全、LBS等底层基础设施,做企业的数字化助手。虽然突破方向有所差异,但是三大巨头基本围绕产业互联网的技术层面、AI、云计算、大数据和物联网等方面投资布局。具体如图6-8、图6-9、图6-10所示。另一方面,移动互联网企业进一步加强对纵深领域的行业挖掘,形成对垂直领域的更深程度的挖掘发展,以便在娱乐、交通、金融、房

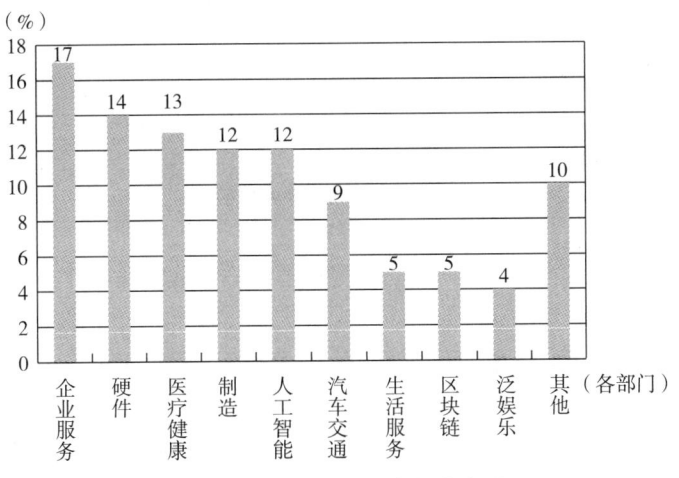

图6-8 百度公司未来投资布局

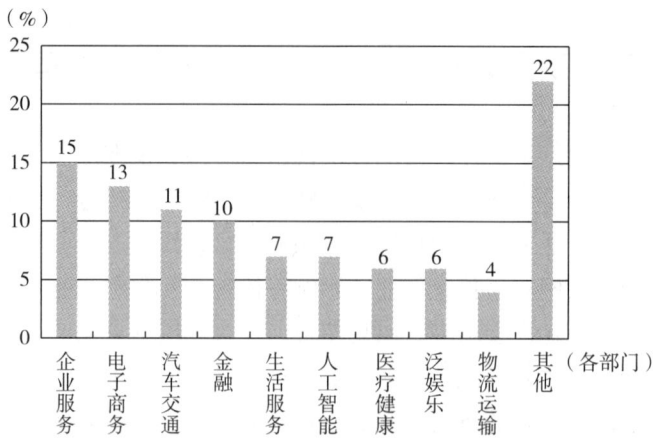

图 6-9 阿里巴巴投资布局

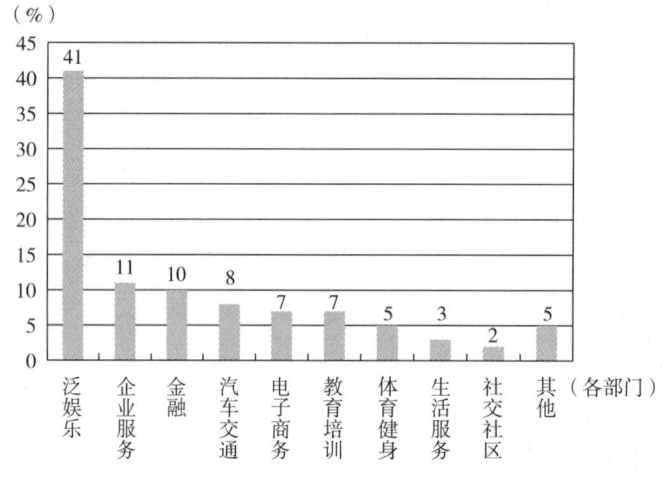

图 6-10 腾讯投资布局

产、企业服务、教育等各个领域,依靠其自身优势形成独角兽企业[①]。

三、移动互联网向万物互联、智能互联跨越

目前,我国的移动互联网通信技术已经走在世界前列,5G技术集成方案在

---

① 独角兽企业一般指投资界对于10亿美元以上估值的,并且创办时间相对较短的公司的称谓。

2017年底启动第三阶段试验，主要面向商业化使用，我国很有可能成为全球首个5G商用的国家。5G技术将打造一个万物互联、智能互联、人机交互的新时代，为用户带来前所未有的新体验以及新型的物联网连接能力。2019年可以说是5G技术的元年，IoT（物联网）将最先得益于5G技术，5G手机、智能汽车、AR/VR设备等智能终端也随之涌现，产业链上下游创业企业将会获得脱颖而出和弯道超车的有利机会。预计未来5G技术将被应用于视频内容消费、产业互联网、远程诊断、物联网、车联网各个具体应用场景，移动互联网通信技术的发展历程如表6-1所示。随着5G技术的开启，预计未来5年智能手机出货量、物联网设备数和VA/AR设备数如表6-2、图6-11~图6-13所示。

表6-1 移动通信技术的发展历程

移动通信技术	年份	网络	典型终端	代表应用
2G	1995	互联网	PC	QQ、百度
3G	2009	移动互联网	智能手机/PAD	微信、微博
4G	2014	移动互联网	智能手机/PAD	抖音
5G	2019	物联网	5G手机/智能汽车/AR/VR设备	物联网、车联网、产业互联网、视频内容消费、远程诊断等

表6-2 智能手机出货量、物联网设备等预计量

年份	5G手机出货量（亿元）	物联网设备数（亿台）	VA/AR设备数（万台）
2019	0.01	32.0	220
2020	0.24	47.5	280
2021	0.55	75.0	490
2022	1.00	99.8	949
2023	1.45	117.3	1750

资料来源：QuestMobile发布《中国移动互联网2018年度大报告》。

因此，未来随着5G技术的应用，个人电脑、手机、音响、电视、AR/VR以及人们身边的很多物联网设备，将会越来越智能化，这些设备便集聚有计算、存储和交互等多项功能。这样，将人工智能与物联网技术有效结合起来，各种智能终端连接移动互联网，从而使移动互联网越来越向万物互联、智能互联发展。进一步，智能互联又推动智能化生产，使工厂越发可视、互动互联和智能，使工厂

能够与消费者、供应商等实现实时互动,生产组织方式也能够实现定制化、分散化和服务化。

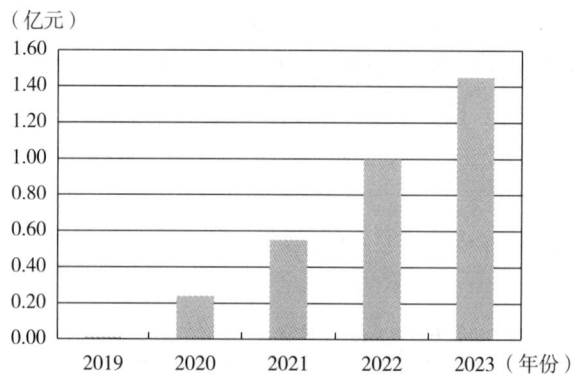

图6-11 未来五年手机出货量预计

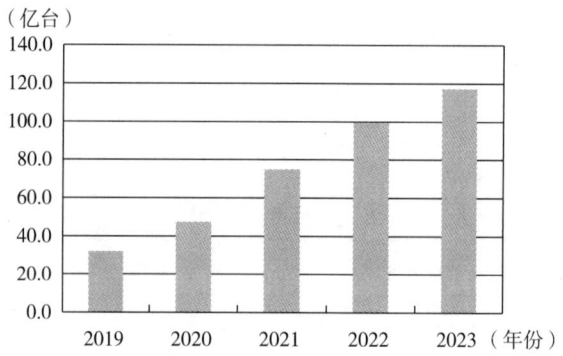

图6-12 未来五年物联网设备量预计

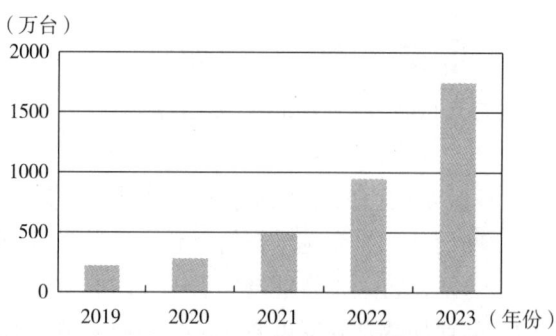

图6-13 未来五年VR/AR设备量预计

四、移动互联网推动智能硬件产业的形成，带来消费热潮

现今我国消费对经济的拉动作用还没有完全发挥出来，贡献率仅为60%。移动互联网未来将通过增强信息消费有效供给、推动"互联网+"等相关消费等途径来释放内需、扩大消费，从而提升消费对经济的促进作用。一方面，移动互联网技术不断地创新与推广，使信息和产品也得到不断地创新，智能家居、可穿戴设备等新型信息产品以及虚拟现实教育系统等一系列的数字内容服务网也能有效走进千家万户。数据显示，2018年，我国智能硬件相关的产业，包括智能电视、可穿戴设备、智能家居产品等消费量明显上升，其中，可穿戴设备，我国消费者拥有率占到了34%，智能家居产品占到了26%。智能电视成为消费者第三大最喜欢的数码产品，传统的台式电脑、数码相机、摄像机和平板电脑等与以往相比，受欢迎程度则大大降低。因此，移动互联网将促进智能硬件产业的形成（相关资料显示，该产业规模有望达到5000亿元以上，全球市场占有率超过30%），从而信息消费的供给得以增加，推动消费呈几何级数扩大和升级。另一方面，承上所述，5G技术能够使消费者在居住、工作、休闲和交通等各个领域实现身临其境的交互体验，使用户有效向虚拟现实购物、车联网等垂直领域应用发展，用户的消费行为打破了时间与空间的局限性，实现消费随心。这样，移动互联网便可有效拉动其他领域消费。

五、移动互联网促进经济全球一体化

未来，我国移动互联网将进一步拉动经济全球一体化。一方面，我国的移动互联网技术已走在世界前列，移动互联网已经跨越时间与空间，成为与世界连接的基础设施，像水和电力一样成为经济发展不可或缺的社会物质基础。我国的互联网企业也不断地走出国门，在进入海外市场方面积累了大量的成功经验。例如，小米和大疆科技（一家生产无人机的企业）向海外输出产品；腾讯云以其精湛的服务产品走出国门；蚂蚁金服和百度钱包等加强与海外品牌商进行合作……总之，我国移动互联网技术不断推陈出新，不断推出各种各样先进的产品和有效的服务，最终走出国门，赢得海外市场。另一方面，我国政府一直以来坚持改革开放、和平发展的主张，强调"一带一路"建设，坚持共同协商、共同建设、共同分享，最终建立一个综合的人类命运共同体，实现互惠互利、

各方共赢。因此，在这样的主张下，我国移动互联网企业将逐步向海外进行拓展，成功走向世界。总而言之，未来，我国移动互联网企业将凭借其自身的产品和服务优势，过硬的技术水准，成功打入国外市场，抢占国际市场，打造一片属于我国移动互联网企业的新蓝海，终将成为推动经济一体化进程的新利器。

第三节　移动互联网企业价值创造路径分析

　　承上所述，我国的移动互联网行业已经进入全新的发展阶段，整个产业规模现今已经超过12万亿元，比物联网、云计算、大数据、人工智能等产业规模的总和还要高。从全球智能手机保有量来看，数额超过28亿元，一直以来都是世界第一大入口级计算平台。智能手机的出货量保持持续增长态势，智能终端、VR/AR等新型终端设备也在加速普及中，出货量增幅持续增长。从空间发展来看，现有移动互联网用户普及率仅为40%～50%，仍然存在较大的人口红利；移动应用、移动流量价值挖掘潜力增大，且保持高速增长态势。从技术进展来看，计算通信、存储传感、输入输出器件革新和5G通信网络技术演进终将带来终端、网络、应用的跨越式发展，整个移动互联网技术架构相对稳定，产业越来越往新技术储备、精细化运营的方向发展。技术创新重点领域集中于移动计算通信芯片、移动操作系统和移动传感芯片等，发展热点则集中于5G芯片、3D感知、人工智能与操作系统的融合等。

　　然而，面对如火如荼的移动互联网行业发展，我国的移动互联网行业仍然存在一系列的挑战：

　　一是国际贸易保护主义势力抬头。我国的移动互联网技术不断发展，遇到了以美国为代表的西方国家的贸易保护的阻力。2018年1月，美国最大的网络运营商AT&T在向政界人士发出警告之后，宣布结束分销华为最新智能手机的交易；2月，美国国家安全局也警告美国公民不要使用华为公司制造的手机。澳大利亚、韩国、加拿大等国家也担心华为会涉及国家安全问题。3月22日，美国总统特朗普宣布对中国每年高达600亿美元的出口产品加征关税。4月16日，美国又针对中国移动互联网企业——中兴通讯展开一系列"封杀"行动，美国商务部在当天宣布，美国政府在未来七年内禁止中兴通讯向美国企业购买美国产品，后经中兴通讯公司、我国商务部各方努力，在中兴通讯公司缴纳高达10亿美元的罚金，并改组董事会后，该禁令才于2018年7月12日得以取消。而继中兴制裁事件之后，美国又再度对中国的华为集团启动制裁，禁止所有美国企业购买华为设备，同时禁止美国企业向华为出售零部件。在2019年5月15日，美国商务部将华为及与其相关联的70家关联企业列入"实体清单"，对华为公司实施出口管制。因此，对于我国移动互联网企业来说，现阶段是多事之秋，未来这种贸易保护主义的阻力可能会进一步加大。

二是我国移动互联网建设仍然需要补足短板实现突破。与先进国家相比，我国目前的移动互联网基础网络建设正在逐步推进中，但当前部分地区网络覆盖仍然不足、农民的移动互联网使用比例不高、农村电商上下行比例优化还需要再推进，使我国移动互联网精准扶贫、精准脱贫的作用还没有充分发挥。数据显示，截至2018年末，我国有近3万行政村尚未实现4G网络覆盖，部分已经覆盖的，其覆盖质量仍然需要进一步提升。这一部分未覆盖的地区，实际上也是网络基础设施建设最难的部分，只能依靠移动网络来实现覆盖。我国即将进入5G时代，若不能补足短板，将会进一步加剧区域之间发展不均衡的问题。

三是我国移动互联网企业在技术创新方面同样面临着挑战，核心技术研发仍然有待取得突破性进展，一些移动芯片、移动操作系统等领域的高新技术要把握在自己手中，高精产品的设计、制造工艺需要进一步缩短与发达国家之间的差距。需要进一步构建包含IP、材料、芯片、终端、系统等在内的5G整体产业生态体系，强化移动操作系统的协同创新能力来推动相关产业链的协同升级。

四是新兴领域发展，移动互联网自身在移动安全、移动信息传播秩序等方面也面临着挑战。随着信息产业的发展，移动互联网安全不断面临新问题。在物联网方面，2017年爆出了"家庭摄像头遭入侵""Wi-Fi设备WPA2安全协议遭破解"等多起安全事件，这种利用物联网设备漏洞进行网络攻击引发的安全问题需要加以关注；在共享经济方面，二维码成为目前病毒的主要来源渠道；在互联网金融领域，借贷风险问题需要引起足够的重视；在个人信息方面，移动APP存在对个人数据的过分搜集等问题。与此同时，移动互联网的信息传播秩序亟须调整规范。虽然移动互联网促进了信息的高效传播，但是由于与之相配套的管理和规范没有跟上，信息传播的真实性、合法合规性就难以保证，造成了恶劣的社会影响。如自媒体，对于一些社会热点，在权威部门和主流媒体尚未查明真相时，便一味地迎合用户、吸引流量等。另外，针对愈演愈烈的网络版权纠纷，我国的移动互联网网络版权秩序也需要尽快建立。

移动互联网企业价值评估与价值创造

因此，结合我国移动互联网目前的发展现状，面对其内外部带来的挑战，我国一方面可以从政府层面实施有利的政策指引，提高政府政策效率，转变政府职能，创造良好产业环境。另一方面，则要进一步从移动互联网企业自身出发，由转变经营理念、强化公司治理、优化资本结构、加大研发投入、提高创新能力等几个方面入手，来应对企业内外部挑战，提升自身的企业价值创造能力，从而推动我国移动互联网行业健康、良性发展。

第四节 政府层面

当前，移动互联网在蓬勃发展的过程中，安全、技术创新等问题也日益凸显，并向经济、政治、文化、社会、生态等领域传导扩展。面对这样的新形势、新挑战，要保持我国的移动互联网企业的有序、健康和良性发展，就需要我国政府在顶层设计层面加强对移动互联网行业的引导、支持。总体而言，当前我国的移动互联网发展还存在一些管理短板，例如，政策扶持力度不足，管理体制不够完善、有待改进，国家相关法制建设滞后明显，等等，这些问题已经影响到移动互联网的健康有序发展。面对新形势、新挑战，移动互联网发展管理工作还存在一些短板：体制机制有待完善，法治建设仍显滞后，政策扶持力度不够，自主创新能力不足，核心技术亟须突破，管理基础相对薄弱，企业主体责任落实不到位，安全策略不完备，等等。这些问题已经制约移动互联网健康有序发展，必须高度重视、抓紧解决。

一、完善政策法规，打造良好政策环境

近年来，我国持续性地推进网络强国战略、"互联网+"行动计划、大数据战略等，在这样的大环境下，我国移动互联网的政策法规自 2016 年以来也在与时俱进地推进。在政策指导方面，2017 年 1 月 5 日，中共中央办公厅、国务院办公厅印发的《关于促进移动互联网健康有序发展的意见》，从政策层面对移动互联网行业发展需要遵循的基本原则、发展方式和存在问题等方面提供了指导；2017 年 7 月 8 日，国务院印发了《新一代人工智能发展规划》，提出要抢抓人工智能发展的重大战略发展机遇，构筑我国人工智能发展的先发优势；2017 年 6

月,中华人民共和国工业和信息化部下发《关于全面推进移动物联网(NB-IoT)建设发展的通知》,以对我国移动物联网技术体系的构成提供指导性意见;2016年10月,中华人民共和国工业和信息化部发布了《中国区块链技术和应用发展白皮书》,同年12月,国务院又印发了《"十三五"国家信息化规划》,将国家布局重点集中于区块链与大数据、人工智能等新技术。而在政策监管方面,2017年6月1日,我国首部全面规范网络空间安全管理的《网络安全法》正式实施;自2017年下半年开始,国家互联网信息办公室又相应出台了《互联网论坛社区服务管理规定》《互联网群组信息服务管理规定》《互联网新闻信息服务新技术新应用安全评估管理规定》等,2018年2月,又发布了《微博客信息服务管理规定》。这一系列的管理规章,将移动端的直播平台、社区群组、公众账号等领域均包括进去,对移动互联网监管更加细化、更有针对性,以规范、引导移动互联网企业的良性发展。成绩是显著的,然而未来移动互联网立法还需要进一步完善提升,才能为我国移动互联网企业的发展打造良好的政策环境。

二、建设基础设施,提供良好硬件条件

移动互联网企业应该加快移动信息基础设施的演进升级,为移动互联网企业的发展提供良好的硬件条件。与公路等基础设施不一样,对于移动互联网行业来说,其基础设施包括5G技术建设、无线网络建设等。资料显示,未来人类对新一代通信技术的需求集中于移动互联网和物联网两方面。移动互联网的迅猛发展,势必带来移动互联网流量的爆发式增长,特别地,到2020年我国5G实现商业用途时,我国移动互联网数据流量更是呈几何式增长。预计2020年相比于2010年增长300倍以上,2030年将比2010年增长4万倍以上。而流量快速增长的问题只能由5G技术来解决。未来时代是5G的时代。5G技术可以大幅提高用户的上网速度,其网速能达到4G的40倍甚至更高,使6秒内下载一部3D电影成为可能。5G技术不仅能够解决流量问题,还能够将移动通信变成一项通用技术,引发革命性变革,实现将多种物联网场景以卓越性能进行互联。因此,政府需要加快5G技术的布局,加快第五代移动通信(5G)技术研发,统筹推进标准制定、系统验证和商用部署。增强网络服务能力,简化电信资费结构,实现网络资费合理下降,提升服务性价比和用户体验。创新投资和运营模式,扩大用户宽带接入网普及范围,加快民航客机、高速铁路、城市交通等公共场所无线局域网建设和应用,带动引导商业性服务场所实现无线局域网覆盖和免费开

放。除此以外，政府还应加快建设并优化布局内容分发网络、云计算及大数据平台等新型应用基础设施。开放民间资本进入基础电信领域竞争性业务，深入推进移动通信转售业务发展，形成基础设施共建共享、业务服务相互竞争的市场格局。改善互联网骨干网网间互联质量，优化互联架构，探索建立以长期增量成本为基础的网间结算长效机制，更好满足用户携号转网需求，营造良好市场竞争环境。

三、转变政府职能，营造良好产业环境

1. 政府要完善市场的准入制度

深入推进简政放权、放管结合、优化服务，进一步取消和下放相关行政审批事项，加快落实由先证后照改为先照后证，简化审批流程、提高审批效率。建立完善与移动互联网演进发展相适应的市场准入制度，健全电信业务分级分类管理制度，健全移动互联网新业务备案管理、综合评估等制度。在确保安全的前提下，引导多元化投融资市场发展，积极稳妥推进电信市场开放，推动形成多种资本成分和各类市场主体优势互补、相互竞争、共同发展的市场新格局。

2. 推动产业生态体系协同创新

统筹移动互联网基础研究、技术创新、产业发展与应用部署，加强产业链各环节协调互动。鼓励和支持企业成为研发主体、创新主体、产业主体，加快组建产学研用联盟，推动信息服务企业、电信企业、终端厂商、设备制造商、基础软硬件企业等上下游融合创新。推动信息技术、数字创意等战略性新兴产业融合发展。提高产品服务附加值，加速移动互联网产业向价值链高端迁移。完善覆盖标准制定、成果转化、测试验证和产业化投融资评估等环节的公共服务体系。加快布局下一代互联网技术标准、产业生态和安全保障体系，全面向互联网协议第六版（IPv6）演进升级。统筹推进物联网战略规划、科技专项和产业发展，建设一批效果突出、带动性强、关联度高的典型物联网应用示范工程。

3. 激发信息经济活力

加快制定完善信息经济发展政策措施，将发展移动互联网纳入国家信息经济示范区统筹推进，鼓励移动互联网领先技术和创新应用先行先试，扶持基于移动

互联网技术的创新创业,促进经济转型升级、提质增效。加快实施"互联网+"行动计划、国家大数据战略,大力推动移动互联网和农业、工业、服务业深度融合发展,以信息流带动技术流、资金流、人才流、物资流,促进资源优化配置,促进全要素生产率提升。创新信息经济发展模式,增强安全优质移动互联网产品、服务、内容有效供给能力,积极培育和规范引导基于移动互联网的约车、租房、支付等分享经济新业态,促进信息消费规模快速增长、信息消费市场健康活跃。

4. 支持中小微互联网企业发展壮大

充分运用国家相关政策措施推动中小微互联网企业在移动互联网领域创新发展,支持和促进大众创业、万众创新。进一步发挥国家中小企业发展基金、国家创新基金等政策性基金的引导扶持作用,落实好税费减免政策,在信用担保、融资上市、政府购买服务等方面予以大力支持,消除阻碍和影响利用移动互联网开展大众创业、万众创新的制度性限制。积极扶持各类中小微企业发展移动互联网新技术、新应用、新业务,打造移动互联网协同创新平台和新型孵化器,发展众创、众包、众扶、众筹等新模式,拓展境内民间资本和风险资本融资渠道。充分发挥基础电信企业、大型互联网企业龙头带动作用,通过生产协作、开放平台、共享资源等方式,积极支持上下游中小微企业发展。遏制企业滥用市场支配地位破坏竞争秩序,营造公平有序的市场竞争环境①。

总而言之,我国政府要发挥好作用,坚持发展为民,充分发挥移动互联网优势,缩小数字鸿沟,激发经济活力,为人民群众提供用得上、用得起、用得好的移动互联网信息服务;坚持改革引领,完善市场准入,规范竞争秩序,优化发展环境,全面释放创新活力和市场能量;坚持创新为要,强化目标导向、问题导向、效果导向,发挥管理主体、运营主体、使用主体作用,全方位推进理念、机制、手段等创新;坚持内容为本,创新内容生产,拓展分享渠道,净化交互生态;坚持分类指导,对移动互联网信息服务实行分类管理;坚持安全可控,全面排查、科学评估、有效防范和化解移动互联网迅猛发展带来的风险隐患,切实保障网络数据、技术、应用等安全②。

————————

①② 中共中央办公厅、国务院办公厅印发《关于促进移动互联网健康有序发展的意见》[EB/OL].中国政府网,http://www.gov.cn/gongbao/content/2017/content_5165765.htm.

第五节 企业层面

一、转变经营理念，加强价值管理

我国的移动互联网企业要转变传统的经营理念，以价值最大化来管理企业。传统的经营理念，如利润最大化，往往只重视企业短期的发展，在资金使用上，忽略了股权资金的成本，只关注了债权资金的成本，这不利于企业资金使用效率的提高，也忽视了企业资源的优化配置，出资者的基本利益也难以得到有效的保护。价值最大化管理理念则不一样，不仅能有效弥补利润考核指标的不足，使管理层与所有者目标高度统一，管理层的资源管理水平和配置水平也随之得到有效的提升，企业内在价值得以实现最大化。一般来说，价值管理包括价值评估、价值创造与价值实现三个方面的内容。本书提出的综合价值评估模型和对价值创造影响因素等的分析有效解决了价值评估与价值创造的问题，但真正的价值实现还需要市场的最终认可，需要企业对市价的有效管理。我国目前的资本市场还未完全成熟，还经常存在很多企业市场价值与内在价值非理性背离的现象。因此，有效的价值管理就强调能够将企业的内在价值准确传达给资本市场，避免市场信息的扭曲与误导。

而有效的价值管理往往需要通过产品运营与资本运营的联动，基于价值导向将经营与财务战略协同起来。随着移动互联网产业发展的日趋成熟和投融资行为的日趋理性，市场迫切需要新的规则来指导移动互联网企业竞争战略的形成，价值创造成为互联网企业发展的新目标。与此同时，在移动互联网企业从价值评估、价值创造到价值实现这一整个价值流动过程中，只有真正创造价值的经营活动，才是价值链上的关键环节。传统企业脱离价值链的经营战略和财务战略通常"各自为政"，管理者更多关注的是财务战略在公司经营活动中的相对独立性，而忽略了财务与经营的匹配。对于移动互联网企业而言，要更加重视财务战略对于企业经营战略的支持性和先导性作用，财务战略以企业经营战略为出发点，二者协同实现企业经营战略。经营和财务战略的协同效应在企业并购及资本运营过程中体现得尤为明显，一方面，为企业带来更多可调配的现金流，优化内部资金配置；另一方面，经营多样化可为企业提供丰富的投资选择方案。另外，移动互联网企业应在整个战略制定过程中融入价值创造的思想，推行以价值为基础的战略导向思维，无论在经营战略还是财务战略上都以是否创造价值、实现价值为重要诉求。

二、把握用户需求，稳定用户及流量

在"用户为王"的移动互联网企业中，网站的用户和流量决定了企业的经营基础。因此，对于移动互联网企业来说，坚持以客户为本，一方面，要制定有效的经营管理策略，有效增加用户和流量；另一方面，要不断地提供高品质、高效率的产品和服务，时刻保持网站用户和流量的增长性和有效性。具体地，如何增加用户和流量呢？那就必须从用户需求入手，精准把握用户需求。按照马斯洛需求层次理论，结合移动互联网特点，移动互联网需求包括通信及安全需求→信息需求→社交需求→交易需求→娱乐需求，这五项需求逐级递升，并呈现个性化、社会化的特征，成为助推移动互联网发展的内在动力。某一移动互联网用户需求可能是五类需求的组合，应将上述五类需求与移动互联网位置服务及传感器技术结合起来，移动互联网需求呈现多样化、个性化、复杂化的趋势，这其中孕育着巨大的商机，关键在于企业要能发现客户的潜在需求和隐形需求。例如，客户无法清晰表达的需求、客户有需求但企业没有发现或忽视的需求、竞争对手尚未发现的需求、随着人们生活水平提高及技术的突破尚未被发现的需求、行业未满足或尚未被行业实现的需求，这类需求往往行业内人人皆知，但是没有企业能够满足。而现实企业经营过程中，存在着很多把握客户潜在需求，想方设法予以满足，进而获得成功的典型案例。例如，Facebook 满足互联网用户社交需求，为互联网用户提供社交平台，目前 Facebook 用户突破 10 亿户，成为全球最大的 SNS 平台；街旁网为客户提供基于 LBS 位置签到的移动社交网站，满足了客户的移动社交需求，成为中国领先的基于位置的移动社交服务企业；优酷土豆的成功则是满足了广大用户追求精神享受的娱乐需求，因此，成为中国较大的网络视频企业。这些成功案例都充分说明了善于把握客户核心需求的重要价值，进而发现、挖掘、满足移动互联网核心需求的重要性。

对于进入移动互联网的企业来说，要取得成功，就必须投入更大的精力了解你的客户，深入挖掘客户"杀手级"隐形需求，这是创新的开始，也是实现"与众不同"的关键所在。企业应制定有效的营销策略、市场推广宣传手段，增加广告投入，积极拓展流量来源渠道，吸引客户注意力，获得更多的用户和流量基础，提高流量转化率，实现价值增值和企业经营业绩的提升。只要有用户和流量，且该用户和流量能够保持持续稳定的增长，即使企业面临短暂的亏损，仍然具有很大的发展潜力，一旦有合适盈利模式的助推，企业经营业绩就能得到有效提升。与此同时，企业时刻保持着网站用户和流量的增长性和有效性，也便是有效保持了客户的忠诚度，有效提升了企业的利润水平和长期、有序、良性的发展。移动互联网企业需要以客户为中心，持续不断地为客户提供更多品种、更高品质与更高效率的多样化产品、服务以及更好的用户体验，以最大化客户价值，增加客户满意度和忠诚度。此外，要增加良好的企业品牌影响力，品牌影响力源于对客户的吸引力和感知力，客户忠诚度与品牌影响力相辅相成、相互影响，进而提升移动互联网企业的整体价值。总而言之，移动互联网企业只有在深入洞察客户需求、确定目标市场的基础上，提升客户体验，推进开放平台建设，建立多方共赢的产业生态系统，以此形成一个良性的业务系统。唯有如此，企业才能最终赢客户，赢得市场，才能提高企业的竞争优势。

三、创新商业模式，助推企业发展

对于互联网企业来说，最特别的在于其多元化的商业模式，这个模式是基于市场需求的多样性、互联网平台业务的繁荣发展和激烈的平台竞争，再加上互联网企业自身的生态系统的建设，所以产生了像阿里巴巴、苹果、谷歌等成功的商业模式。例如，苹果开创了"终端+应用"软硬一体化的商业发展模式，建造了一个具有强大竞争力的生态系统，正是这种商业模式给苹果带来了不菲的收入。再如，阿里巴巴的电子商务帝国正是其利用电子商务平台的模式创造出来的。谷歌之所以能成功，关键在于它采用的是搜索免费与后向广告收费相结合的商业模式，从而奠定了其在搜索引擎领域不可动摇的地位。奇虎 360 通过专注互联网安全、实行免费增值商业模式以及打造开放平台而取得了巨大成功，如今成为我国最大的互联网安全服务提供商；卓战科技专注于移动互联网市场，向平台方向转型，从而成为移动大数据营销领先者……因此，从某种意义上来讲，商业模式创新对企业管理者来说，比技术创新和产品创新更具挑战性，商业模式创新任重而道远，得商业模式者得天下。商业模式的内容包含并远远大于盈利模式，商业模式是创造客户价值相关企业经营活动的总和，创新的商业模式能使企业获得更多用户的青睐，能使企业获得更好的发展。在移动互联网时代，强调的是

"平台为王""生态为王""客户为本"等,所以,移动互联网商业模式的创新就必须围绕"平台""生态""客户"等关键词,创新移动互联网企业商业模式,打造移动互联网完整产业链。总而言之,想要对现有的商业模式进行创新发展,那么提高企业的核心竞争力是必然的选择。要想打造成功的商业模式,就必须明白,客户永远是中心,并且企业的目标是打造开放的平台,建立正确的战略地位,提高对客户体验的注释程度,从而构建良好的产业生态系统,进而充分利用互联网工具去改变企业的经营模式,有效将商业模式创新、技术创新和客户体验创新三者有效地结合在一起,从而创造新的竞争优势。

四、拓展融资新渠道,优化资本结构

一方面,移动互联网企业应努力拓展多元化、风险收益相权衡的互联网企业融资新渠道,尝试融资新思路。随着国内资本市场金融体制改革的不断深化以及高科技产业日益成为我国的战略制高点,多元化融资渠道在不断拓展和完善。在多元化融资模式下,移动互联网企业对于融资方式的选择要兼顾考量成本、风险和收益,提高融资效率。在"互联网+"的战略推进下,实体产业、金融业、互联网的多层次融合将成为创新的新方向,企业能够通过互联网高效的信息传递作用来全面深入进行数据分析,找到合适的风险管理工具与风险分散工具,控制风险的同时提高资源配置效率。此外,互联网金融还能便捷地为移动互联网企业提供金融服务,而且能通过大数据、云计算等手段对移动互联网企业的风险进行快速准确的评估,能够让移动互联网企业在短时间内获得成长所需资金,抓住市场机会迅速发展。当然,互联网金融背后的风险也不容忽视。移动互联网企业要综合平衡好收入增长、资本回报与风险控制的关系,实现可持续发展、风险与收益相平衡的原则,确定风险的优先管理顺序和措施,降低风险损失,提高风险收益。要建立高风险业务、重大投资并购等重要事项的专项风险评估制度,严格落实责任,强化制度落实和程序执行情况的责任追究。要建立包括专项风险动态跟踪评估、风险管控措施落实情况的跟踪审计等在内的闭环工作流程。要严格财务杠杆边界管理,增强现金盈余保障,审慎运用金融衍生工具。要加强重大风险监测预警管理,将风险管理关口前移,建立风险识别、转移、对冲机制,做好应对预案,降低系统性风险对企业的影响。

另一方面,不断优化资本结构、资产结构和成本结构,实现互联网企业价值创造与可持续增长。移动互联网企业对于可持续价值创造的追求表现在持续优化

移动互联网企业价值评估与价值创造

资本结构、资产结构与成本结构,从而有效地为投资人带来增量价值。与美国等发达国家相比,我国互联网企业的内源融资相对不足,内源融资比(即内源融资额/总资产)只有13.67%,而同期美国互联网企业的平均值为28.79%。在外源融资方式的选择上,由于融资渠道日益多元化,企业融资结构持续优化,资本结构趋于合理。此外,随着战略性投资时代的到来,移动互联网企业需要加强技术产品与资本运营的联动,运用灵活的并购手段持续优化整合企业资源配置。

五、加大研发投入,实现技术创新

对于移动互联网企业来说,技术创新的作用是不言而喻的。例如,2018年,美国对中国的中兴集团启动了制裁,由于中兴设备中有大量美国企业在提供零部件,一时间,中兴业务受到了严重的打击。最后,中兴在付出提交10亿美元(64亿元人民币)的罚款、准备4亿美元(25.6亿元人民币)交由第三方保管、30天内更换董事会及高层的惨痛代价之后才让这一事件暂时告一段落。然而,中兴也仅仅只是解除了芯片采购的禁令,而我国最核心的芯片技术问题仍然步履维艰。如果特朗普后续又以各种莫名其妙的理由来"搞事情",那么我国的芯片方面依然会受制于人。因此,虽然这次开放了芯片采购,但加快研发国产芯片的进度才是解决问题的根本之道。无独有偶,2019年,美国又再度导演了"类中兴事件",对我国的互联网企业——华为集团启动了制裁,禁止所有美国企业购买华为设备,也禁止美国企业向华为出售零配件。与中兴不同的是,一直以来坚持自主研发、自主创新的华为公司面对美国的霸权主义,迅速实施了强大的"备胎计划"。华为表示,在多年前就有所预计,并在研发、业务连续性等方面进行了大量投入和充分准备,能够保障在极端情况下,公司经营不受大的影响。华为官方称,"华为备胎"计划中拥有芯片,其中,除了大家熟知的华为手机芯片(麒麟系列)之外,还有服务器芯片(鲲鹏系列)、基站芯片、基带芯片、AI芯片等。即使安卓系统不能使用,华为也有自己的手机操作系统。这样的漂亮反击战,与华为集团持续的强大研发投入息息相关,华为内部有条不成文的规定,每年均会拿出收入的10%,专注地、刚性地投入研发。以2018年为例,华为公司整体收入达到人民币7200多亿元,但是2017年研发投入超过了人民币1000亿元。因此,只有这样长期坚持的、高强度专注的研发投入才能使得华为集团在高科技行业里持续领先,不断地充血,使得华为集团的技术遥遥领先。以热门的5G技术为例,华为是目前全球各大企业中拥有5G专利最多的企业。据统计,截至 2019 年 4 月，华为拥有全球约 15% 的 SEPs，为世界 5G 专利龙头。而在全球 5G 技术贡献排名中，华为也是力压全球其他知名企业，位居世界第一。

因此，移动互联网企业的成长发展固然与规模相关，但唯有核心能力的培养才是促使企业成长的重要因素。移动互联网企业应该加大研发投入，立足于技术创新，像华为一样，以创新作为企业成长的根本依托，从而帮助企业形成强大的学习能力，打造有竞争力的知识和人力资本，创造核心竞争力，帮助企业快速成长。企业应从多方面加大研发创新投入，不断改善自身的产品、技术和服务来满足用户的需求，坚定不移实施创新驱动发展战略，在科研投入上集中力量办大事，加快移动芯片、移动操作系统、智能传感器、位置服务等核心技术突破和成果转化，推动核心软硬件、开发环境、外接设备等系列标准制定，加紧人工智能、虚拟现实、增强现实、微机电系统等新兴移动互联网关键技术布局，尽快实现部分前沿技术、颠覆性技术在全球率先取得突破。同时，落实企业研发费用加计扣除政策，创新核心技术研发投入机制，探索关键核心技术市场化揭榜攻关，着力提升我国移动互联网企业在全球核心技术开源社区中的贡献和话语权，积极推动核心技术开源中国社区建设。

参考文献

[1] Anckar Bill & D'Incau Davide. Value Creation in Mobile Commerce: Findings from a Consumer Survey [J]. Journal of Information Technology Theory and Application, 2002 (4).

[2] Bacidore, Jeffrey M. The Search for the Best Financial Performance Measure [J]. Financial Analysts Journal, 1997 (53).

[3] Chen Yan, Loyalty Xua, Daniel Peakb & Victor Prybutokb. A Customer Value, Satisfaction Perspective of Mobile Application Recommendations [J]. Decision Support Systems, 2015 (79).

[4] Chih – Peng Chu, Jin – Gu Pan. The Forecasting of the Mobile Internet in Taiwan by Diffusion Model [J]. Technological Forecasting & Social Change, 2008 (75).

[5] Cox J., Ingersoll J. & Ross S. Inter – temporal General Equilibrium Model of Asset Price [J]. Economics, 1985 (3).

[6] Chesbrough H. Business Model Innovation: It's Not Just about Technology Anymore [J]. Strategy & Leadership, 2013, 35 (6).

[7] Dan, J. K. & Wang, Y. H. A Study of Mobile Internet User's Service Quality Perceptions from Auser's Utilitarian and Hedonic Value Tendency Perspectives [J]. Information Systems Frontiers, 2012, 14 (2).

[8] D. Terashima & Y. Tomita. Cash – flow Evaluation Method for Urban Redevelopment Project Including Real Option of Multiple Staged Constructions [J]. Japanese Journal of Real Estate Sciences, 2004, 18 (1).

[9] Dasilva C. M., Trkman P. Business Model: What It Is and What It Is Not [J]. Long Range Planning, 2014, 47 (6).

［10］Duqi A., Ja' Afar A., Torluccio G. Mispricing and Risk of R&D Investment in European Firms［J］. European Journal of Finance, 2015, 21（5）.

［11］Fernando Olsina. Real Option Valuation of Power Transmission Investments by Stochastic Simulation［J］. Energy Economics, 2015, 47（C）.

［12］Franco Modigliani Merton H. Miller the Cost of Capital, Corporation Finance, and the Theory of Investment［J］. The American Economic Review, 1958, 48（3）.

［13］Falk M. Quintile Estimates of the Impact of R&D Intensity on Firm Performace［J］. Small Business Economics, 2012, 39（1）.

［14］Girotra K., Netessine S. Four Paths to Business Model Innovation［J］. Harvard Business Review, 2014, 92（7）.

［15］Hacklin F., Bjorkdahl J., Wallin M. W. Strategies for Business Model Innovation: How Firms Reel in Migrating Value［J］. Long Range Planning, 2018（51）.

［16］Hana H. B., Manry D. The Value Relevance of R&D and Advertising［J］. International Journal of Accounting, 2001, 39（2）.

［17］Irving Fisher, The Rate of Interest: Its Nature, Detennination and Relation to Economic Phenomena［M］. New York: The Macmillan Co., 1907.

［18］Mason S. P. & Merton R. C. The Role of Contingent Claim Analysis in Corporate Finance［M］. Altman Press: Recent Advances in Corporate Finance, 1985.

［19］Merton R. C. Theory of Rational Option Pricing［J］. Bell Journal of Economics & Management, 1973, 4（4）.

［20］Myers S. Determinants of Capital Borrowing［J］. Journal of Financial Economics, 1977, 5（2）.

［21］Ohlson J. A., Earnings, Book Value and Dividends in Equity Valuations［J］. Contemporary Accounting Research, 1995（11）.

［22］Pascal Letourneau. Investors' Reaction to the Government Credibility Problem: A Real Option Analysis of Emission Permit Policy Risk［J］. Energy Economics, 2016, 54（2）.

［23］Robert Zanner, Dirk Wilhelm, Hubertus Feussner, Gerhard Schneider. Evaluation of M-AID, a First Aid Application for Mobile Phones［J］. Resuscitation, 2007, 74（3）.

[24] Schwartz E. S. & Moon, M. Rational Pricing of Internet Companies [J]. Financial Analysts Journal, 2000 (3).

[25] Schwartz, E. S. & Gorostiza, C. Z. Investment Under Uncertainty in Information Technology: Acquisition and Development Project [J]. Management Science, 2003, 49 (1).

[26] Schneider S., Spieth P. Business Model Innovation: Towards an Integrated Future Research Agenda [J]. International Journal of Innovation Management, 2013, 17 (1).

[27] Teece D. J. Business Models, Business Strategy and Innovation [J]. Long Range Planning, 2010, 43 (2).

[28] Taylor, C. A. & Ramey, J. A. A Framework for Understanding Mobile Internet Motivations and Behaviors [J]. Computer Human Interaction, 2008 (4).

[29] Trigeorgis L. Anticipated Competitive Entry and Early Preemptive Investment in Deferrable Prospects [J]. Journal of Economics and Business, 1991, 43 (2).

[30] Trigeorgis L. Real Options: Management Flexibility and Strategy in Resource Allocation [M]. Cambridge: MIT Press, 1996.

[31] Teece, D. J. Business Models, Business Strategy and Innovation [J]. Long Range Plonninp, 2009, 43 (2).

[32] Victor L. Bennard, The Feltbam – Ohlson Framework: Implications for Empiricists [J]. Contemporary Accounting Research, 1995, 11 (2).

[33] Wonbok Lee, Sukil Kim, Seung Hee Ho & Inyoung Choi. Evaluation of a Mobile Phone – based Diet Game for Weight Control [J]. Journal of Telemedicine and Telecare, 2010, 16 (5).

[34] Yong, L. Analysis of Mobile Internet Information Security Threats and Vulnerabilities [J]. Communications Technology, 2014 (4).

[35] Zott C., Amit R. Business Model Design: An Activity System Perspective [J]. Long Range Planning, 2009, 43 (2).

[36] Zott, C., Amit, R. Business Model Design and the Performance of Entrepreneurial Firms [J]. Organization Science, 2007, 18 (2).

[37] Zott, C., Amit, R., Massa, L. The Business Model: Recent Developments and Future Research [J]. Social Science Elec – tropic Puhlishing, 2011, 37 (4).

[38] 包丽艳. 基于集成实物期权法的互联网企业价值评估 [D]. 杭州电子科技大学, 2017.

[39] 百文晓. 后发企业颠覆式创新路径及其演进机理研究——技术创新与商业模式创新的共演视角 [D]. 郑州大学, 2018.

[40] 李梦园. 比亚迪价值创造能力分析及股价评估 [J]. 经贸实践, 2018 (3).

[41] 曹凌云. 基于实物期权理论的互联网企业价值评估研究 [D]. 哈尔滨工业大学, 2015.

[42] 陈剑莎. 基于企业生命周期的互联网企业价值评估方法研究 [D]. 长安大学, 2012.

[43] 陈立波. 灰色马尔科夫法在企业价值评估中的应用 [J]. 统计与决策, 2013 (15).

[44] 丛聪. 投影追踪分析在互联网企业价值评估中的应用研究 [D]. 首都经济贸易大学, 2016.

[45] 杜鑫. 互联网企业价值评估方法探究 [J]. 国际商务财会, 2016 (6).

[46] 刁玉柱, 白景坤. 商业模式创新的机理分析: 一个系统思考框架 [J]. 管理学报, 2012, 9 (1): 71 - 81.

[47] 范琳. 移动互联网企业价值评估方法研究 [D]. 天津财经大学, 2017.

[48] 方晓成, 李姚矿. CBCV 模型在网络企业价值评估中的应用 [J]. 合肥工业大学学报 (自然科学版), 2010, 33 (4).

[49] 付娇娇. 基于实物期权理论的互联网企业价值评估 [D]. 河北大学, 2017.

[50] 高攀. 基于 DCF 和 EVA 模型的我国互联网企业估值方法研究 [D]. 西南财经大学, 2016.

[51] 葛干忠. 我国农业上市公司价值创造能力研究 [D]. 湖南农业大学, 2014.

[52] 关明坤, 兰晓敏. 高科技企业价值评估与定价研究 [J]. 会计之友, 2011 (19).

[53] 韩倩, 尉京红. 收益法在服务型企业价值评估中的应用 [J]. 财会通讯, 2011 (17).

[54] 韩跃峰.基于剩余收益方法的互联网企业价值评估的研究[D].云南大学,2015.

[55] 何栋.成长期互联网企业价值评估实证研究[D].杭州电子科技大学,2017.

[56] 黄涵英.移动互联网信源信任度评估[D].北京邮电大学,2012.

[57] 黄洁.基于DCF估价模型的中国网络公司价值评估[D].北京邮电大学,2013.

[58] 黄婧涵,李奉书.Uber共享型企业价值评估[J].商业经济研究,2018(7).

[59] 黄生权,李源.群决策环境下互联网企业价值评估——基于集成实物期权方法[J].系统工程,2014,32(12).

[60] 黄文妍.互联网平台企业价值驱动因素及评估指标的实证研究[D].浙江师范大学,2016.

[61] 计军恒.基于技术创新的企业价值增长及其评估研究[D].西北农林科技大学,2007.

[62] 纪益成.企业价值评估与公司估值的关系研究[J].会计之友,2018(9).

[63] 蒋瑛.基于EVA模型的我国互联网企业价值评估——以乐视网为例[D].天津商业大学,2017.

[64] 金辉,金晓兰.基于PE/PB的我国新三板信息技术企业价值评估[J].商业研究,2016(2).

[65] 颉茂华,王瑾,刘冬梅.环境规制、技术创新与企业经营绩效[J].南开管理评论,2014,17(6).

[66] 李刚.EVA企业价值评估体系及其应用——以华为公司为例[J].财会月刊,2017(22).

[67] 李季,唐孝文,矫健.移动互联网企业商业模式的评价与优化[J].管理现代化,2015(5).

[68] 李灵灵.修正的DCF法在互联网相关行业价值评估中的应用——以宜人贷公司为例[D].江西财经大学,2018.

[69] 李曼.基于实物期权模型的互联网上市公司定价研究[D].西南财经大学,2010.

[70] 李强,揭筱纹.商业生态系统网络核心企业价值评价研究——基于华

为和中兴的对比分析［J］．科技进步与对策，2012，29（4）．

［71］李双兵．基于模糊实物期权的互联网企业风险投资价值评估研究［D］．太原理工大学，2016．

［72］李晟．基于企业生命周期的互联网企业的估值研究［J］．现代商业，2014（8）．

［73］李素英，王贝贝．基于级数突变法的科技型中小企业价值评估研究［J］．经济研究参考，2017（34）．

［74］李晓明．试论并购企业价值评估方法模型［J］．数量经济技术经济研究，2000（5）．

［75］李颜苏．基于EVA模型在互联网企业价值评估的应用研究——以CFW公司为例［D］．云南财经大学，2017．

［76］李长云．创新商业模式的机理与实现路径［J］．中国软科学，2012（4）．

［77］李飞，米卜，刘会．中国零售企业商业模式成功创新的路径——基于海底捞餐饮公司的案例研究［J］．中国软科学，2013（9）．

［78］梁超．DCF模型在A股互联网公司价值评估中的应用——以生意宝为例［D］．兰州大学，2018．

［79］廖理等．实物期权理论与企业价值评估［J］．数量经济技术经济研究，2001．

［80］刘畅．移动互联网背景下企业新型价值评估理论研究［D］．山东大学，2014．

［81］刘璟瑜．基于EVA的互联网企业价值评估研究——以乐视网为例［D］．华东交通大学，2017．

［82］刘任重．基于企业价值评估的DCF与RIV定价模型的比较［J］．统计与决策，2013（2）．

［83］刘业华．EVA在互联网企业价值评估中的应用——以奇虎360为例［D］．暨南大学，2016．

［84］龙文鑫．实物期权法在移动互联网企业价值评估中的应用研究［D］．暨南大学，2017．

［85］罗文芳．基于BP神经网络的互联网企业价值评估研究［D］．杭州电子科技大学，2016．

［86］牛建业．小微移动互联网企业创业策略［D］．华东理工大学，2015．

[87] 潘惠中. 基于DEVA模型的游族网络价值评估研究 [D]. 湖南大学, 2018.

[88] 潘俊, 陈志红, 吕雪晶. 高新技术企业价值创造模式创新及其评估体系构建 [J]. 科技与经济, 2011, 24 (6).

[89] 潘锐荣. 初创互联网企业价值评估方法研究 [D]. 暨南大学, 2015.

[90] 潘迎利. 并购活动中互联网企业价值评估研究 [D]. 首都经济贸易大学, 2015.

[91] 彭靖怡, 周悠, 刘玉明. 基于层次分析法的企业创造价值能力评估——以我国家电行业为例 [J]. 中国集体经济, 2019 (9).

[92] 彭文德. 论企业并购中买卖双方对目标企业价值的评估 [J]. 南方金融, 1999 (12).

[93] 彭兆东. 实物期权在评估互联网企业价值中的应用研究——以乐视公司为例 [D]. 内蒙古农业大学, 2016.

[94] 齐琦. 基于实物期权理论的互联网企业价值评估研究 [D]. 哈尔滨工业大学, 2017.

[95] 冉伟. 基于调整DCF模型的M互联网公司价值评估 [D]. 青岛理工大学, 2016.

[96] 任媛媛. 基于生命周期的新三板互联网企业价值评估研究 [D]. 北京交通大学, 2016.

[97] 邵运川. 经济增加值理论下电子商务企业价值评估研究——以阿里巴巴公司为例 [J]. 商业经济研究, 2015 (36).

[98] 邵争艳, 陈学敏. 基于经济增加值法的企业价值评估研究——以歌力思为例 [J]. 商业会计, 2019 (1).

[99] 史香玉. 用户价值法在互联网企业价值评估中的应用研究 [D]. 辽宁大学, 2017.

[100] 帅青红. 基于客户的互联网企业价值评估的实证研究 [J]. 网络安全技术与应用, 2005 (4).

[101] 司会娜. 基于EVA的企业价值评估方法在商业银行价值评估中的应用 [D]. 暨南大学, 2015.

[102] 孙奕聪. 基于企业价值评估的移动互联网企业风险投资实证研究 [D]. 哈尔滨工业大学, 2017.

[103] 孙羽. 基于EVA的我国互联网企业价值评估研究 [D]. 首都经济贸

易大学,2012.

[104] 许庆瑞,吴志岩. 企业技术创新体系建设战略的理论初探 [J]. 管理工程学报,2014,28(4).

[105] 谈多娇,董育军. 互联网企业的价值评估——基于客户价值理论的模型研究 [J]. 北京邮电大学学报(社会科学版),2010,12(3).

[106] 田丽. 移动互联网时代的企业跨渠道整合营销的研究 [D]. 北京交通大学,2015.

[107] 王方源. 基于 DCF 模型的 B2C 电子商务企业价值评估——以当当网为例 [D]. 云南财经大学,2016.

[108] 王海成. 基于剩余收益估价模型的互联网企业价值评估 [D]. 云南财经大学,2016.

[109] 王竞达,瞿卫昔. 创业板公司并购价值评估问题研究——基于2011年创业板公司并购数据分析 [J]. 会计研究,2012.

[110] 王领,刘融. 互联网巨头对中小互联网企业的并购分析——基于客户价值模型视角 [J]. 技术与创新管理,2017,38(3).

[111] 王孟媛. 基于 DEVA 模型的互联网企业价值评估 [D]. 河南大学,2018.

[112] 王晓婷,毕盛. 企业价值评估市场法中可比公司选择研究——以文化传媒行业为例 [J]. 会计之友,2018(9).

[113] 王志珩. 互联网企业价值评估——基于剩余收益模型 [D]. 杭州电子科技大学,2017.

[114] 王水莲,刘莎莎. 海尔集团商业模式演进案例研究:"因时而变"的企业 [J]. 科学学与科学技术管理,2016,37(4).

[115] 温素彬,蒋天使,刘义鹃. 企业 EVA 价值评估模型及应用 [J]. 会计之友,2018.

[116] 吴虹雁. 农业上市公司价值评估与价值创造研究 [D]. 南京农业大学 2008.

[117] 吴吉义,李文娟,黄剑平等. 移动互联网研究综述 [J]. 中国科学:信息科学,2015,45(1).

[118] 吴晓云,张欣妍. 企业能力、技术创新和价值网络合作创新与企业绩效 [J]. 管理科学,2015,28(6).

[119] 相龙慧. 层次分析法在企业价值评估中的应用 [J]. 财会通讯,

2011 (17).

［120］谢雨欣. 基于"组合法"的互联网企业价值评估研究［D］. 石河子大学，2016.

［121］许冠碧. 基于 EVA 模型的我国互联网企业价值评估研究——以百度公司为例［D］. 暨南大学，2015.

［122］徐煊琦. 初创期互联网企业价值评估研究［D］. 首都经济贸易大学，2017.

［123］杨成炎. 现金流折现法与实物期权估价法之比较及运用——以隆平高科公司价值评估为例［J］. 财会月刊，2016.

［124］杨清香，廖甜甜. 内部控制、技术创新与价值创造能力的关系研究［J］. 管理学报，2017（8）.

［125］叶明强. 基于中国市场的互联网企业价值评估研究［D］. 复旦大学，2013.

［126］叶文晴. 上市电子商务企业价值评估方法研究［D］. 东北财经大学，2015.

［127］于河清. 新兴互联网企业价值评估方法研究［D］. 首都经济贸易大学，2017.

［128］易加斌，谢冬梅，高金微. 高新技术企业商业模式创新影响因素实证研究——基于知识视角［J］. 科研管理，2015，36（2）.

［129］袁罗娜. 平台类综合性互联网企业价值评估方法研究［D］. 北京工商大学，2016.

［130］张超，董尧琰，杨亚洲. 基于企业价值提升的战略导向平衡计分卡应用研究［J］. 财会通讯，2011（26）.

［131］余清楚，唐胜宏. 移动互联网蓝皮书：中国移动互联网发展报告（2017）［M］. 北京：社会科学文献出版社，2017.

［132］余清楚，唐胜宏. 移动互联网蓝皮书：中国移动互联网发展报告（2018）［M］. 北京：社会科学文献出版社，2018.

［133］张居营，孙晶. 基于熵权模糊物元模型的创新型企业价值评估［J］. 技术经济，2017，36（9）.

［134］张琳琳. 我国房地产上市公司资本结构与公司财务绩效关系的实证研究［D］. 山东财经大学，2013.

［135］张涛. 关于目标企业价值评估的拉巴波特模型［J］. 广西会计，

2000（6）.

［136］张铁庄. 企业并购价值评估中的拉巴波特模型［J］. 四川会计，2000（2）.

［137］张晓慧，孔淑慧. 企业价值评估市场法中可比公司选择优化研究——基于主成分分析的视角［J］. 经济研究参考，2015（72）.

［138］张秀清. DHGF算法在企业并购价值评估中的应用研究［J］. 会计之友，2014（21）.

［139］赵宏涛. 移动互联网企业资本运营战略研究［D］. 北京邮电大学，2013.

［140］赵息，路晓颖. 不完全信息下基于成长期权的并购价值评估［J］. 天津大学学报（社会科学版），2012，14（1）.

［141］赵昕. 考虑非财务因素的互联网企业价值评估研究［D］. 北京交通大学，2015.

［142］赵延朋. 实物期权模型在互联网企业价值评估中的应用研究［D］. 山东农业大学，2013.

［143］郑征，朱武祥. 运用复合实物期权方法研究初创企业的估值［J］. 投资研究，2017，36（4）.

［144］周荃. Ohlson模型在互联网企业价值评估中的应用研究［D］. 江西财经大学，2017.

［145］周永丽. 基于层次分析法的上市企业价值评估研究［D］. 大连理工大学，2008.

［146］左庆乐，刘杰. 高新技术企业价值评估的基本问题探析［J］. 中国资产评估，2001（6）.

［147］曾萍，宋铁波. 基于内外因素整合视角的商业模式创新驱动力研究［J］. 管理学报，2014，11（7）.

附录

附录一 样本企业部分财务数据

附表 1-1 2014~2018 年样本企业营业收入 单位：万元

年份 公司名称	2014	2015	2016	2017	2018
智度股份	37307.56	31758.32	236400.72	637379.49	765956.80
高鸿股份	742491.23	867363.35	897573.32	926466.92	204082.15
生意宝	15968.89	17613.59	32349.83	36113.41	41964.72
恒宝股份	155076.71	182066.18	135335.26	136837.41	169030.53
三维通信	90459.49	86502.01	98876.46	118143.67	355361.41
梦网集团	92779.98	180446.16	280017.24	254987.05	276851.63
南极电商	157334.23	38922.91	52098.15	98578.68	335286.00
北纬科技	22762.62	19360.52	39440.89	56980.64	23272.71
拓维信息	65785.25	76867.22	102849.13	111881.89	118500.00
星网锐捷	364168.67	451650.51	568765.83	770513.56	913157.18
二六三	74541.28	71636.18	83567.52	83585.17	92873.35
通鼎互联	303115.19	360873.86	414345.26	423218.45	444538.32
三五互联	27989.99	24896.41	31164.27	32568.19	23480.66
国民技术	42569.55	56059.25	70612.41	69495.71	60205.97

续表

年份 公司名称	2014	2015	2016	2017	2018
信维通信	80771.81	129997.07	241292.75	343476.78	470690.94
迅游科技	17806.31	17186.79	15800.38	27819.57	73097.99
烽火通信	1072125.45	1348963.69	1736107.83	2105622.47	2423523.88
东软集团	779633.13	775169.17	773484.81	713113.47	717052.01
闻泰科技	162305.05	71601.04	1341691.35	1691623.22	1733510.82
网达软件	17683.07	20726.37	22378.76	19662.29	20180.98

附表1-2　2014~2018年样本企业营业成本　　　单位：万元

年份 公司名称	2014	2015	2016	2017	2018
智度股份	24801.78	20785.50	185556.62	545877.80	622387.02
高鸿股份	685803.95	811972.46	848241.97	865327.94	193239.92
生意宝	3071.03	6270.91	22845.08	24252.00	27567.08
恒宝股份	103476.54	116469.13	88240.35	98621.99	134325.18
三维通信	64213.63	59899.81	72302.71	86780.00	306179.59
梦网集团	56491.20	113302.73	195977.88	180684.80	208624.30
南极电商	150204.34	10718.92	6654.90	29519.52	219714.19
北纬科技	12864.24	11216.16	20740.55	30075.94	10161.80
拓维信息	38392.53	32343.13	36474.13	48131.64	59682.72
星网锐捷	200343.08	245311.15	322313.68	474443.20	615722.34
二六三	27610.72	26513.46	30346.08	30203.45	38262.34
通鼎互联	236732.08	271624.03	291234.66	292822.31	313363.03
三五互联	11267.06	8185.70	8599.34	8637.92	8034.74
国民技术	25891.47	36076.01	47947.78	49341.69	39100.24
信维通信	60426.27	91000.51	170981.92	218353.57	298834.75
迅游科技	4778.99	4955.27	5197.30	7427.28	10523.16
烽火通信	788247.76	990905.27	1314377.65	1605531.20	1859856.36

续表

公司名称＼年份	2014	2015	2016	2017	2018
东软集团	556270.51	531968.45	537049.55	487538.12	501961.72
闻泰科技	120348.45	59338.32	1234055.80	1539783.93	1576400.42
网达软件	6216.02	7343.91	8859.98	9689.18	11767.89

附表1-3 2014~2018年样本企业税金及其附加 单位：万元

公司名称＼年份	2014	2015	2016	2017	2018
智度股份	497.06	397.47	1016.69	886.36	913.48
高鸿股份	1276.48	1215.76	1403.36	2493.26	463.10
生意宝	220.87	117.92	91.41	163.04	183.52
恒宝股份	1360.28	1537.19	1294.94	1293.98	1093.60
三维通信	1495.15	1237.41	954.56	1198.88	1772.96
梦网集团	889.60	1117.50	1714.27	1465.83	1855.07
南极电商	110.14	218.23	440.94	561.29	955.75
北纬科技	198.15	95.44	656.64	1311.03	1055.01
拓维信息	712.19	644.70	733.51	1029.61	740.87
星网锐捷	3364.14	3629.86	5387.97	6375.65	6008.86
二六三	1582.70	662.87	441.61	340.16	332.29
通鼎互联	1115.09	2192.00	3482.24	3277.29	3320.33
三五互联	364.04	157.35	223.47	376.62	344.71
国民技术	211.78	196.77	402.51	402.21	467.79
信维通信	392.59	862.25	1946.92	2739.53	3879.93
迅游科技	637.03	192.08	280.07	549.26	147.35
烽火通信	5117.82	6380.60	6896.37	8856.51	9508.10
东软集团	3596.39	4375.56	6641.31	6873.97	7102.86
闻泰科技	12863.25	7547.16	4611.76	11661.74	6228.55
网达软件	89.45	97.16	109.07	124.10	179.18

附录

附表1-4　2014~2018年样本企业销售及管理费用　　　　单位：万元

年份 公司名称	2014	2015	2016	2017	2018
智度股份	14692.89	14105.20	20563.26	39742.12	53045.44
高鸿股份	26932.79	31124.03	30960.67	36896.80	34038.72
生意宝	9908.03	10197.26	9292.75	10350.37	8767.83
恒宝股份	25416.87	30815.68	32576.34	28396.53	13781.56
三维通信	20120.05	20120.05	20120.05	20120.05	20120.05
梦网集团	57724.62	50609.17	57658.21	49995.11	36925.86
南极电商	18322.09	6614.08	6742.32	9098.47	16815.42
北纬科技	9902.09	12281.83	10265.31	12652.83	12537.42
拓维信息	20418.27	30318.93	43839.57	48654.37	43383.96
星网锐捷	170551.04	204801.67	245702.07	144633.63	30212.20
二六三	31841.42	35027.96	49217.33	52989.28	33906.61
通鼎互联	40818.45	40818.45	40818.45	40818.45	40818.45
三五互联	16855.16	17773.43	17248.94	17696.81	10800.59
国民技术	24912.80	22126.36	23263.74	23745.11	14792.76
信维通信	13944.74	16561.10	21505.11	36461.51	21183.15
迅游科技	6073.41	7184.21	9639.39	11861.31	32633.34
烽火通信	231196.95	278529.18	324454.96	381195.05	211124.17
东软集团	203466.93	217466.35	217212.56	205048.57	119074.05
闻泰科技	16874.63	16041.96	77787.82	95580.60	44604.80
网达软件	5694.99	5636.69	6225.15	6715.68	4514.84

附表1-5　2014~2018年样本企业营业成本的增加　　　　单位：万元

年份 公司名称	2014	2015	2016	2017	2018
智度股份	-2031.48	-866.86	177914.99	430030.04	125491.21
高鸿股份	3373916.62	1925417.04	-1504130.03	-1831817.18	-1067875.08
生意宝	-3199.30	8251.92	16454.68	18684.02	8729.07

续表

公司名称 \ 年份	2014	2015	2016	2017	2018
恒宝股份	11430.17	52630.34	-52167.82	61424.27	-50862.81
三维通信	-4343.46	8936.66	3723.08	36041.22	249157.40
梦网集团	-2770.01	39386.71	62169.88	72626.76	-79037.17
南极电商	-309723.03	-169751.29	-5558.90	33131.74	260931.22
北纬科技	2934.52	-2393.68	20510.24	1830.35	-18595.01
拓维信息	-114911.52	-114911.52	-114911.52	-114911.52	-114911.52
星网锐捷	161118.80	161118.80	161118.80	161118.80	161118.80
二六三	-7328.99	10137.32	11547.04	2222.96	6585.78
通鼎互联	-5796.37	-4141.75	87249.78	6933.21	88754.22
三五互联	1790.89	-640.58	-1189.59	2280.62	-6069.33
国民技术	-8316.04	-509.56	8079.34	27076.46	-14583.93
信维通信	38517.26	45220.54	86240.36	92229.08	91085.64
迅游科技	3626.81	1483.24	4981.80	6852.98	27281.47
烽火通信	113607.92	387398.20	680934.31	386703.82	67811.21
东软集团	62376.53	-7602.00	21035.20	-77004.10	1695.86
闻泰科技	29812.57	-44644.55	915577.58	560852.53	-287911.20
网达软件	3805.61	-494.22	4522.91	-296.87	1182.70

附表1-6 2014~2018年样本企业经营性长期资产的增加　　　　单位：万元

公司名称 \ 年份	2014	2015	2016	2017	2018
智度股份	59.88	-380.25	15691.54	-11491.23	-1828.41
高鸿股份	2172.74	11536.28	-2571.13	4741.93	-17325.83
生意宝	-190.12	-122.64	-101.90	102.76	-22.87
恒宝股份	-14131.05	3030.23	-337.77	-3885.53	164.11
三维通信	-1156.90	8991.86	-3867.76	9741.03	24704.86

续表

年份 公司名称	2014	2015	2016	2017	2018
梦网集团	-3271.39	2061.62	27869.25	-26297.70	-436.43
南极电商	-173.55	-173.55	-173.55	-173.55	-173.55
北纬科技	2618.64	-4566.63	-10409.34	3252.49	-2870.44
拓维信息	-1412.38	-1412.38	-1412.38	-1412.38	-1412.38
星网锐捷	-2832.79	1711.51	-1163.00	7092.95	4352.86
二六三	-480.46	677.07	1266.30	-2062.27	-1006.81
通鼎互联	-18667.59	8074.76	9737.12	24420.70	41921.49
三五互联	10014.48	1034.64	-5997.84	-4870.66	2377.96
国民技术	-953.72	9185.09	3190.10	-322.24	8874.55
信维通信	-989.41	9187.51	-4247.19	47059.42	116452.38
迅游科技	969.81	-492.45	-183.31	-529.60	3167.72
烽火通信	-48.22	24834.19	23010.26	-1672.15	12667.93
东软集团	12635.86	-8064.78	224.68	-10129.89	13712.29
闻泰科技	-6813.44	-8598.78	24122.90	-9600.85	-991.84
网达软件	-135.19	1270.82	9424.48	-7527.71	-1798.48

附录二　部分样本企业原始财务数据

附表2-1　2014～2018年星网锐捷资产负债表　　　单位：万元

报表日期	2014.12.31	2015.12.31	2016.12.31	2017.12.31	2018.12.31
流动资产					
货币资金	135568.22	188886.38	200101.19	173168.78	163370.23
交易性金融资产	0.00	0.00	0.00	0.00	0.00
衍生金融资产	0.00	0.00	0.00	0.00	0.00
应收票据	7971.96	8197.46	16070.20	22858.98	18191.71
应收账款	96280.35	96003.75	100186.78	152167.75	173237.63

续表

报表日期	2014.12.31	2015.12.31	2016.12.31	2017.12.31	2018.12.31
预付款项	2067.34	8840.07	7050.19	5728.37	3901.62
应收利息	60.57	97.29	127.48	25.96	25.00
应收股利	0.00	0.00	0.00	0.00	0.00
其他应收款	2417.96	5962.49	6176.65	12631.36	4924.65
买入返售金融资产	0.00	0.00	0.00	0.00	0.00
存货	69033.08	94119.06	103495.74	136296.61	154249.49
划分为持有待售的资产	0.00	0.00	0.00	0.00	0.00
一年内到期的非流动资产	59.39	21.05	9.51	0.00	0.00
待摊费用	0.00	0.00	0.00	0.00	0.00
待处理流动资产损溢	0.00	0.00	0.00	0.00	0.00
其他流动资产	9254.55	4696.70	11606.00	11136.67	31018.53
流动资产合计	322713.42	406824.26	444823.72	514014.48	548918.86
非流动资产	0.00	0.00	0.00	0.00	0.00
发放贷款及垫款	0.00	0.00	0.00	0.00	0.00
可供出售金融资产	4588.96	8230.68	10856.36	26675.80	26741.60
持有至到期投资	0.00	0.00	0.00	0.00	0.00
长期应收款	0.00	0.00	0.00	0.00	0.00
长期股权投资	1951.59	2441.25	3264.29	3251.04	13081.14
投资性房地产	1111.97	1015.64	919.31	822.98	1972.79
固定资产净额	42378.67	45480.87	45370.46	48445.48	56476.91
在建工程	64.90	317.59	1075.60	3399.26	240.61
工程物资	0.00	0.00	0.00	0.00	0.00
固定资产清理	0.00	0.00	0.00	0.00	0.00
生产性生物资产	0.00	0.00	0.00	0.00	0.00
公益性生物资产	0.00	0.00	0.00	0.00	0.00
油气资产	0.00	0.00	0.00	0.00	0.00
无形资产	9304.62	23287.44	20344.75	11687.65	10747.71
开发支出	4883.64	1276.57	1388.76	1902.28	2119.18
商誉	318.19	39571.37	39482.69	23468.05	23322.09
长期待摊费用	557.14	772.38	1783.35	2072.65	3758.39
递延所得税资产	3487.53	5054.57	5076.94	6940.59	9395.44
其他非流动资产	53.48	115.55	587.09	1311.02	3136.17

续表

报表日期	2014.12.31	2015.12.31	2016.12.31	2017.12.31	2018.12.31
非流动资产合计	68700.68	127563.91	130149.59	129976.79	150992.02
资产总计	391414.11	534388.18	574973.31	643991.27	699910.88
流动负债	0.00	0.00	0.00	0.00	0.00
短期借款	1223.80	3751.34	2081.10	1960.26	4117.92
交易性金融负债	0.00	0.00	0.00	0.00	0.00
应付票据	26445.04	39129.17	37902.80	81688.20	83801.86
应付账款	60462.46	76309.42	82545.89	93781.50	106937.74
预收款项	8325.88	11484.07	6231.86	6744.46	8334.16
应付手续费及佣金	0.00	0.00	0.00	0.00	0.00
应付职工薪酬	20372.39	32519.84	39737.65	47787.92	35527.10
应交税费	11194.60	11240.30	12523.37	11599.00	11725.05
应付利息	8.68	36.40	33.88	48.30	35.80
应付股利	0.00	442.71	823.34	685.31	970.91
其他应付款	3517.62	7645.78	9794.00	10728.05	10571.52
预提费用	0.00	0.00	0.00	0.00	0.00
一年内的递延收益	0.00	0.00	0.00	0.00	0.00
应付短期债券	0.00	0.00	0.00	0.00	0.00
一年内到期的非流动负债	4724.80	8024.07	9869.67	10215.45	5098.95
其他流动负债	0.00	0.00	0.00	0.00	0.00
流动负债合计	136275.26	190583.11	201543.57	265238.44	267121.01
非流动负债	0.00	0.00	0.00	0.00	0.00
长期借款	0.00	0.00	0.00	0.00	0.00
应付债券	0.00	0.00	0.00	0.00	0.00
长期应付款	0.00	0.00	0.00	0.00	0.00
长期应付职工薪酬	0.00	0.00	0.00	0.00	0.00
专项应付款	0.00	0.00	0.00	0.00	0.00
预计非流动负债	0.00	0.00	0.00	0.00	0.00
递延所得税负债	8.95	1224.81	1073.86	401.19	2602.24
长期递延收益	2391.85	5134.65	2295.00	3408.00	3753.00
其他非流动负债	0.00	0.00	0.00	0.00	0.00
非流动负债合计	2400.80	6359.46	3368.86	3809.19	6355.24
负债合计	138676.05	196942.57	204912.43	269047.63	273476.25

续表

报表日期	2014.12.31	2015.12.31	2016.12.31	2017.12.31	2018.12.31
所有者权益	0.00	0.00	0.00	0.00	0.00
实收资本（或股本）	35106.00	53911.12	53911.12	58328.03	58328.03
资本公积	79297.68	84638.15	84638.15	70466.77	68566.67
减：库存股	0.00	0.00	0.00	0.00	0.00
其他综合收益	-18.06	65.99	309.35	39.07	254.74
专项储备	0.00	0.00	0.00	0.00	0.00
盈余公积	9500.91	11516.57	14025.56	17256.07	20716.87
一般风险准备	0.00	0.00	0.00	0.00	0.00
未分配利润	90670.36	111378.17	135423.88	174032.53	219952.77
归属于母公司股东权益合计	214556.90	261510.00	288308.05	320122.47	367819.06
少数股东权益	38181.16	75935.60	81752.84	54821.16	58615.57
所有者权益（或股东权益）合计	252738.06	337445.61	370060.89	374943.64	426434.63
负债和所有者权益（或股东权益）总计	391414.11	534388.18	574973.31	643991.27	699910.88

附表2-2 2014~2018年星网锐捷利润表   单位：万元

年份	2014	2015	2016	2017	2018
一、营业总收入	364168.67	451650.51	568765.83	770513.56	913157.18
营业收入	364168.67	451650.51	568765.83	770513.56	913157.18
二、营业总成本	347023.54	420872.56	531859.11	730631.31	871881.56
营业成本	200343.08	245311.15	322313.68	474443.20	615722.34
营业税金及附加	3364.14	3629.86	5387.97	6375.65	6008.86
销售费用	79068.14	90662.36	109060.35	126674.99	121983.84
管理费用	63076.40	79888.68	95741.33	119027.07	22649.79
财务费用	-932.54	-793.33	-1596.53	1181.27	-1500.22
资产减值损失	2104.32	2173.84	952.31	2929.12	2905.59
公允价值变动收益	0.00	0.00	0.00	0.00	0.00
投资收益	2676.21	684.75	1325.43	5145.64	12044.25
其中：对联营企业和合营企业的投资收益	221.38	-260.61	-426.97	141.86	457.34

续表

年份	2014	2015	2016	2017	2018
汇兑收益	0.00	0.00	0.00	0.00	0.00
三、营业利润	19821.34	31462.70	38232.15	73680.69	86708.72
加：营业外收入	20866.87	21775.87	23727.04	1143.97	390.18
减：营业外支出	98.22	400.53	229.71	215.54	227.52
其中：非流动资产处置损失	68.80	35.22	112.44	0.00	0.00
四、利润总额	40589.99	52838.04	61729.48	74609.13	86871.39
减：所得税费用	3418.27	4544.94	5989.44	4605.92	3996.71
五、净利润	37171.72	48293.10	55740.04	70003.22	82874.67
归属于母公司所有者的净利润	24175.27	26234.06	31945.80	47230.28	58130.23
少数股东损益	12996.45	22059.04	23794.24	22772.94	24744.44
六、每股收益	0.00	0.00	0.00	0.00	0.00
基本每股收益（元/股）	0.00	0.00	0.00	0.00	0.00
稀释每股收益（元/股）	0.00	0.00	0.00	0.00	0.00
七、其他综合收益	0.38	84.05	243.36	-270.28	215.71
八、综合收益总额	37172.10	48377.15	55983.40	69732.94	83090.38
归属于母公司所有者的综合收益总额	24175.66	26318.11	32189.16	46960.00	58345.90
归属于少数股东的综合收益总额	12996.45	22059.04	23794.24	22772.94	24744.48

附表2-3　2013～2018年星网锐捷现金流量表　　　　单位：万元

报表日期	2013.12.31	2014.12.31	2015.12.31	2016.12.31	2017.12.31	2018.12.31
一、经营活动产生的现金流量						
销售商品、提供劳务收到的现金	352761.51	382692.31	514522.88	588765.86	726543.50	909330.30
收到的税费返还	12566.56	14140.35	19752.15	24854.48	31472.19	41298.90
收到的其他与经营活动有关的现金	13307.57	8946.79	17865.83	13445.93	15047.12	15260.81
经营活动现金流入小计	378635.63	405779.46	552140.86	627066.26	773062.80	965890.01
购买商品、接受劳务支付的现金	177029.01	204935.61	251067.06	323108.99	448513.30	589279.66

续表

报表日期	2013.12.31	2014.12.31	2015.12.31	2016.12.31	2017.12.31	2018.12.31
支付给职工以及为职工支付的现金	72713.52	89117.94	99872.76	123516.65	146476.44	168165.39
支付的各项税费	37665.00	41300.79	47601.22	55230.26	65621.68	61708.45
支付的其他与经营活动有关的现金	45420.42	50569.35	61228.10	70859.87	84725.84	87302.56
经营活动现金流出小计	332827.95	385923.69	459769.14	572715.77	745337.25	906456.05
经营活动产生的现金流量净额	45807.68	19855.77	92371.71	54350.49	27725.55	59433.96
二、投资活动产生的现金流量	0.00	0.00	0.00	0.00	0.00	0.00
收回投资所收到的现金	22.00	0.00	0.00	0.00	0.00	540.00
取得投资收益所收到的现金	657.01	2451.99	1140.09	1479.36	1688.58	2089.81
处置固定资产、无形资产和其他长期资产所收回的现金净额	60.73	0.00	31.66	42.15	25.13	163.95
处置子公司及其他营业单位收到的现金净额	0.00	43.67	0.00	0.00	584.49	0.00
收到的其他与投资活动有关的现金	64000.00	175500.00	137600.00	212500.00	190850.00	154200.00
投资活动现金流入小计	64739.74	177995.66	138771.75	214021.51	193148.20	156993.76
购建固定资产、无形资产和其他长期资产所支付的现金	11987.50	9154.72	10866.23	9703.23	16796.18	21149.04
投资所支付的现金	0.00	3200.00	4533.82	2987.00	2400.00	654.00
取得子公司及其他营业单位支付的现金净额	0.00	-83.68	30256.01	0.00	0.00	0.00
支付的其他与投资活动有关的现金	91000.00	156700.00	129500.00	221169.77	183500.00	183021.23
投资活动现金流出小计	102987.50	168971.04	175156.06	233859.99	202696.18	204824.27
投资活动产生的现金流量净额	-38247.76	9024.62	-36384.31	-19838.49	-9547.98	-47830.52

续表

报表日期	2013.12.31	2014.12.31	2015.12.31	2016.12.31	2017.12.31	2018.12.31
三、筹资活动产生的现金流量	0.00	0.00	0.00	0.00	0.00	0.00
吸收投资收到的现金	2657.50	800.64	14850.00	2509.50	450.00	12350.00
其中：子公司吸收少数股东投资收到的现金	2657.50	800.64	14850.00	2509.50	450.00	12350.00
取得借款收到的现金	11865.17	6228.56	3082.15	0.00	2035.73	3975.39
发行债券收到的现金	0.00	0.00	0.00	0.00	0.00	0.00
收到其他与筹资活动有关的现金	0.00	0.00	0.00	0.00	0.00	0.00
筹资活动现金流入小计	14522.67	7029.19	17932.15	2509.50	2485.73	16325.39
偿还债务支付的现金	16845.20	6203.98	4998.41	1817.82	2019.65	1984.28
分配股利、利润或偿付利息所支付的现金	17930.80	25911.14	20321.80	24684.21	23525.73	27510.01
其中：子公司支付给少数股东的股利、利润	8915.19	15327.42	16688.18	19612.53	17956.24	18972.09
支付其他与筹资活动有关的现金	0.00	0.00	532.83	16.99	26202.43	539.38
筹资活动现金流出小计	34776.00	32115.13	25853.04	26519.03	51747.81	30033.68
筹资活动产生的现金流量净额	-20253.33	-25085.94	-7920.89	-24009.53	-49262.08	-13708.29
四、汇率变动对现金及现金等价物的影响	-70.12	-26.09	257.87	1259.27	-1563.82	-34.63
五、现金及现金等价物净增加额	-12763.53	3768.37	48324.39	11761.75	-32648.34	-2139.47
加：期初现金及现金等价物余额	137363.74	124600.21	128368.58	176692.96	188454.71	155806.37
六、期末现金及现金等价物余额	124600.21	128368.58	176692.96	188454.71	155806.37	153666.90
附注	0.00	0.00	0.00	0.00	0.00	0.00
净利润	39235.16	37171.72	48293.10	55740.04	70003.22	82874.67
少数股东权益	0.00	0.00	0.00	0.00	0.00	0.00

续表

报表日期	2013.12.31	2014.12.31	2015.12.31	2016.12.31	2017.12.31	2018.12.31
未确认的投资损失	0.00	0.00	0.00	0.00	0.00	0.00
资产减值准备	1824.30	2015.88	2074.24	633.10	2788.00	2905.59
固定资产折旧、油气资产折耗、生产性物资折旧	3508.04	4843.89	5210.72	5904.56	6231.85	7463.18
无形资产摊销	1980.48	2207.40	3510.67	4804.37	5261.66	3888.78
长期待摊费用摊销	315.75	295.61	305.41	593.42	918.93	1121.66
待摊费用的减少	0.00	0.00	0.00	0.00	0.00	0.00
预提费用的增加	0.00	0.00	0.00	0.00	0.00	0.00
处置固定资产、无形资产和其他长期资产的损失	29.96	56.03	32.26	97.59	62.37	113.42
固定资产报废损失	0.00	0.00	0.00	0.00	0.00	61.75
公允价值变动损失	0.00	0.00	0.00	0.00	0.00	0.00
递延收益增加（减：减少）	0.00	0.00	0.00	0.00	0.00	0.00
预计负债	0.00	0.00	0.00	0.00	0.00	0.00
财务费用	271.73	71.81	-53.46	-1033.83	1460.53	225.03
投资损失	-658.33	-2676.21	-684.75	-1325.43	-5145.64	-12044.25
递延所得税资产减少	-994.56	-589.65	-1096.58	-411.63	-2265.07	-2529.78
递延所得税负债增加	-105.20	-15.01	-123.42	-150.43	216.47	2201.05
存货的减少	-8265.32	-16251.19	-10217.43	-9925.81	-38295.97	-19907.77
经营性应收项目的减少	-15855.59	-26270.62	11945.96	-7183.95	-84228.95	-6091.38
经营性应付项目的增加	21284.35	19638.90	27187.92	7336.43	68849.62	-847.99
已完工尚未结算款的减少（减：增加）	0.00	0.00	0.00	0.00	0.00	0.00
已结算尚未完工款的增加（减：减少）	0.00	0.00	0.00	0.00	0.00	0.00
其他	3236.92	-642.78	5987.07	-727.92	1868.54	0.00
经营活动产生现金流量净额	45807.68	19855.77	92371.71	54350.49	27725.55	59433.96
债务转为资本	0.00	0.00	0.00	0.00	0.00	0.00
一年内到期的可转换公司债券	0.00	0.00	0.00	0.00	0.00	0.00
融资租入固定资产	0.00	0.00	0.00	0.00	0.00	0.00
现金的期末余额	124600.21	128368.58	176692.96	188454.71	155806.37	153666.90

续表

报表日期	2013.12.31	2014.12.31	2015.12.31	2016.12.31	2017.12.31	2018.12.31
现金的期初余额	137363.74	124600.21	128368.58	176692.96	188454.71	155806.37
现金等价物的期末余额	0.00	0.00	0.00	0.00	0.00	0.00
现金等价物的期初余额	0.00	0.00	0.00	0.00	0.00	0.00
现金及现金等价物的净增加额	-12763.53	3768.37	48324.39	11761.75	-32648.34	-2139.47

附表2-4 2014~2018年智度股份资产负债表　　　　　单位：万元

报表日期	2014.12.31	2015.12.31	2016.12.31	2017.12.31	2018.12.31
流动资产	9420.25	9767.03	52872.32	72112.40	106745.27
货币资金	0.00	0.00	0.00	0.00	0.00
交易性金融资产	0.00	0.00	0.00	0.00	0.00
衍生金融资产	2242.19	356.30	401.61	691.16	0.00
应收票据	12631.77	4770.58	74500.41	138011.52	189613.98
应收账款	579.36	122.79	4711.85	18379.56	18270.38
预付款项	0.00	0.00	3.48	25.67	208.09
应收利息	0.00	0.00	0.00	0.00	0.00
应收股利	1085.98	809.11	18828.83	24434.62	23101.35
其他应收款	0.00	0.00	0.00	0.00	0.00
买入返售金融资产	10374.09	3635.10	0.00	0.00	0.32
存货	0.00	0.00	0.00	0.00	0.00
划分为持有待售的资产	0.00	0.00	0.00	6170.59	17134.16
一年内到期的非流动资产	0.00	0.00	0.00	0.00	0.00
待摊费用	0.00	0.00	0.00	0.00	0.00
待处理流动资产损溢	26.61	240.83	179384.52	138230.45	81372.81
其他流动资产	36360.25	19701.74	330703.02	398055.97	436446.35
流动资产合计	0.00	0.00	0.00	0.00	0.00
非流动资产	0.00	0.00	0.00	0.00	65.87
发放贷款及垫款	0.00	0.00	0.00	5300.00	42531.47
可供出售金融资产	0.00	0.00	0.00	0.00	0.00
持有至到期投资	0.00	0.00	0.00	0.00	0.00
长期应收款	0.00	0.00	143.55	9340.86	11294.89

续表

报表日期	2014.12.31	2015.12.31	2016.12.31	2017.12.31	2018.12.31
长期股权投资	6300.14	503.10	0.00	0.00	0.00
投资性房地产	15353.55	9718.00	950.02	890.26	982.97
固定资产净额	0.00	0.00	0.00	0.00	0.00
在建工程	5.54	5.54	0.00	0.00	0.00
工程物资	0.00	0.00	0.00	0.00	0.00
固定资产清理	0.00	0.00	0.00	0.00	0.00
生产性生物资产	0.00	0.00	0.00	0.00	0.00
公益性生物资产	0.00	0.00	0.00	0.00	0.00
油气资产	4703.54	1163.20	44599.42	38204.27	34850.90
无形资产	0.00	0.00	2122.38	1980.37	2553.55
开发支出	3.68	0.00	252425.29	243220.11	250738.74
商誉	13.42	9.19	16558.23	1264.01	1296.02
长期待摊费用	152.60	155.88	1326.68	4451.86	8204.24
递延所得税资产	0.00	0.00	298.85	23.26	0.80
其他非流动资产	26532.46	11554.91	318424.42	304674.99	352519.46
非流动资产合计	62892.72	31256.65	649127.45	702730.97	788965.81
资产总计	0.00	0.00	0.00	0.00	0.00
流动负债	17930.00	8200.00	2000.00	10000.00	31580.00
短期借款	0.00	0.00	0.00	0.00	0.00
交易性金融负债	483.72	568.83	0.00	0.00	0.00
应付票据	11154.35	3095.30	41051.02	51046.30	54421.97
应付账款	965.46	416.21	7165.67	19690.55	19778.62
预收款项	0.00	0.00	0.00	0.00	0.00
应付手续费及佣金	516.89	467.25	1483.19	10592.38	23989.42
应付职工薪酬	536.02	586.82	7531.77	12238.52	16082.44
应交税费	38.60	16.70	2.86	40.56	54.16
应付利息	58.78	0.00	0.00	63.92	2.00
应付股利	13604.72	2031.31	35179.56	26840.60	22331.11
其他应付款	0.00	0.00	0.00	0.00	0.00
预提费用	0.00	0.00	0.00	0.00	0.00
一年内的递延收益	0.00	0.00	0.00	0.00	0.00

续表

报表日期	2014.12.31	2015.12.31	2016.12.31	2017.12.31	2018.12.31
应付短期债券	0.00	0.00	20326.03	25480.28	31443.80
一年内到期的非流动负债	41.98	0.00	0.00	0.00	1622.98
其他流动负债	45330.51	15382.40	114740.10	155993.11	201306.51
流动负债合计	0.00	0.00	0.00	0.00	0.00
非流动负债	1509.09	109.09	54.55	9837.66	18.18
长期借款	0.00	0.00	0.00	0.00	0.00
应付债券	0.00	0.00	58795.00	29919.17	2.65
长期应付款	0.00	0.00	0.00	0.00	0.00
长期应付职工薪酬	0.00	0.00	0.00	0.00	0.00
专项应付款	0.00	0.00	8189.24	5.07	0.00
预计非流动负债	0.00	0.00	6278.33	1396.13	1074.82
递延所得税负债	1052.00	1206.00	93.65	63.69	59.93
长期递延收益	0.00	0.00	0.00	0.00	0.00
其他非流动负债	2561.09	1315.09	73410.76	41221.73	1155.58
非流动负债合计	47891.60	16697.50	188150.86	197214.83	202462.10
负债合计	0.00	0.00	0.00	0.00	0.00
所有者权益	31458.67	31458.67	96571.08	96571.08	96571.08
实收资本（或股本）	6690.83	6603.71	350194.59	350194.59	350675.50
资本公积	0.00	0.00	0.00	0.00	0.00
减：库存股	0.00	0.00	6009.05	-2235.04	9877.94
其他综合收益	0.00	0.00	0.00	0.00	0.00
专项储备	3177.17	3177.17	3177.17	3511.12	5221.45
盈余公积	0.00	0.00	0.00	0.00	151.79
一般风险准备	-27128.56	-26778.20	4833.18	57231.77	123815.51
未分配利润	14198.11	14461.35	460785.06	505273.52	586313.27
归属于母公司股东权益合计	803.00	97.80	191.53	242.62	190.44
少数股东权益	15001.12	14559.15	460976.59	505516.14	586503.71
所有者权益（或股东权益）合计	62892.72	31256.65	649127.45	702730.97	788965.81
负债和所有者权益（或股东权益）总计	9420.25	9767.03	52872.32	72112.40	106745.27

附表2-5 智度股份2014~2018年利润表　　　　　单位：万元

年份	2014	2015	2016	2017	2018
一、营业总收入	37307.56	31758.32	236400.72	637539.25	767379.21
营业收入	37307.56	31758.32	236400.72	637379.49	765956.80
二、营业总成本	45648.87	36519.56	207704.15	590153.24	695857.62
营业成本	24801.78	20785.50	185556.62	545877.80	622387.02
营业税金及附加	497.06	397.47	1016.69	886.36	913.48
销售费用	6289.85	5400.27	7025.76	9917.26	13907.27
管理费用	8403.04	8704.93	13537.50	29824.85	39138.16
财务费用	2008.32	675.79	175.58	2213.17	1506.54
资产减值损失	3648.82	555.61	392.01	1433.67	6074.88
公允价值变动收益	0.00	0.00	0.00	0.00	0.00
投资收益	22.75	3319.97	6304.90	6408.27	5056.06
其中：对联营企业和合营企业的投资收益	0.00	0.00	-15.89	704.67	1459.50
汇兑收益	0.00	0.00	0.00	0.00	0.00
三、营业利润	-8318.57	-1441.28	35001.47	54927.20	77565.13
加：营业外收入	805.22	1800.30	1283.25	141.22	8.56
减：营业外支出	147.21	577.60	80.94	159.85	38.05
其中：非流动资产处置损失	119.58	379.09	32.60	0.00	0.00
四、利润总额	-7660.56	-218.57	36203.78	54908.57	77535.64
减：所得税费用	555.37	203.48	4577.81	2061.02	6144.26
五、净利润	-8215.93	-422.05	31625.97	52847.55	71391.38
归属于母公司所有者的净利润	-6858.98	350.35	31611.38	52732.54	71343.00
少数股东损益	-1356.95	-772.40	14.58	115.01	48.38
六、每股收益	0.00	0.00	0.00	0.00	0.00
基本每股收益（元/股）	0.00	0.00	0.00	0.00	0.00
稀释每股收益（元/股）	0.00	0.00	0.00	0.00	0.00
七、其他综合收益	0.00	0.00	6009.05	-8244.09	12112.98
八、综合收益总额	-8215.93	-422.05	37635.02	44603.47	83504.36
归属于母公司所有者的综合收益总额	-6858.98	350.35	37620.43	44488.45	83455.98
归属于少数股东的综合收益总额	-1356.95	-772.40	14.58	115.01	48.38

附表 2-6　2013~2018 年智度股份现金流量表　　　单位：万元

年份	2013	2014	2015	2016	2017	2018
一、经营活动产生的现金流量						
销售商品、提供劳务收到的现金	45417.26	34461.68	38083.82	228943.63	625492.68	766937.53
收到的税费返还	1236.32	1893.99	1104.52	514.75	0.00	35.15
收到的其他与经营活动有关的现金	1960.28	14355.84	6808.70	8074.42	24068.38	38045.79
经营活动现金流入小计	48613.86	50711.51	45997.04	237532.81	649696.07	806418.84
购买商品、接受劳务支付的现金	27768.40	22990.88	18780.52	179790.21	584029.03	672212.95
支付给职工以及为职工支付的现金	9089.24	9133.04	9184.21	13884.96	19050.77	35348.41
支付的各项税费	2088.89	1907.83	1280.09	4475.75	10410.58	12573.05
支付的其他与经营活动有关的现金	6815.22	9698.51	13618.58	22627.48	31053.35	44909.99
经营活动现金流出小计	45761.75	43730.26	42863.40	220778.39	650808.43	776299.63
经营活动产生的现金流量净额	2852.12	6981.24	3133.64	16754.42	-1112.36	30119.20
二、投资活动产生的现金流量	0.00	0.00	0.00	0.00	0.00	0.00
收回投资所收到的现金	18700.00	23510.00	8390.00	1900.00	0.00	0.00
取得投资收益所收到的现金	26.18	22.75	8.24	17.08	4917.30	3647.69
处置固定资产、无形资产和其他长期资产所收回的现金净额	23.10	-0.04	2572.48	276.08	18.12	3.65
处置子公司及其他营业单位收到的现金净额	0.00	0.00	3155.45	11515.08	0.00	0.00
收到的其他与投资活动有关的现金	6280.83	0.00	0.00	4967.24	946490.43	517007.19
投资活动现金流入小计	25030.11	23532.71	14126.17	18675.48	951425.85	520658.53

续表

年份	2013	2014	2015	2016	2017	2018
购建固定资产、无形资产和其他长期资产所支付的现金	665.00	724.88	344.63	16036.17	4544.94	2716.53
投资所支付的现金	18700.00	23510.00	8390.00	0.00	33793.62	69160.83
取得子公司及其他营业单位支付的现金净额	0.00	0.00	0.00	76773.82	0.00	0.00
支付的其他与投资活动有关的现金	0.00	0.00	0.00	182710.00	886389.00	452101.80
投资活动现金流出小计	19365.00	24234.88	8734.63	275519.99	924727.56	523979.16
投资活动产生的现金流量净额	5665.11	-702.17	5391.55	-256800.00	26698.29	-3320.63
三、筹资活动产生的现金流量	0.00	0.00	0.00	0.00	0.00	0.00
吸收投资收到的现金	0.00	0.00	0.00	279884.49	0.00	0.00
其中：子公司吸收少数股东投资收到的现金	0.00	0.00	0.00	0.00	0.00	0.00
取得借款收到的现金	41443.00	31790.00	17000.00	14300.00	35496.17	54656.64
发行债券收到的现金	0.00	0.00	0.00	0.00	0.00	0.00
收到其他与筹资活动有关的现金	8508.84	3484.36	3901.91	3361.50	69252.00	30833.41
筹资活动现金流入小计	49951.84	35274.36	20901.91	297545.99	104748.17	85490.05
偿还债务支付的现金	43222.36	43678.18	24180.00	13336.36	17378.40	42951.47
分配股利、利润或偿付利息所支付的现金	2101.89	2072.88	1174.37	395.25	1498.11	4671.78
其中：子公司支付给少数股东的股利、利润	0.00	0.00	0.00	0.00	0.00	0.00
支付其他与筹资活动有关的现金	6093.89	4528.09	1443.71	2335.30	109468.36	13274.88
筹资活动现金流出小计	51418.14	50279.16	26798.08	16066.91	128344.88	60898.13
筹资活动产生的现金流量净额	-1466.30	-15004.80	-5896.17	281479.09	-23596.71	24591.92

续表

年份	2013	2014	2015	2016	2017	2018
四、汇率变动对现金及现金等价物的影响	-198.60	85.65	256.93	1075.89	-773.14	2470.38
五、现金及现金等价物净增加额	6852.32	-8640.08	2885.94	42464.89	1216.08	53860.87
加：期初现金及现金等价物余额	7685.25	14537.57	5897.49	8783.43	51248.32	52464.40
六、期末现金及现金等价物余额	14537.57	5897.49	8783.43	51248.32	52464.40	106325.27
附注	0.00	0.00	0.00	0.00	0.00	0.00
净利润	1449.56	-8215.93	-422.05	31625.97	52847.55	71391.38
少数股东权益	0.00	0.00	0.00	0.00	0.00	0.00
未确认的投资损失	0.00	0.00	0.00	0.00	0.00	0.00
资产减值准备	1813.45	3648.82	555.61	392.01	1433.67	6074.88
固定资产折旧、油气资产折耗、生产性物资折旧	1778.94	1842.06	1483.42	499.01	262.61	328.17
无形资产摊销	253.29	169.95	146.94	2849.65	6400.71	5511.17
长期待摊费用摊销	0.84	2.77	5.12	3754.09	16208.82	1031.22
待摊费用的减少	0.00	0.00	0.00	0.00	0.00	0.00
预提费用的增加	0.00	0.00	0.00	0.00	0.00	0.00
处置固定资产、无形资产和其他长期资产的损失	-2966.70	111.89	-976.98	-62.61	-6.58	18.34
固定资产报废损失	48.38	0.00	3.27	0.00	1.16	3.10
公允价值变动损失	0.00	0.00	0.00	0.00	0.00	0.00
递延收益增加（减：减少）	0.00	0.00	0.00	0.00	0.00	0.00
预计负债	0.00	0.00	0.00	0.00	0.00	0.00
财务费用	2101.89	2063.24	1109.10	572.09	2087.71	2227.18
投资损失	-27.52	-22.75	-3319.97	-6304.90	-6408.27	-5056.06
递延所得税资产减少	25.35	307.64	3.29	-572.07	-3282.39	-3752.39
递延所得税负债增加	0.00	0.00	0.00	1032.45	-4681.19	-321.32
存货的减少	2736.81	1095.36	1283.98	-2398.07	0.00	-0.32
经营性应收项目的减少	3575.37	-1148.83	18731.10	-31387.07	-112500.00	-16419.11

续表

年份	2013	2014	2015	2016	2017	2018
经营性应付项目的增加	-8369.56	7415.00	-15205.19	16753.88	46523.91	-30917.05
已完工尚未结算款的减少（减：增加）	0.00	0.00	0.00	0.00	0.00	0.00
已结算尚未完工款的增加（减：减少）	0.00	0.00	0.00	0.00	0.00	0.00
其他	432.00	-288.00	-264.00	0.00	0.00	0.00
经营活动产生现金流量净额	2852.12	6981.24	3133.64	16754.42	-1112.36	30119.20
债务转为资本	0.00	0.00	0.00	0.00	0.00	0.00
一年内到期的可转换公司债券	0.00	0.00	0.00	0.00	0.00	0.00
融资租入固定资产	0.00	0.00	0.00	0.00	0.00	0.00
现金的期末余额	14537.57	5897.49	8783.43	51248.32	52464.40	106325.27
现金的期初余额	7685.25	14537.57	5897.49	8783.43	51248.32	52464.40
现金等价物的期末余额	0.00	0.00	0.00	0.00	0.00	0.00
现金等价物的期初余额	0.00	0.00	0.00	0.00	0.00	0.00
现金及现金等价物的净增加额	6852.32	-8640.08	2885.94	42464.89	1216.08	53860.87

附表2-7　2014~2018年高鸿股份资产负债表　　　　　单位：万元

报表日期	2014.12.31	2015.12.31	2016.12.31	2017.12.31	2018.12.31
流动资产					
货币资金	66141.79	101525.09	169442.21	198514.73	170902.88
交易性金融资产	0.00	0.00	0.00	0.00	0.00
衍生金融资产	0.00	0.00	0.00	0.00	0.00
应收票据	118.05	1075.12	8202.00	994.94	14513.19
应收账款	140134.83	103460.73	152211.92	99253.47	163877.49
预付款项	78535.09	85866.93	70233.70	109690.57	93192.24
应收利息	0.00	0.00	0.00	0.00	0.00
应收股利	0.00	6.41	0.00	0.00	82.00

续表

报表日期	2014.12.31	2015.12.31	2016.12.31	2017.12.31	2018.12.31
其他应收款	18182.03	28537.66	22938.37	33040.73	21676.78
买入返售金融资产	0.00	0.00	0.00	0.00	0.00
存货	125365.07	70840.89	62335.01	77356.97	130000.62
划分为持有待售的资产	0.00	0.00	0.00	0.00	0.00
一年内到期的非流动资产	0.00	0.00	0.00	0.00	0.00
待摊费用	0.00	0.00	0.00	0.00	0.00
待处理流动资产损溢	0.00	0.00	0.00	0.00	0.00
其他流动资产	57971.30	51054.79	39196.46	39238.50	42024.42
流动资产合计	486448.17	442367.63	524559.68	558089.92	636269.62
非流动资产	0.00	0.00	0.00	0.00	0.00
发放贷款及垫款	0.00	0.00	0.00	0.00	0.00
可供出售金融资产	6985.90	7189.71	6612.15	6077.23	6077.23
持有至到期投资	0.00	0.00	0.00	0.00	0.00
长期应收款	0.00	0.00	0.00	0.00	0.00
长期股权投资	7470.93	8622.22	8983.18	9194.64	15228.06
投资性房地产	22344.53	25563.69	32871.04	30001.72	35497.92
固定资产净额	18273.61	13154.91	10550.53	10254.36	10902.27
在建工程	2200.96	11255.86	14879.25	21265.63	51.25
工程物资	0.00	0.00	0.00	0.00	0.00
固定资产清理	0.00	0.00	0.00	0.00	0.00
生产性生物资产	0.00	0.00	0.00	0.00	0.00
公益性生物资产	0.00	0.00	0.00	0.00	0.00
油气资产	0.00	0.00	0.00	0.00	0.00
无形资产	21161.62	32604.29	38099.24	35654.57	40050.51
开发支出	5316.86	9811.36	10019.13	7333.90	9149.77
商誉	34981.40	34981.40	34981.40	34981.40	34981.40
长期待摊费用	821.21	672.07	937.72	9176.41	8519.85
递延所得税资产	1635.78	1607.68	1669.70	1835.67	3169.63
其他非流动资产	10042.23	60948.81	91601.18	92929.56	74113.46
非流动资产合计	131235.03	206411.99	251204.53	258705.09	237741.34
资产总计	617683.20	648779.62	775764.20	816795.01	874010.96

续表

报表日期	2014.12.31	2015.12.31	2016.12.31	2017.12.31	2018.12.31
流动负债	0.00	0.00	0.00	0.00	0.00
短期借款	89976.81	117083.97	97400.00	142160.26	143699.77
交易性金融负债	0.00	0.00	0.00	0.00	0.00
应付票据	33276.47	25408.33	43992.73	38549.58	47447.02
应付账款	66223.07	92977.58	82647.54	74430.23	72491.25
预收款项	81983.84	15464.33	40979.06	39934.42	28591.47
应付手续费及佣金	0.00	0.00	0.00	0.00	0.00
应付职工薪酬	1031.65	1704.23	1793.80	1774.91	1825.58
应交税费	-11165.60	3152.52	4876.30	7431.42	11103.18
应付利息	0.00	0.00	1980.69	1974.78	1974.78
应付股利	46.12	64.92	25.71	28.61	28.61
其他应付款	70973.87	94891.44	109418.70	94798.31	85603.43
预提费用	0.00	0.00	0.00	0.00	0.00
一年内的递延收益					
应付短期债券	0.00	0.00	0.00	0.00	0.00
一年内到期的非流动负债	0.00	0.00	0.00	0.00	53732.73
其他流动负债	0.00	0.00	0.00	0.00	0.00
流动负债合计	332346.22	350747.32	383114.54	401082.50	446497.81
非流动负债	0.00	0.00	0.00	0.00	0.00
长期借款	0.00	0.00	9000.00	13700.00	29500.00
应付债券	0.00	0.00	49214.18	49284.10	211.28
长期应付款					
长期应付职工薪酬	0.00	0.00	0.00	0.00	0.00
专项应付款	6641.26	8846.46	8483.51	4332.17	
预计非流动负债	0.00	0.00	0.00	0.00	0.00
递延所得税负债	0.00	0.00	0.00	0.00	0.00
长期递延收益	1014.58	689.58	1534.25	2454.58	1936.58
其他非流动负债	0.00	0.00	0.00	0.00	0.00
非流动负债合计	7655.84	9536.04	68231.94	69770.85	36055.03
负债合计	340002.06	360283.36	451346.47	470853.36	482552.84
所有者权益	0.00	0.00	0.00	0.00	0.00

续表

报表日期	2014.12.31	2015.12.31	2016.12.31	2017.12.31	2018.12.31
实收资本（或股本）	59136.43	59136.43	63210.50	64830.70	90762.99
资本公积	177206.52	178936.71	212274.23	219280.41	195769.82
减：库存股	0.00	3820.75	2495.42	9845.46	8779.10
其他综合收益	0.00	0.00	3.16	0.29	3.79
专项储备	0.00	0.00	0.00	0.00	0.00
盈余公积	2020.18	2127.62	2901.91	2983.60	2983.60
一般风险准备	0.00	0.00	0.00	0.00	0.00
未分配利润	17025.79	25457.15	31510.18	48109.67	51506.16
归属于母公司股东权益合计	255388.92	261837.15	307404.56	325359.21	332247.26
少数股东权益	22292.21	26659.10	17013.18	20582.44	59210.86
所有者权益（或股东权益）合计	277681.13	288496.25	324417.73	345941.65	391458.12
负债和所有者权益（或股东权益）总计	617683.20	648779.62	775764.20	816795.01	874010.96

附表2-8　2014～2018年高鸿股份利润表　　　　　　　　　　单位：万元

年份	2014	2015	2016	2017	2018
一、营业总收入	708062.99	742491.23	867363.35	897573.32	926466.92
营业收入	708062.99	742491.23	867363.35	897573.32	926466.92
二、营业总成本	697837.85	730505.58	855953.86	902770.44	922936.01
营业成本	657947.70	685803.95	811972.46	848241.97	865327.94
营业税金及附加	1659.98	1276.48	1215.76	1403.36	2493.26
销售费用	9406.00	10266.02	11298.27	14529.98	17730.11
管理费用	17526.80	20858.00	19662.40	22366.82	16308.61
财务费用	8774.51	10891.59	11019.82	11358.39	11299.30
资产减值损失	2522.87	1409.52	785.15	4869.91	7405.76
公允价值变动收益	0.00	0.00	0.00	0.00	0.00
投资收益	878.71	843.70	1240.38	22947.84	930.16
其中：对联营企业和合营企业的投资收益	-83.48	571.42	2.14	155.65	104.30

续表

年份	2014	2015	2016	2017	2018
汇兑收益	0.00	0.00	0.00	0.00	0.00
三、营业利润	11103.84	12829.36	12649.86	23591.20	8430.95
加：营业外收入	2253.47	3363.38	4470.98	881.63	1328.32
减：营业外支出	205.73	42.21	142.40	35.22	300.16
其中：非流动资产处置损失	114.93	11.25	54.27	0.00	0.00
四、利润总额	13151.59	16150.53	16978.45	24437.61	9459.10
减：所得税费用	3077.64	4444.83	4892.87	5783.51	3635.02
五、净利润	10073.95	11705.70	12085.58	18654.11	5824.08
归属于母公司所有者的净利润	5640.57	8538.80	8009.69	17930.83	3396.49
少数股东损益	4433.38	3166.90	4075.89	723.28	2427.59
六、每股收益	0.00	0.00	0.00	0.00	0.00
基本每股收益（元/股）	0.00	0.00	0.00	0.00	0.00
稀释每股收益（元/股）	0.00	0.00	0.00	0.00	0.00
七、其他综合收益	0.00	0.00	3.16	-2.87	3.51
八、综合收益总额	10073.95	11705.70	12088.73	18651.24	5827.59
归属于母公司所有者的综合收益总额	5640.57	8538.80	8012.85	17927.96	3400.00
归属于少数股东的综合收益总额	4433.38	3166.90	4075.89	723.28	2427.59

附表 2-9　2013~2018 年高鸿股份现金流量表　　　单位：万元

年份	2013	2014	2015	2016	2017	2018
一、经营活动产生的现金流量						
销售商品、提供劳务收到的现金	726131.34	819011.81	825338.98	978039.06	1096733.60	1006300.40
收到的税费返还	1373.77	499.30	801.63	895.91	719.45	1116.42
收到的其他与经营活动有关的现金	1012340.89	4243779.30	6261307.06	4573301.31	2607569.69	1566411.59
经营活动现金流入小计	1739846.00	5063290.40	7087447.68	5552236.28	3705022.63	2573828.41

续表

年份	2013	2014	2015	2016	2017	2018
购买商品、接受劳务支付的现金	690243.45	813981.05	723722.26	904052.91	1022081.20	996825.65
支付给职工以及为职工支付的现金	8496.46	14094.93	16590.17	17735.66	21320.79	22438.50
支付的各项税费	7006.52	8632.74	10214.42	9911.91	13275.61	14823.25
支付的其他与经营活动有关的现金	1019057.42	4262011.77	6273610.67	4588307.01	2631512.71	1586227.83
经营活动现金流出小计	1724803.86	5098720.48	7024137.52	5520007.49	3688190.31	2620315.23
经营活动产生的现金流量净额	15042.14	-35430.08	63310.16	32228.80	16832.32	-46486.82
二、投资活动产生的现金流量	0.00	0.00	0.00	0.00	0.00	0.00
收回投资所收到的现金	147348.51	155000.00	66373.20	51632.66	284.92	0.00
取得投资收益所收到的现金	4240.05	777.58	586.01	453.28	282.76	673.74
处置固定资产、无形资产和其他长期资产所收回的现金净额	17.36	36.03	15.55	474.02	5237.78	10.73
处置子公司及其他营业单位收到的现金净额	0.80	0.00	0.00	0.00	26242.87	3119.78
收到的其他与投资活动有关的现金	0.00	0.00	0.00	0.00	0.00	39060.88
投资活动现金流入小计	151606.72	155813.61	66974.76	52559.96	32048.33	42865.12
购建固定资产、无形资产和其他长期资产所支付的现金	14493.76	16666.50	28202.78	25631.65	30373.59	13047.76
投资所支付的现金	174197.08	149406.19	100167.34	64350.50	5141.09	7129.54
取得子公司及其他营业单位支付的现金净额	14470.17	6048.66	0.00	0.00	0.00	0.00
支付的其他与投资活动有关的现金	166.00	73.44	0.00	12.37	824.25	64400.19

续表

年份	2013	2014	2015	2016	2017	2018
投资活动现金流出小计	203327.02	172194.79	128370.12	89994.52	36338.93	84577.48
投资活动产生的现金流量净额	-51720.29	-16381.19	-61395.37	-37434.56	-4290.60	-41712.36
三、筹资活动产生的现金流量	0.00	0.00	0.00	0.00	0.00	0.00
吸收投资收到的现金	2640.00	4466.75	1375.00	24224.03	11949.36	46180.00
其中：子公司吸收少数股东投资收到的现金	2640.00	646.00	1375.00	9030.00	3282.00	46180.00
取得借款收到的现金	201892.00	254976.81	210925.71	224780.00	198285.16	182292.39
发行债券收到的现金	0.00	0.00	0.00	0.00	0.00	0.00
收到其他与筹资活动有关的现金	0.00	0.08	85877.71	65804.25	35000.00	40000.00
筹资活动现金流入小计	204532.00	259443.64	298178.42	314808.28	245234.52	268472.39
偿还债务支付的现金	162033.90	249040.00	183818.55	186313.97	148824.90	155508.26
分配股利、利润或偿付利息所支付的现金	10264.75	8152.71	10019.72	8931.54	12812.67	13036.52
其中：子公司支付给少数股东的股利、利润	0.00	19.75	5.70	21.20	191.02	0.00
支付其他与筹资活动有关的现金	29.99	1647.04	71530.00	45265.54	66572.07	40578.30
筹资活动现金流出小计	172328.65	258839.75	265368.27	240511.06	228209.64	209123.09
筹资活动产生的现金流量净额	32203.35	603.88	32810.15	74297.22	17024.89	59349.31
四、汇率变动对现金及现金等价物的影响	0.00	0.00	0.00	3.26	-5.17	3.47
五、现金及现金等价物净增加额	-4474.80	-51207.38	34724.94	69094.71	29561.44	-28846.41
加：期初现金及现金等价物余额	118901.50	115223.25	64015.87	98740.81	167835.52	197396.96
六、期末现金及现金等价物余额	114426.70	64015.87	98740.81	167835.52	197396.96	168550.55

续表

年份	2013	2014	2015	2016	2017	2018
附注	0.00	0.00	0.00	0.00	0.00	0.00
净利润	7557.37	10073.95	11705.70	12085.58	18654.11	5824.08
少数股东权益	0.00	0.00	0.00	0.00	0.00	0.00
未确认的投资损失	0.00	0.00	0.00	0.00	0.00	0.00
资产减值准备	2606.41	2522.87	1409.52	785.15	4869.91	7405.76
固定资产折旧、油气资产折耗、生产性物资折旧	2866.00	2706.82	2697.14	2563.76	2498.56	2257.57
无形资产摊销	1624.94	1998.30	3020.82	3815.98	4903.52	5474.23
长期待摊费用摊销	404.22	350.00	296.80	521.11	851.12	943.04
待摊费用的减少	0.00	0.00	0.00	0.00	0.00	0.00
预提费用的增加	0.00	0.00	0.00	0.00	0.00	0.00
处置固定资产、无形资产和其他长期资产的损失	159.40	1.67	8.75	-71.61	-1891.08	93.26
固定资产报废损失	0.00	113.23	2.13	77.60	31.96	22.23
公允价值变动损失	0.00	0.00	0.00	0.00	0.00	0.00
递延收益增加（减：减少）	0.00	0.00	0.00	0.00	0.00	0.00
预计负债	0.00	0.00	0.00	0.00	0.00	0.00
财务费用	6959.76	8136.65	9955.83	10084.77	10708.46	11658.07
投资损失	-4365.19	-878.71	-843.70	-1240.38	-22947.84	-930.16
递延所得税资产减少	-195.13	-590.92	28.10	-62.65	-165.97	-1336.32
递延所得税负债增加	0.00	0.00	0.00	0.00	0.00	0.00
存货的减少	-42899.21	-60194.70	53002.67	8013.40	-1292.41	-38743.98
经营性应收项目的减少	-68165.68	-12296.43	8667.84	-33266.98	22955.62	-18975.91
经营性应付项目的增加	108640.95	13418.82	-26972.87	28501.20	-24269.48	-20147.00
已完工尚未结算款的减少（减：增加）	0.00	0.00	0.00	0.00	0.00	0.00
已结算尚未完工款的增加（减：减少）	0.00	0.00	0.00	0.00	0.00	0.00
其他	-151.71	-791.64	331.41	421.86	1925.85	-31.68
经营活动产生现金流量净额	15042.14	-35430.08	63310.16	32228.80	16832.32	-46486.82

续表

年份	2013	2014	2015	2016	2017	2018
债务转为资本	0.00	0.00	0.00	0.00	0.00	0.00
一年内到期的可转换公司债券	0.00	0.00	0.00	0.00	0.00	0.00
融资租入固定资产	0.00	0.00	0.00	0.00	0.00	0.00
现金的期末余额	114426.70	61574.15	98740.81	167835.52	197396.96	168550.55
现金的期初余额	118901.50	115223.25	61574.15	98740.81	167835.52	197396.96
现金等价物的期末余额	0.00	2441.72	0.00	0.00	0.00	0.00
现金等价物的期初余额	0.00	0.00	2441.72	0.00	0.00	0.00
现金及现金等价物的净增加额	-4474.80	-51207.38	34724.94	69094.71	29561.44	-28846.41

附表2-10　2014~2018年生意宝资产负债表　　　　单位：万元

报表日期	2014.12.31	2015.12.31	2016.12.31	2017.12.31	2018.12.31
流动资产					
货币资金	458033812.8	350720058.9	886409193.9	819800898.9	835930921.1
交易性金融资产	240800	256200	140400	98400	66600
衍生金融资产	0	0	0	0	0
应收票据	2887907.5	11334355.67	21417804.46	16855385.21	34336758.32
应收账款	5670552.65	5112922.59	7988774.17	3530834.2	4588799.79
预付款项	1855319.03	3983166.68	10398769.17	7046283.57	11575664.88
应收利息	0	0	0	0	0
应收股利	0	0	0	0	0
其他应收款	1593985.53	1228750.01	1291013.86	1017114.51	2668893.81
买入返售金融资产	0	0	0	0	0
存货	0	612282.36	4625483.44	2380697.82	4860649.17
划分为持有待售的资产	0	0	0	0	0
一年内到期的非流动资产	0	0	0	0	0
待摊费用	0	0	0	0	0
待处理流动资产损溢	0	0	0	0	0
其他流动资产	754962.5	51720069.67	88513626.84	286036932.7	458697551

附录

续表

报表日期	2014.12.31	2015.12.31	2016.12.31	2017.12.31	2018.12.31
流动资产合计	471037340	424967805.9	1020785066	1136766547	1352725838
非流动资产					
发放贷款及垫款	0	0	0	0	0
可供出售金融资产	414956.27	414956.27	414956.27	414956.27	414956.27
持有至到期投资	0	0	0	0	0
长期应收款	0	0	0	0	0
长期股权投资	11316694.34	64696663.69	68219860.5	63419210.56	68646428.43
投资性房地产	16793384.99	16062845.75	15332306.51	4898435.49	4624017.81
固定资产净额	73571399.44	69358735.04	64759495.66	71714241.85	68187325.93
在建工程	0	0	0	0	0
工程物资	0	0	0	0	0
固定资产清理	0	0	0	0	0
生产性生物资产	0	0	0	0	0
公益性生物资产	0	0	0	0	0
油气资产	0	0	0	0	0
无形资产	0	0	0	0	0
开发支出	0	0	0	0	0
商誉	15034337.1	15034337.1	15034337.1	15034337.1	0
长期待摊费用	0	0	0	0	0
递延所得税资产	1092478.04	1310258.71	4569203.19	2483518.67	2474858.04
其他非流动资产	0	0	0	0	0
非流动资产合计	118223250.2	166877796.6	168330159.2	157964699.9	144347586.5
资产总计	589260590.2	591845602.5	1189115225	1294731247	1497073425
流动负债					
短期借款	0	0	8981831.45	637002.57	4563902.25
交易性金融负债	0	0	0	0	0
应付票据	0	0	22928527.9	10991254	22436282
应付账款	556067.86	878262.78	1278293.26	1660104.8	2278560.93
预收款项	16108009.01	16081114.09	17127714.65	34301360.06	37420519.69
应付手续费及佣金	0	0	0	0	0
应付职工薪酬	9700855.51	9755388.46	8533867.03	9644767.89	8309579.67

续表

报表日期	2014.12.31	2015.12.31	2016.12.31	2017.12.31	2018.12.31
应交税费	5939854.59	4952294.32	5413735.76	6948669.41	13808808.18
应付利息	0	0	40999.25	0	27728.83
应付股利	0	0	800000	0	0
其他应付款	1192563.1	3453850.78	6940851.03	6063813.65	7765115.05
预提费用	0	0	0	0	0
一年内的递延收益	0	0	0	0	0
应付短期债券	0	0	0	0	0
一年内到期的非流动负债	0	0	0	0	0
其他流动负债	52968180.28	45209012.11	55327024.08	153416115.7	297129602.3
流动负债合计	86465530.35	80401172.54	128675173.7	226614027.9	403982726.4
非流动负债					
长期借款	0	0	0	0	0
应付债券	0	0	0	0	0
长期应付款	0	0	0	0	0
长期应付职工薪酬	0	0	0	0	0
专项应付款	0	0	0	0	0
预计非流动负债	0	0	0	0	0
递延所得税负债	0	0	0	0	0
长期递延收益	3685012.69	3385680.69	3286348.69	2587016.69	2487684.69
其他非流动负债	0	0	0	0	0
非流动负债合计	3685012.69	3385680.69	3286348.69	2587016.69	2487684.69
负债合计	90150543.04	83786853.23	131961522.3	229201044.6	406470411.1
所有者权益					
实收资本（或股本）	210600000	252720000	252720000	252720000	252720000
资本公积	32802627.04	12117627.04	326172684.6	326110184.6	326110184.6
减：库存股	0	0	0	0	0
其他综合收益	-2135957.68	-2453381.18	-2292426.09	-1882219.64	-1848712.1
专项储备	0	0	0	0	0
盈余公积	36629216.72	38055026.51	42333693.03	43664928.29	48647071.39
一般风险准备	0	0	0	0	0
未分配利润	208793346.4	193878564.4	202219141.2	207420864.3	224649227.2

续表

报表日期	2014.12.31	2015.12.31	2016.12.31	2017.12.31	2018.12.31
归属于母公司股东权益合计	486689232.5	494317836.8	821153092.7	828033757.5	850277771.1
少数股东权益	12420814.7	13740912.45	236000610.1	237496444.8	240325242.4
所有者权益（或股东权益）合计	499110047.2	508058749.3	1057153703	1065530202	1090603013
负债和所有者权益（或股东权益）总计	589260590.2	591845602.5	1189115225	1294731247	1497073425

附表2-11 2014~2018年生意宝利润表　　　　　　　　　　单位：万元

年份	2014	2015	2016	2017	2018
一、营业总收入	15968.89	17628.80	32423.34	36193.34	42735.39
营业收入	15968.89	17613.59	32349.83	36113.41	41964.72
二、营业总成本	12054.79	15569.90	31381.91	33501.56	38379.17
营业成本	3071.03	6270.91	22845.08	24252.00	27567.08
营业税金及附加	220.87	117.92	91.41	163.04	183.52
销售费用	6201.33	6016.19	5452.10	6238.94	6800.24
管理费用	3706.70	4181.07	3840.65	4111.43	1967.59
财务费用	-1198.17	-1061.41	-908.00	-1380.04	-1909.99
资产减值损失	53.03	37.06	-62.43	-48.68	1567.93
公允价值变动收益	5.53	7.02	-11.58	-4.20	-3.18
投资收益	66.31	44.45	65.75	-46.22	522.72
其中：对联营企业和合营企业的投资收益	53.60	19.62	52.32	-46.22	522.72
汇兑收益	0.00	0.00	0.00	0.00	0.00
三、营业利润	3985.93	2110.37	1095.61	2729.59	4893.37
加：营业外收入	19.77	31.64	119.34	6.37	0.34
减：营业外支出	8.66	11.20	16.89	0.41	0.22
其中：非流动资产处置损失	3.03	1.78	0.00	0.00	0.00
四、利润总额	3997.04	2130.80	1198.06	2735.55	4893.49
减：所得税费用	612.35	338.69	-3.34	669.07	1125.96
五、净利润	3384.69	1792.11	1201.40	2066.48	3767.53
归属于母公司所有者的净利润	3337.04	1810.10	1261.92	1916.90	3484.65

续表

年份	2014	2015	2016	2017	2018
少数股东损益	47.65	-17.99	-60.52	149.58	282.88
六、每股收益	0.00	0.00	0.00	0.00	0.00
基本每股收益（元/股）	0.00	0.00	0.00	0.00	0.00
稀释每股收益（元/股）	0.00	0.00	0.00	0.00	0.00
七、其他综合收益	-83.79	-31.74	16.10	41.02	3.35
八、综合收益总额	3300.90	1760.37	1217.50	2107.50	3770.88
归属于母公司所有者的综合收益总额	3253.25	1778.36	1278.02	1957.92	3488.00
归属于少数股东的综合收益总额	47.65	-17.99	-60.52	149.58	282.88

附表 2-12　2013~2018 年生意宝现金流量表　　　　单位：万元

年份	2013	2014	2015	2016	2017	2018
一、经营活动产生的现金流量						
销售商品、提供劳务收到的现金	21333.84	15422.08	17227.98	35443.54	44288.43	46153.71
收到的税费返还	7.30	0.00	0.00	21.40	0.00	1.77
收到的其他与经营活动有关的现金	1135.88	1498.19	1537.12	1580.50	9474.80	14923.91
经营活动现金流入小计	22477.02	16920.27	18778.43	37126.75	54354.50	62487.33
购买商品、接受劳务支付的现金	6517.07	2924.14	7108.54	25166.92	27487.34	30322.52
支付给职工以及为职工支付的现金	6185.92	6816.92	6890.88	6531.71	7255.71	7422.82
支付的各项税费	1623.00	1620.51	1234.27	1056.61	1265.28	1501.00
支付的其他与经营活动有关的现金	2939.29	2704.41	7072.90	6017.33	21448.26	26837.79
经营活动现金流出小计	17265.27	14065.98	22317.89	38772.57	57456.59	66185.67
经营活动产生的现金流量净额	5211.74	2854.30	-3539.46	-1645.82	-3102.09	-3698.34
二、投资活动产生的现金流量	0.00	0.00	0.00	0.00	0.00	0.00
收回投资所收到的现金	0.00	11.13	7453.43	3313.43	777.59	0.00
取得投资收益所收到的现金	0.20	11.45	0.00	0.00	0.00	0.00
处置固定资产、无形资产和其他长期资产所收回的现金净额	10.88	0.00	0.10	0.00	8.30	1.44
处置子公司及其他营业单位收到的现金净额	0.00	0.00	0.00	0.00	0.00	0.00
收到的其他与投资活动有关的现金	0.00	0.00	0.00	0.00	0.00	0.00

续表

年份	2013	2014	2015	2016	2017	2018
投资活动现金流入小计	11.08	22.58	7453.53	3313.43	785.89	1.44
购建固定资产、无形资产和其他长期资产所支付的现金	492.68	302.56	179.92	78.02	180.78	157.92
投资所支付的现金	100.00	460.00	13530.00	2750.00	350.00	0.00
取得子公司及其他营业单位支付的现金净额	0.00	0.00	0.00	0.00	0.00	0.00
支付的其他与投资活动有关的现金	0.00	0.00	0.00	0.00	0.00	0.00
投资活动现金流出小计	592.68	762.56	13709.92	2828.02	530.78	157.92
投资活动产生的现金流量净额	-581.60	-739.98	-6256.39	485.41	255.11	-156.48
三、筹资活动产生的现金流量	0.00	0.00	0.00	0.00	0.00	0.00
吸收投资收到的现金	0.00	400.00	150.00	53847.00	0.00	0.00
其中：子公司吸收少数股东投资收到的现金	0.00	400.00	150.00	53847.00	0.00	0.00
取得借款收到的现金	0.00	0.00	0.00	3938.52	2818.36	4654.67
发行债券收到的现金	0.00	0.00	0.00	0.00	0.00	0.00
收到其他与筹资活动有关的现金	0.00	0.00	0.00	0.00	0.00	0.00
筹资活动现金流入小计	0.00	400.00	150.00	57785.52	2818.36	4654.67
偿还债务支付的现金	0.00	0.00	0.00	3040.34	3652.84	4261.98
分配股利、利润或偿付利息所支付的现金	1620.00	3240.00	1053.00	88.95	1370.71	1285.73
其中：子公司支付给少数股东的股利、利润	0.00	0.00	0.00	0.00	0.00	0.00
支付其他与筹资活动有关的现金	0.00	0.00	0.00	1120.00	1000.00	50.00
筹资活动现金流出小计	1620.00	3240.00	1053.00	4249.29	6023.55	5597.72
筹资活动产生的现金流量净额	-1620.00	-2840.00	-903.00	53536.23	-3205.19	-943.04
四、汇率变动对现金及现金等价物的影响	18.35	-104.79	-32.52	20.12	44.69	4.09
五、现金及现金等价物净增加额	3028.49	-830.48	-10731.38	52395.94	-6007.49	-4793.76
加：期初现金及现金等价物余额	43596.18	46624.66	45794.18	35062.81	87458.75	81451.26
六、期末现金及现金等价物余额	46624.66	45794.18	35062.81	87458.75	81451.26	76657.50
附注	0.00	0.00	0.00	0.00	0.00	0.00

续表

年份	2013	2014	2015	2016	2017	2018
净利润	3390.57	3384.69	1792.11	1201.40	2066.48	3767.53
少数股东权益	0.00	0.00	0.00	0.00	0.00	0.00
未确认的投资损失	0.00	0.00	0.00	0.00	0.00	0.00
资产减值准备	11.34	53.03	37.06	-82.45	-48.68	1567.93
固定资产折旧、油气资产折耗、生产性物资折旧	746.10	680.04	672.37	611.00	526.76	535.87
无形资产摊销	0.00	0.00	0.00	0.00	0.00	0.00
长期待摊费用摊销	0.00	0.00	0.00	0.00	0.00	0.00
待摊费用的减少	0.00	0.00	0.00	0.00	0.00	0.00
预提费用的增加	0.00	0.00	0.00	0.00	0.00	0.00
处置固定资产、无形资产和其他长期资产的损失	-4.68	2.43	1.78	0.00	-6.37	0.74
固定资产报废损失	0.00	0.00	0.00	0.00	0.00	0.00
公允价值变动损失	0.67	-5.53	-7.02	11.58	4.20	3.18
递延收益增加（减：减少）	0.00	0.00	0.00	0.00	0.00	0.00
预计负债	0.00	0.00	0.00	0.00	0.00	0.00
财务费用	0.00	0.00	0.00	18.05	23.01	24.91
投资损失	11.19	-66.31	-44.45	-65.75	46.22	-522.72
递延所得税资产减少	-6.11	-17.67	-21.78	-325.89	208.57	0.87
递延所得税负债增加	0.00	0.00	0.00	0.00	0.00	0.00
存货的减少	0.00	0.00	-61.23	-401.32	224.48	-248.00
经营性应收项目的减少	40.82	-336.88	-5249.91	-5270.67	-16595.00	-25506.22
经营性应付项目的增加	1021.84	-839.50	-658.40	2658.24	10448.23	16677.58
已完工尚未结算款的减少（减：增加）	0.00	0.00	0.00	0.00	0.00	0.00
已结算尚未完工款的增加（减：减少）	0.00	0.00	0.00	0.00	0.00	0.00
其他	0.00	0.00	0.00	0.00	0.00	0.00
经营活动产生现金流量净额	5211.74	2854.30	-3539.46	-1645.82	-3102.09	-3698.34
债务转为资本	0.00	0.00	0.00	0.00	0.00	0.00
一年内到期的可转换公司债券	0.00	0.00	0.00	0.00	0.00	0.00

续表

年份	2013	2014	2015	2016	2017	2018
融资租入固定资产	0.00	0.00	0.00	0.00	0.00	0.00
现金的期末余额	46624.66	45794.18	35062.81	87458.75	81451.26	76657.50
现金的期初余额	43596.18	46624.66	45794.18	35062.81	87458.75	81451.26
现金等价物的期末余额	0.00	0.00	0.00	0.00	0.00	0.00
现金等价物的期初余额	0.00	0.00	0.00	0.00	0.00	0.00
现金及现金等价物的净增加额	3028.49	-830.48	-10731.38	52395.94	-6007.49	-4793.76

附表2-13 2014~2018年恒宝股份资产负债表　　　　单位：万元

报表日期	2014.12.31	2015.12.31	2016.12.31	2017.12.31	2018.12.31
流动资产					
货币资金	60551.55	54106.77	73613.17	35585.56	77499.59
交易性金融资产	0.00	0.00	0.00	0.00	0.00
衍生金融资产	0.00	0.00	0.00	0.00	0.00
应收票据	239.49	6.30	23.12	275.08	5.18
应收账款	10703.82	25290.47	19084.27	21549.16	9085.12
预付款项	1003.73	3539.94	2546.87	60991.70	30878.34
应收利息	0.00	0.00	0.00	0.00	0.00
应收股利	0.00	0.00	0.00	0.00	0.00
其他应收款	529.17	848.76	840.70	769.64	836.41
买入返售金融资产	0.00	0.00	0.00	0.00	0.00
存货	24598.20	28071.86	27888.78	16283.30	19615.27
划分为持有待售的资产	0.00	0.00	0.00	0.00	0.00
一年内到期的非流动资产	0.00	0.00	0.00	0.00	0.00
待摊费用	0.00	0.00	0.00	0.00	0.00
待处理流动资产损溢	0.00	0.00	0.00	0.00	0.00
其他流动资产	20000.00	20000.00	5276.53	6798.77	23896.19
流动资产合计	117625.96	131864.10	129273.46	142253.22	161816.11
非流动资产	0.00	0.00	0.00	0.00	0.00
发放贷款及垫款	0.00	0.00	0.00	0.00	0.00
可供出售金融资产	2100.00	2100.00	2100.00	2100.00	2103.00

续表

报表日期	2014.12.31	2015.12.31	2016.12.31	2017.12.31	2018.12.31
持有至到期投资	0.00	0.00	0.00	0.00	0.00
长期应收款	0.00	0.00	0.00	0.00	0.00
长期股权投资	0.00	5368.53	20074.57	20259.97	20943.50
投资性房地产	0.00	0.00	0.00	0.00	0.00
固定资产净额	34509.09	34665.86	33649.39	30785.33	19406.79
在建工程	0.00	437.02	37.84	0.00	0.00
工程物资	0.00	0.00	0.00	0.00	0.00
固定资产清理	0.00	0.00	0.00	0.00	0.00
生产性生物资产	0.00	0.00	0.00	0.00	0.00
公益性生物资产	0.00	0.00	0.00	0.00	0.00
油气资产	0.00	0.00	0.00	0.00	0.00
无形资产	2710.61	9698.70	10640.06	15562.86	13530.34
开发支出	0.00	0.00	0.00	0.00	0.00
商誉	0.00	6028.83	6028.83	7083.58	6571.65
长期待摊费用	914.93	700.28	52.54	135.69	270.13
递延所得税资产	481.90	1208.95	1120.06	476.68	409.89
其他非流动资产	0.00	0.00	425.77	0.00	0.00
非流动资产合计	40716.53	60208.17	74129.05	76404.11	63235.31
资产总计	158342.50	192072.27	203402.50	218657.33	225051.42
流动负债	0.00	0.00	0.00	0.00	0.00
短期借款	0.00	0.00	0.00	8381.26	0.00
交易性金融负债	0.00	0.00	0.00	0.00	0.00
应付票据	3182.78	2062.65	1258.25	0.00	0.00
应付账款	25321.49	19699.25	19178.91	9609.11	17910.47
预收款项	1192.53	2123.45	3787.01	7376.68	4343.88
应付手续费及佣金	0.00	0.00	0.00	0.00	0.00
应付职工薪酬	88.77	429.43	443.02	411.85	427.51
应交税费	2613.90	3204.41	1597.28	976.24	632.38
应付利息	0.00	0.00	0.00	0.00	0.00
应付股利	0.00	0.00	0.00	0.00	0.00
其他应付款	277.32	5939.63	4629.52	1702.81	1693.95

续表

报表日期	2014.12.31	2015.12.31	2016.12.31	2017.12.31	2018.12.31
预提费用	0.00	0.00	0.00	0.00	0.00
一年内的递延收益	0.00	0.00	0.00	0.00	0.00
应付短期债券	0.00	0.00	0.00	0.00	0.00
一年内到期的非流动负债	0.00	0.00	0.00	0.00	0.00
其他流动负债	0.00	0.00	0.00	0.00	0.00
流动负债合计	32676.79	33458.82	30893.99	28457.95	25008.20
非流动负债					
长期借款	0.00	0.00	0.00	0.00	0.00
应付债券	0.00	0.00	0.00	0.00	0.00
长期应付款	0.00	0.00	0.00	0.00	0.00
长期应付职工薪酬	0.00	0.00	0.00	0.00	0.00
专项应付款	0.00	0.00	0.00	0.00	0.00
预计非流动负债	0.00	0.00	5000.00	0.00	0.00
递延所得税负债	10.68	26.92	50.01	1866.94	1601.60
长期递延收益	531.65	1801.21	1061.50	255.98	169.38
其他非流动负债	0.00	0.00	0.00	0.00	0.00
非流动负债合计	542.33	1828.13	6111.51	2122.93	1770.98
负债合计	33219.12	35286.95	37005.50	30580.88	26779.17
所有者权益	0.00	0.00	0.00	0.00	0.00
实收资本（或股本）	71320.00	71354.40	71364.80	71202.88	71202.88
资本公积	6918.53	9475.13	8478.66	7450.01	7450.01
减：库存股	0.00	2109.41	860.20	0.00	4601.04
其他综合收益	-47.03	89.48	198.84	102.28	135.89
专项储备	0.00	0.00	0.00	0.00	0.00
盈余公积	12173.19	15912.62	17586.19	19278.46	20751.67
一般风险准备	0.00	0.00	0.00	0.00	0.00
未分配利润	34758.69	60980.68	66812.61	81385.18	94461.27
归属于母公司股东权益合计	125123.38	155702.90	163580.90	179418.80	189400.67
少数股东权益	0.00	1082.42	2816.10	8657.65	8871.58
所有者权益（或股东权益）合计	125123.38	156785.32	166397.01	188076.45	198272.25
负债和所有者权益（或股东权益）总计	158342.50	192072.27	203402.50	218657.33	225051.42

附表2-14 2014~2018年恒宝股份利润表　　　　　　　单位：万元

年份	2014	2015	2016	2017	2018
一、营业总收入	155076.71	182066.18	135335.26	136837.41	169030.53
营业收入	155076.71	182066.18	135335.26	136837.41	169030.53
二、营业总成本	130459.43	149903.37	123218.69	128917.67	162056.83
营业成本	103476.54	116469.13	88240.35	98621.99	134325.18
营业税金及附加	1360.28	1537.19	1294.94	1293.98	1093.60
销售费用	7822.87	8136.32	9170.64	7302.28	6564.50
管理费用	17594.00	22679.36	23405.70	21094.26	7217.06
财务费用	7.79	0.96	762.55	820.37	26.55
资产减值损失	197.95	1080.41	344.51	-215.20	642.50
公允价值变动收益	0.00	0.00	0.00	0.00	0.00
投资收益	2246.23	3273.75	1911.46	554.59	1307.06
其中：对联营企业和合营企业的投资收益	0.00	0.00	0.00	265.32	683.53
汇兑收益	0.00	0.00	0.00	0.00	0.00
三、营业利润	26863.51	35436.55	14028.03	12565.70	15850.60
加：营业外收入	4865.52	5999.92	6341.70	5445.53	33.33
减：营业外支出	623.96	140.34	5053.62	156.84	85.70
其中：非流动资产处置损失	1.96	9.44	2.45	0.00	0.00
四、利润总额	31105.07	41296.13	15316.11	17854.39	15798.23
减：所得税费用	1885.99	3879.00	40.08	1442.84	1035.01
五、净利润	29219.08	37417.12	15276.02	16411.56	14763.23
归属于母公司所有者的净利润	29219.08	37093.42	14640.53	16264.84	14549.30
少数股东损益	0.00	323.70	635.49	146.71	213.92
六、每股收益	0.00	0.00	0.00	0.00	0.00
基本每股收益（元/股）	0.00	0.00	0.00	0.00	0.00
稀释每股收益（元/股）	0.00	0.00	0.00	0.00	0.00
七、其他综合收益	5.93	136.51	109.36	-96.56	33.61
八、综合收益总额	29225.01	37553.63	15385.38	16314.99	14796.83
归属于母公司所有者的综合收益总额	29225.01	37229.93	14749.90	16168.28	14582.91
归属于少数股东的综合收益总额	0.00	323.70	635.49	146.71	213.92

附表2-15　2014~2018年恒宝股份现金流量表　　　　　　　　单位：万元

年份	2014	2015	2016	2017	2018
一、经营活动产生的现金流量					
销售商品、提供劳务收到的现金	172001.93	195982.93	160257.72	148862.26	201325.15
收到的税费返还	4236.08	5050.70	4381.69	2974.34	1899.55
收到的其他与经营活动有关的现金	965.86	6302.86	1574.39	2345.53	1905.73
经营活动现金流入小计	177203.87	207336.49	166213.81	154182.13	205130.43
购买商品、接受劳务支付的现金	93235.67	137733.80	88389.68	152877.53	108372.01
支付给职工以及为职工支付的现金	18269.53	22591.46	23370.17	18021.58	18543.60
支付的各项税费	12595.16	16910.66	13245.20	10870.49	8713.16
支付的其他与经营活动有关的现金	11181.77	10676.56	10739.59	15399.31	10677.34
经营活动现金流出小计	135282.13	187912.48	135744.65	197168.92	146306.12
经营活动产生的现金流量净额	41921.74	19424.01	30469.16	-42986.80	58824.31
二、投资活动产生的现金流量	0.00	0.00	0.00	0.00	0.00
收回投资所收到的现金	13238.33	23679.62	34535.41	25962.60	88198.00
取得投资收益所收到的现金	1007.90	2412.77	1721.04	83.79	623.53
处置固定资产、无形资产和其他长期资产所收回的现金净额	3.87	0.76	54.92	11.57	14040.15
处置子公司及其他营业单位收到的现金净额	0.00	0.00	0.00	0.00	0.00
收到的其他与投资活动有关的现金	0.00	0.00	0.00	0.00	0.00
投资活动现金流入小计	14250.10	26093.14	36311.37	26057.96	102861.68
购建固定资产、无形资产和其他长期资产所支付的现金	2083.78	5114.01	4776.25	890.71	1054.82
投资所支付的现金	20000.00	26397.00	35923.00	27015.00	105436.00
取得子公司及其他营业单位支付的现金净额	0.00	13290.76	0.00	0.00	0.00
支付的其他与投资活动有关的现金	0.00	0.00	0.00	0.00	0.00
投资活动现金流出小计	22083.78	44801.77	40699.25	27905.71	106490.82
投资活动产生的现金流量净额	-7833.68	-18708.63	-4387.87	-1847.76	-3629.14
三、筹资活动产生的现金流量	0.00	0.00	0.00	0.00	0.00
吸收投资收到的现金	4218.82	361.89	1369.95	0.00	0.00
其中：子公司吸收少数股东投资收到的现金	0.00	0.00	0.00	0.00	0.00
取得借款收到的现金	5919.81	25116.98	8113.10	22963.59	7000.00

续表

年份	2014	2015	2016	2017	2018
发行债券收到的现金	0.00	0.00	0.00	0.00	0.00
收到其他与筹资活动有关的现金	0.00	0.00	0.00	0.00	0.00
筹资活动现金流入小计	10138.63	25478.87	9483.04	22963.59	7000.00
偿还债务支付的现金	5919.81	25116.98	8113.10	14542.68	15319.44
分配股利、利润或偿付利息所支付的现金	6655.17	7182.25	7151.95	192.64	399.07
其中：子公司支付给少数股东的股利、利润	0.00	0.00	0.00	0.00	0.00
支付其他与筹资活动有关的现金	0.00	0.00	20.24	803.12	4601.04
筹资活动现金流出小计	12574.98	32299.23	15285.29	15538.45	20319.56
筹资活动产生的现金流量净额	-2436.36	-6820.37	-5802.25	7425.14	-13319.56
四、汇率变动对现金及现金等价物的影响	-200.76	-346.28	-841.30	-312.61	14.01
五、现金及现金等价物净增加额	31450.94	-6451.27	19437.74	-37722.02	41889.63
加：期初现金及现金等价物余额	28500.05	59950.99	53499.72	72937.46	35215.44
六、期末现金及现金等价物余额	59950.99	53499.72	72937.46	35215.44	77105.06
附注	0.00	0.00	0.00	0.00	0.00
净利润	29219.08	37417.12	15276.02	16411.56	14763.23
少数股东权益	0.00	0.00	0.00	0.00	0.00
未确认的投资损失	0.00	0.00	0.00	0.00	0.00
资产减值准备	197.95	1080.41	344.51	-215.20	642.50
固定资产折旧、油气资产折耗、生产性物资折旧	3308.29	3357.03	3743.71	3770.84	3529.08
无形资产摊销	243.39	651.45	1124.77	2101.48	2107.99
长期待摊费用摊销	799.44	851.13	659.37	42.52	110.08
待摊费用的减少	0.00	0.00	0.00	0.00	0.00
预提费用的增加	0.00	0.00	0.00	0.00	0.00
处置固定资产、无形资产和其他长期资产的损失	0.95	9.44	2.42	-4.20	-5221.48
固定资产报废损失	0.00	0.00	0.00	0.00	0.00
公允价值变动损失	0.00	0.00	0.00	0.00	0.00
递延收益增加（减：减少）	0.00	0.00	0.00	0.00	0.00
预计负债	0.00	0.00	0.00	0.00	0.00

续表

年份	2014	2015	2016	2017	2018
财务费用	246.33	396.54	858.21	505.25	322.79
投资损失	-2246.23	-3273.75	-1911.46	-554.59	-1307.06
递延所得税资产减少	-177.68	-727.05	88.89	643.38	66.79
递延所得税负债增加	9.51	16.25	23.08	-493.06	-265.35
存货的减少	3282.43	-3447.96	183.08	11605.48	-4099.65
经营性应收项目的减少	-1733.98	-18188.86	6144.65	-58264.79	43497.08
经营性应付项目的增加	8772.28	1282.26	3931.88	-18535.46	4678.31
已完工尚未结算款的减少（减：增加）	0.00	0.00	0.00	0.00	0.00
已结算尚未完工款的增加（减：减少）	0.00	0.00	0.00	0.00	0.00
其他	0.00	0.00	0.00	0.00	0.00
经营活动产生现金流量净额	41921.74	19424.01	30469.16	-42986.80	58824.31
债务转为资本	0.00	0.00	0.00	0.00	0.00
一年内到期的可转换公司债券	0.00	0.00	0.00	0.00	0.00
融资租入固定资产	0.00	0.00	0.00	0.00	0.00
现金的期末余额	59950.99	53499.72	72937.46	35163.29	77105.06
现金的期初余额	28500.05	59950.99	53499.72	72937.46	35163.29
现金等价物的期末余额	0.00	0.00	0.00	52.15	0.00
现金等价物的期初余额	0.00	0.00	0.00	0.00	52.15
现金及现金等价物的净增加额	31450.94	-6451.27	19437.74	-37722.02	41889.63

附录三 价值评估重要性与完整性确定相关表格

尊敬的专家您好！

　　这是一个有关移动互联网企业价值评估体系指标重要性与完整性的调查问卷，本调查所指的移动互联网企业主要是指目前A股上市公司中移动互联网概念的企业。请您分别对评估体系中每一个指标的重要性和整个评估体系的完整性进行打分。另外，由于所选取的样本企业集中于信息技术服务业、电信业和计算机服务业，因此，附表3-4～附表3-6提供以上三行业2018年绩效评价标准值，以供评估样本企业各项指标参考之用。

附表 3-1 评分表

指标	重要性打分(请您在您认为的分数后面打勾)
销售净利率 D_1	1（ ） 2（ ） 3（ ） 4（ ） 5（ ）
权益报酬率 D_2	1（ ） 2（ ） 3（ ） 4（ ） 5（ ）
流动比率 D_3	1（ ） 2（ ） 3（ ） 4（ ） 5（ ）
资产负债率 D_4	1（ ） 2（ ） 3（ ） 4（ ） 5（ ）
总资产周转率 D_5	1（ ） 2（ ） 3（ ） 4（ ） 5（ ）
应收账款周转率 D_6	1（ ） 2（ ） 3（ ） 4（ ） 5（ ）
营业收入增长率 D_7	1（ ） 2（ ） 3（ ） 4（ ） 5（ ）
企业 β 值 D_8	1（ ） 2（ ） 3（ ） 4（ ） 5（ ）
文化凝聚力 D_9	1（ ） 2（ ） 3（ ） 4（ ） 5（ ）
研发人员占比 D_{10}	1（ ） 2（ ） 3（ ） 4（ ） 5（ ）
研发投入 D_{11}	1（ ） 2（ ） 3（ ） 4（ ） 5（ ）
研发费用增长率 D_{12}	1（ ） 2（ ） 3（ ） 4（ ） 5（ ）
独立用户访问量 D_{13}	1（ ） 2（ ） 3（ ） 4（ ） 5（ ）
滞留时间 D_{14}	1（ ） 2（ ） 3（ ） 4（ ） 5（ ）
重复访问频率 D_{15}	1（ ） 2（ ） 3（ ） 4（ ） 5（ ）
新用户增加率 D_{16}	1（ ） 2（ ） 3（ ） 4（ ） 5（ ）
新用户留存率 D_{17}	1（ ） 2（ ） 3（ ） 4（ ） 5（ ）
员工培训费比率 D_{18}	1（ ） 2（ ） 3（ ） 4（ ） 5（ ）
员工生产率提高率 D_{19}	1（ ） 2（ ） 3（ ） 4（ ） 5（ ）
员工保持率 D_{20}	1（ ） 2（ ） 3（ ） 4（ ） 5（ ）
新员工增加率 D_{21}	1（ ） 2（ ） 3（ ） 4（ ） 5（ ）
员工满意度 D_{22}	1（ ） 2（ ） 3（ ） 4（ ） 5（ ）

附表 3-2 打分标准表

分数	1	2	3	4	5
重要性	不重要	一般	重要	很重要	极重要
完整性	不完整	一般	完整	很完整	极完整

附表 3-3　各项指标专家打分及其数据处理

指标	专家打分										数据处理	
	1	2	3	4	5	6	7	8	9	10	期望	标准差
销售净利率 D_1												
权益报酬率 D_2												
流动比率 D_3												
资产负债率 D_4												
总资产周转率 D_5												
应收账款周转率 D_6												
营业收入增长率 D_7												
企业 β 值 D_8												
文化凝聚力 D_9												
研发人员占比 D_{10}												
研发投入 D_{11}												
研发费用增长率 D_{12}												
独立用户访问量 D_{13}												
滞留时间 D_{14}												
重复访问频率 D_{15}												
新用户增加率 D_{16}												
新用户留存率 D_{17}												
员工培训费比率 D_{18}												
员工生产率提高率 D_{19}												
员工保持率 D_{20}												
新员工增加率 D_{21}												
员工满意度 D_{22}												

结果分析：根据专家对互联网企业指标体系的评分数据处理分析可知，指标的期望值都在 3.5 分以上，重要性都在重要之上，通过专家意见的集中性也较强，通过重要性检验。在体系完整性评价中，期望值为 4 分，说明该指标体系很完整，专家意见集中，通过完整性检验。

附表3-4 2018年信息技术服务业绩效评价标准值

范围：全行业

项目	优秀值	良好值	平均值	较低值	较差值
一、盈利能力状况					
净资产收益率（%）	9.50	6.20	4.30	-1.50	-9.90
总资产报酬率（%）	7.50	4.30	3.20	0.70	-7.50
销售（营业）利润率（%）	16.00	10.50	2.70	-4.20	-10.50
盈余现金保障倍数	5.50	3.60	1.60	1.00	-2.20
成本费用利润率（%）	15.20	9.40	3.10	-2.40	-11.90
资本收益率（%）	12.90	8.60	5.30	1.10	-11.30
二、资产质量状况					
总资产周转率（次）	1.60	1.10	0.80	0.50	0.30
应收账款周转率（次）	13.30	10.20	7.20	5.30	3.00
不良资产比率（%）	0.80	1.80	2.50	5.60	10.60
流动资产周转率（次）	4.00	2.80	1.80	1.30	0.50
资产现金回收率（%）	22.50	12.70	5.10	2.40	-5.90
三、债务风险状况					
资产负债率（%）	54.50	59.50	64.50	74.50	89.50
已获利息倍数	6.40	5.20	3.70	1.30	-1.40
速动比率（%）	149.90	125.40	83.20	67.20	49.00
现金流动负债比率（%）	34.90	28.40	22.00	7.10	-17.20
带息负债比率（%）	27.20	37.80	48.20	62.10	73.00
或有负债比率（%）	0.10	1.20	4.50	12.90	21.70
四、经营增长状况					
销售（营业）增长率（%）	15.70	8.30	5.60	-1.70	-5.60
资本保值增值率（%）	109.40	106.10	103.50	100.30	91.60
销售（营业）利润增长率（%）	15.20	11.80	5.00	0.10	-3.20
总资产增长率（%）	11.10	7.50	3.80	-4.90	-18.50
技术投入比率（%）	6.80	5.10	4.00	3.30	2.40
五、补充资料					
存货周转率（次）	24.20	17.80	11.70	4.60	1.10
两金占流动资产比重（%）	13.30	28.80	37.30	46.10	62.60
成本费用占主营业务收入比重（%）	85.30	90.00	94.20	98.40	103.80
经济增加值率（%）	8.10	5.20	3.50	-2.70	-7.60

续表

项目	优秀值	良好值	平均值	较低值	较差值
EBITDA率（%）	36.30	29.50	22.40	11.80	4.50
资本积累率（%）	20.80	13.50	4.20	1.20	-9.70

附表3-5 2018年电信业绩效评价标准值

范围：全行业

项目	优秀值	良好值	平均值	较低值	较差值
一、盈利能力状况					
净资产收益率（%）	12.30	7.40	3.60	0.40	-2.60
总资产报酬率（%）	7.80	4.40	2.90	0.20	-1.80
销售（营业）利润率（%）	11.00	4.60	1.90	-4.10	-6.80
盈余现金保障倍数	4.60	3.30	1.80	0.80	-2.00
成本费用利润率（%）	22.80	10.50	2.50	-1.40	-4.60
资本收益率（%）	17.10	10.80	4.90	2.50	0.60
二、资产质量状况					
总资产周转率（次）	0.80	0.50	0.40	0.30	0.20
应收账款周转率（次）	13.70	9.40	7.50	5.60	3.00
不良资产比率（%）	0.10	0.50	2.50	4.90	8.80
流动资产周转率（次）	1.90	1.60	1.30	0.90	0.70
资产现金回收率（%）	12.40	9.60	5.60	1.80	-3.80
三、债务风险状况					
资产负债率（%）	54.50	59.50	64.50	74.50	89.50
已获利息倍数	6.00	4.60	2.60	0.90	-3.20
速动比率（%）	144.60	114.60	73.10	54.20	38.40
现金流动负债比率（%）	42.30	33.60	22.60	4.50	-17.80
带息负债比率（%）	7.10	17.50	27.50	39.40	48.30
或有负债比率（%）	0.20	1.00	3.00	11.60	20.30
四、经营增长状况					
销售（营业）增长率（%）	6.10	4.80	2.00	-3.50	-8.10
资本保值增值率（%）	110.70	106.60	103.10	100.70	96.60
销售（营业）利润增长率（%）	7.90	6.30	4.40	1.60	-2.40
总资产增长率（%）	9.60	4.40	2.80	0.90	-11.30

续表

项目	优秀值	良好值	平均值	较低值	较差值
技术投入比率（%）	4.80	3.50	2.50	1.90	1.40
五、补充资料					
存货周转率（次）	28.40	21.50	13.10	7.50	1.60
两金占流动资产比重（%）	14.20	28.70	34.00	45.70	60.80
成本费用占主营业务收入比重（%）	85.40	90.00	93.90	100.60	105.00
经济增加值率（%）	9.00	5.20	3.40	-1.90	-7.70
EBITDA率（%）	43.70	34.80	26.30	18.10	7.40
资本积累率（%）	15.60	12.90	4.30	1.60	-14.90

附表3-6　2018年计算机服务与软件业绩效评价标准值

范围：全行业

项目	优秀值	良好值	平均值	较低值	较差值
一、盈利能力状况					
净资产收益率（%）	18.20	11.50	7.00	3.40	-3.70
总资产报酬率（%）	10.00	7.60	4.70	1.60	-3.00
销售（营业）利润率（%）	23.70	15.60	7.70	3.40	-2.90
盈余现金保障倍数	10.70	4.30	0.80	-0.80	-1.90
成本费用利润率（%）	13.60	9.30	5.10	2.80	-7.30
资本收益率（%）	22.70	15.20	8.40	4.20	-1.20
二、资产质量状况					
总资产周转率（次）	2.40	1.40	0.90	0.60	0.30
应收账款周转率（次）	15.30	8.30	6.20	4.70	3.00
不良资产比率（%）	0.50	1.00	2.00	4.70	10.90
流动资产周转率（次）	4.00	2.60	1.90	1.50	1.00
资产现金回收率（%）	23.80	14.00	3.50	0.50	-5.50
三、债务风险状况					
资产负债率（%）	54.50	59.50	64.50	74.50	89.50
已获利息倍数	7.40	5.80	4.00	1.60	-3.80
速动比率（%）	143.00	118.80	95.60	73.90	49.60
现金流动负债比率（%）	29.20	19.90	12.10	3.30	-13.30
带息负债比率（%）	21.60	32.90	43.90	57.90	73.30

续表

项目	优秀值	良好值	平均值	较低值	较差值
或有负债比率（%）	0.10	1.30	4.60	13.00	21.80
四、经营增长状况					
销售（营业）增长率（%）	19.40	12.60	7.80	5.40	0.20
资本保值增值率（%）	113.50	109.40	106.00	102.70	94.80
销售（营业）利润增长率（%）	11.90	9.30	5.10	3.30	-0.60
总资产增长率（%）	17.70	10.00	4.70	2.00	0.30
技术投入比率（%）	15.50	10.60	7.00	3.00	1.50
五、补充资料					
存货周转率（次）	23.40	12.70	6.30	2.30	1.70
两金占流动资产比重（%）	16.10	27.00	48.30	53.80	62.00
成本费用占主营业务收入比重（%）	84.20	89.00	94.70	101.80	106.70
经济增加值率（%）	13.80	8.00	6.30	2.90	-6.00
EBITDA 率（%）	34.50	25.80	15.20	7.10	-2.60
资本积累率（%）	29.70	13.30	4.00	-7.50	-26.50

附录四 层次分析法下各指标重要性比较

附表 4-1 准则层—目标层比较

价值评估 A	财务维度 B_1	内部流程维度 B_1	客户维度 B_1	学习与成长维度 B_1
财务维度 B_1				
内部流程维度 B_2				
客户维度 B_3				
学习与成长维度 B_4				

附表 4-2 财务维度各指标比较

财务维度	盈利潜力	资金融资能力
盈利潜力		
资金融资能力		

附表4-3 内部流程维度各指标比较

内部流程维度	营运能力	管理能力	创新能力
营运能力			
管理能力			
创新能力			

附表4-4 客户维度各指标比较

客户维度	老用户	新用户
老用户		
新用户		

附表4-5 学习与成长维度各指标比较

学习与成长维度	员工培训	企业吸引力
员工培训		3
企业吸引力		

附表4-6 盈利潜力维度比较

盈利潜力	销售净利率	权益报酬率	Wi
销售净利率	1	0.2	0.1667
权益报酬率	5	1	0.8333

附表4-7 资金与融资能力

资金融资能力	流动比率	资产负债率	Wi
流动比率	1	0.25	0.2
资产负债率	4	1	0.8

附表4-8 营运能力各维度比较

营运能力	总资产周转率	应收账款周转率	Wi
总资产周转率	1	0.25	0.2
应收账款周转率	4	1	0.8

附表 4-9　管理能力各维度比较

管理能力	企业 β 值	文化凝聚力	销售收入增长率	Wi
企业 β 值	1	0.3333	0.5	0.1593
文化凝聚力	3	1	3	0.5889
营业收入增长率	2	0.3333	1	0.2519

附表 4-10　创新能力各维度比较

创新能力	研发人员占比	研发投入	研发费用增长率	Wi
研发人员占比	1	0.25	0.5	0.1373
研发投入	4	1	3	0.6232
研发费用增长率	2	0.3333	1	0.2395

附表 4-11　老用户维度比较

老用户	独立用户访问量	滞留时间	重复访问频率	Wi
独立用户访问量	1	3	2	0.5247
滞留时间	0.3333	1	0.3333	0.1416
重复访问频率	0.5	3	1	0.3338

附表 4-12　新用户指标比较

新用户	新用户增加率	新用户留存率	Wi
新用户增加率	1	0.3333	0.25
新用户留存率	3	1	0.75

附表 4-13　员工培训指标比较

员工培训	员工培训费比率	员工生产率提高率	Wi
员工培训费比率	1	3	0.75
员工生产率提高率	0.3333	1	0.25

附表 4-14　企业吸引力指标比较

企业吸引力	员工保持率	新员工增加率	员工满意度	Wi
员工保持率	1	0.3333	0.5	0.1638
新员工增加率	3	1	2	0.539
员工满意度	2	0.5	1	0.2973